ALMA DE BRUJA

VIVIANNE CROWLEY

ALMA DE BRUJA

Traducido por Palma Carvajal e Inmaculada Rodríguez

KEPLER

Argentina – Chile – Colombia – España
Estados Unidos – México – Perú – Uruguay

Título original: *Wild Once*
Editor original: Penguin Random House UK
Traducción: Palma Carvajal e Inmaculada Rodríguez

1.ª edición Septiembre 2022

Plaza de los Reyes Magos, 8, piso 1.º C y D – 28007 Madrid
www.edicioneskepler.com

ISBN: 978-84-16344-77-2
E-ISBN: 978-84-19251-75-6
Depósito legal: B-13.140-2022

Impreso por: Rodesa, S.A. – Polígono Industrial San Miguel
Parcelas E7-E8 – 31132 Villatuerta (Navarra)

Impreso en España – *Printed in Spain*

ALMA DE BRUJA

La Dra. Vivianne Crowley es sacerdotisa wiccana de renombre internacional, autoridad mundial en materia de la wicca, psicóloga y autora superventas. Fue profesora de Psicología de la Religión en el King's College de la Universidad de Londres y ahora es profesora en la Facultad de Asesoramiento Pastoral del Seminario Cherry Hill, en Carolina del Sur. Sus numerosos libros han sido traducidos en todo el mundo.

OTRAS OBRAS DE VIVIANNE CROWLEY

La antigua religión en la Nueva Era. La brujería a examen
Phoenix from the Flame: Pagan Spirituality in the Western World

Principles of Paganism
Principles of Wicca
Principles of Jungian Spirituality
Celtic Wisdom: Seasonal Festivals and Rituals
The Goddess Book of Days

A todas las personas que recorren los caminos ocultos

Índice

Agradecimientos

Este libro es el resultado de mis viajes e interacciones con muchas personas de todo el mundo. Algunos de mis amigos se muestran abiertamente interesados en lo místico y lo mágico. Si trabajas en las artes, los intereses espirituales exóticos son casi obligatorios. Si trabajas en tecnologías de la información, o incluso en el mundo académico, los intereses espirituales inusuales no son tan inusuales. Mis amigos que trabajan en el mundo empresarial, y también los que son médicos, contables o abogados, prefieren en su mayoría mantener separadas sus vidas profesionales y espirituales. Cuando en el libro hago referencia a autores y personajes públicos conocidos, utilizo sus nombres completos. En el caso de las personas que no son públicas, solo menciono sus nombres de pila y algunos los he cambiado.

Puede que algunas de las personas que leáis este libro reconozcáis experiencias que hemos compartido. Por razones de privacidad, hay detalles que omito y otros que he modificado. Espero que sintáis que lo que describo capta la naturaleza profunda de esas experiencias.

Ninguno de nosotros viaja en solitario, y las personas con las que nos encontramos y que comparten las diferentes etapas de nuestro viaje vital contribuyen a moldearnos. A veces nos llevan en direcciones que nos cambian la vida sin ni siquiera darnos cuenta. Ofrezco mi gratitud y mi más profundo agradecimiento a todos aquellos con los que he tenido el privilegio de recorrer los caminos de la espiritualidad y la magia. Algunos siguen vivos. Muchos otros se han reunido con sus antepasados en los reinos del más allá y a ellos les envío especialmente un cariñoso agradecimiento: Alex Sanders, Arthur Eaglen, Barbara Somers, Ian Gordon-Brown, Ivy Northage, Joan y Reyn Swallow, Madge Worthington, Margaret Bain, Marjorie Aarons y Stein Jarving.

Y envío otro cariñoso agradecimiento a los vivos, a todos aquellos con los que recorro los caminos hacia los territorios inexplorados del espíritu y los lugares salvajes del bosque y, en especial, a mi amado esposo, Chris, sin el cual no podría haber viajado tan lejos por los senderos menos transitados.

A mi editora, Zennor Compton, y a mi agente, Laetitia Rutherford, de Watson Little, que me inspiraron para escribir este libro, mi más profundo agradecimiento por guiarme a través del proceso creativo en este viaje a los reinos de la magia salvaje.

Que todos nuestros viajes espirituales estén llenos de amor, risas e iluminación.

Una invitación

Supongamos que desde una edad temprana has tenido experiencias que la gente califica de «psíquicas» o «mágicas» y decides aferrarte a ellas, quedarte con ellas, para ver a dónde te llevan. ¿Cómo podrías vivir y cómo podría ser? Este libro trata de ese viaje. Trata sobre recuperar lo salvaje y lo mágico, pero sobre todo ALMA DE BRUJA es una búsqueda para conectar con el auténtico yo más profundo. ¿Puede que esta búsqueda sea también la tuya?

Mi búsqueda me ha llevado a través de muchas de las tradiciones espirituales del mundo. La wicca, con su veneración a la diosa y a la naturaleza, sigue siendo mi espiritualidad principal, pero en mi práctica personal se entretejen aspectos del budismo, la Cábala y muchas otras tradiciones. Sin embargo, creo que lo más importante es lo que hay detrás de todas estas tradiciones, puesto que el mayor misterio no se encuentra en los templos, las iglesias, las mezquitas o los círculos de brujas. Podemos experimentar el misterio y la magia en cada respiración de vigilia y en cada amanecer de un nuevo día. Lo que se encuentra en el corazón de toda espiritualidad verdadera es la alegría que proviene de darse cuenta de que en lo más profundo de nuestro ser estamos conectados unos con otros, con nuestra biosfera y, más allá de eso, con el universo viviente: una conciencia interconectada que nos une a todos.

Alma de bruja es el producto de una vida vivida en el arco interior del mundo mágico, un mundo que para muchas personas es intrigante, misterioso, arcano y seductor. Si este mundo te resulta desconocido, puede parecerte sorprendente que la gente practique la magia en el siglo XXI. Se trata de prácticas que para muchos resultan arcaicas y extrañas, pero para algunos de nosotros forman parte de la vida cotidiana, como lo fueron para nuestros antepasados.

La magia nos resulta familiar y nueva a la vez, y no es tan fácil de ignorar o reprimir. Está en nuestras células, en nuestro ADN, en la sangre y en los huesos. Durante milenios, los recuerdos humanos tenían su base en un mundo mágico. Si seguimos el camino de la magia, esta nos lleva a un viaje a las partes más antiguas, salvajes y primitivas del cerebro, a las profundidades ocultas del inconsciente, a los caminos y los senderos del espíritu, a los reinos de la imaginación y el sueño humano que conducen a las fuentes de nuestro ser.

Algunos de vosotros estaréis siguiendo vuestro propio camino espiritual y mágico. Quizás estáis dando vuestros primeros pasos o, como yo, lleváis décadas recorriéndolo. Puede que algunos de vosotros no hayáis experimentado de forma consciente la magia en vuestras vidas, pero sentís curiosidad por ella (por lo que atrae a la gente y por lo que puede ofrecer). Quizás tengas hijos o amigos que usan cristales, leen el tarot o practican la manifestación. Tal vez hayas asistido a un rito de unión de manos o *handfasting*, una boda pagana, y te haya conmovido el ritual. Tal vez tus amigos o parientes practican la wicca, el druidismo u otra espiritualidad basada en la naturaleza y quieras saber más al respecto.

La espiritualidad mágica no es para todo el mundo, pero parte de su esencia sí lo es: el cultivo de la intuición, el reconocimiento de que dentro de nosotros hay un yo más profundo que está conectado con lo divino, la veneración del mundo natural y el amor por la vida y el don de la conciencia. También lo es el mensaje general: que todos podemos vivir nuestra vida como si fuera un viaje de descubrimiento gozoso que honra lo que es bueno, íntegro y verdadero en el espíritu humano y busca que se manifieste en nosotros mismos y en el mundo.

Así pues, empecemos. Permíteme invitarte a los lugares de la magia salvaje para experimentar lo que es abrirse al universo y a las innumerables energías que nos rodean. Es un viaje enraizado en los arquetipos antiguos y en las imágenes modernas de la red mundial. Nos lleva a la magia profunda de nuestro interior, la magia que nos estimula a nuevas formas de ver el mundo. Reconectados, con una visión renovada, podemos encontrar en la magia un estado de ser que honra lo místico y lo extraordinario y la maravilla del cosmos que nos rodea. Es una forma radical de ver la vida que puede convertirse en la base de la acción personal, social, política, espiritual y empresarial. Nos inspira a cambiar el mundo. Y necesitamos que el mundo se haga de nuevo.

1
Liberarse de las cadenas

Siempre me ha resultado difícil rellenar esa sección de las solicitudes de empleo en la que se pregunta por los intereses. Por lo general, me ceñía a «arte, música clásica, meditación y viajes» y dejaba fuera «tarot, elaboración de talismanes y brujería salvaje». La meditación ha traspasado la frontera de los mundos laborales convencionales, pero otras prácticas esotéricas todavía tienen un largo camino por recorrer. En mi currículum figuran trabajos de psicóloga, consultora de gestión, directora de investigación y profesora universitaria. Solo en el entorno académico liberal de la universidad me sentí cómoda al *salir* como quien era. Esto se debe en parte a mi edad. El siglo XX estaba menos abierto a la diversidad y a lo diferente que el XXI.

Treinta años después de la publicación de mi libro sobre la wicca[1], la magia ha salido del armario de las escobas. Reflexiono sobre esto durante un mes de febrero nevado, mientras me siento con Ronald Hutton, profesor de Historia de la Universidad de Bristol, y Philip Carr-Gomm, Jefe Elegido de la Orden de Bardos, Ovates y Druidas, en el escenario del teatro de conferencias de la Biblioteca Británica como expertos en una mesa redonda sobre la magia contemporánea. Las entradas para el evento están agotadas. Forma parte de la exposición más exitosa de la biblioteca, «Harry Potter: A History of Magic» ('Harry Potter: una historia de la magia'). La magia ahora está dentro de la corriente principal, las preguntas del público son interesantes y profundas.

La magia significa cosas distintas para cada persona. Le contamos a un amigo un concierto emocionante y decimos que fue mágico. Un futbolista marca un gol inesperado: fue mágico. Ocurre algo extraordinario y decimos que ha ocurrido casi por arte de magia. Hay magia de escenario, magia negra, magia blanca, magia verde, magia salvaje. ¿Qué quiero decir con «magia»? Para mí, son todas esas cosas que están justo en el límite de la ciencia: los deseos que se hacen realidad, las premoniciones que se manifiestan, los encuentros fortuitos que cambian nuestra vida, los hechizos que funcionan, la persona que te lee el tarot y que sabe con exactitud lo que pensamos preguntar. La magia es lo inesperado, lo emocionante, lo que nos saca de nuestro estado de conciencia ordinario y nos lleva a otro lugar más antiguo, más profundo y salvaje. La magia implica lo indómito y lo maravilloso, lo arcaico, lo misterioso y lo inexplicable.

La sincronicidad, la clarividencia, las premoniciones, los saltos intuitivos, los encuentros cercanos de tipo sobrenatural...; todas estas son experiencias que ciertas personas tienen todo el tiempo, la mayoría tienen algunas y unas pocas, solo unas pocas, nunca experimentan nada en absoluto. Podemos pensar que están más allá de la ciencia, pero solo están más allá de la ciencia actual. La magia abarca todo ese reino intermedio de experiencias que están en proceso de cruzar la frontera entre lo inexplicable y lo explicable. La mayor parte de lo que hoy consideramos «ciencia» (todo lo que comprende desde la medicina a la agricultura o la cosmología) se consideraba antes mágico. Todos los años aumenta nuestra comprensión científica, pero hay más, mucho más, que aún no hemos descubierto. Decir que la magia es explicable en última instancia, aunque no lo sea en nuestra propia vida, no la convierte en algo mundano. A la mayoría de nosotros nos vendría bien un poco más de magia en nuestro día a día.

La magia comienza en los lugares salvajes y en nuestras habitaciones cuando hacemos los primeros hechizos. Si seguimos su camino y vamos más allá de los hechizos simples, descubrimos que la magia no consiste tanto en lograr un cambio material directamente, sino en algo más sutil: cambiarnos a nosotros mismos para poder cambiar el mundo que nos rodea. Elimina los obstáculos y condicionamientos inconscientes que nos hacen autosabotear nuestros esfuerzos. Al igual que cuando nos ponemos un traje o nos maquillamos y perfumamos, la magia cambia lo que sentimos sobre nosotros mismos y esto influye en la forma en la que los demás reaccionan ante nosotros, lo que a su vez influye en nuestra reacción. Nos ayuda a crear las condiciones adecuadas para atraer lo que necesitamos.

Pero la magia también es más profunda. Si pensamos en un adolescente realizando un hechizo para ganar dinero, la magia podría parecer puramente material, pero también es una práctica espiritual. Dion Fortune, la maga más famosa del siglo XX y una de las primeras analistas freudianas de Londres que no era también médica, definió la magia en 1934 como «el arte de provocar cambios en la conciencia a voluntad»[2]. A medida que profundizamos en la magia, descubrimos su afirmación radical de que puede cambiar la forma en la que experimentamos nuestro mundo. La magia se convierte en un camino de autotransformación, en una forma de abrir nuestra conciencia, de ampliar los límites de lo que somos, de permitir que el espíritu se eleve a nuevas alturas creativas. Este es el motivo por el que la gente permanece en el camino de la magia mucho después de que el interés por los hechizos simples se haya desvanecido.

Al pensar en lo mágico, no le estamos dando la espalda a la ciencia, puesto que la magia es una ciencia además de un arte creativo. Durante mucho tiempo, la ciencia occidental nos ha enseñado a ver el cuerpo y la mente como algo separado, solo con la más débil de las vinculaciones, pero entonces llegó la mecánica cuántica, desbaratando los viejos modelos de la mente, la conciencia y la materia.

Desde la década de los noventa, los avances en otras ciencias más recientes también están desafiando los paradigmas aceptados desde hace tiempo. Las nuevas ciencias cognitivas son apasionantes porque están abriendo el camino a descubrimientos que reconocen que el cuerpo, la mente y el cerebro están entrelazados e interactúan con redes enteras de otros cuerpos, otras mentes y otros cerebros. La mayoría de los científicos cognitivos se detienen en el nivel de la interacción humana. Otros van más allá y especulan que todas las formas de vida biológica (y también la materia inorgánica) interactúan y se comunican en una vasta red de energías interconectadas, lo que supone un retorno a una percepción de la realidad compartida por los pueblos indígenas y las tradiciones mágicas. Se trata de una visión que ayudó a que los magos se adaptaran sin problemas a los avances tecnológicos en materia de interconectividad para convertirse en pioneros y primeros usuarios de la tecnología basada en la informática, además de tener una presencia desproporcionada en internet. De hecho, fueron los magos Zachary Cox y John Kennedy quienes crearon una de las primeras compañías especializadas en *software* de Londres en la década de los sesenta.

El razonamiento necesario para inventar nuevas formas de codificación y comunicación de la información les resultó fácil a quienes estaban acostumbrados al pensamiento simbólico del mundo mágico.

Las ideas complejas sobre el cuerpo, el cerebro y la conciencia no eran lo que yo pensaba al principio de mi viaje. Lo que buscaba en mi adolescencia era cómo etiquetar ese anhelo, esa sensación de que había algo detrás y más allá del mundo cotidiano que veía a mi alrededor. Era como si este mundo fuera una capa exterior. La realidad se escondía en algún lugar detrás de esta superficie. Nos gustan las películas de ciencia ficción que exploran esta idea porque, a nivel intuitivo, sentimos que los parámetros espacio-tiempo que nos arraigan en la realidad cotidiana son solo eso: parámetros. Nos ayudan a navegar por nuestro mundo cotidiano, pero no representan toda la realidad. Lo que vemos a nuestro alrededor no es cómo son las cosas en última instancia. Una parte más profunda de nosotros siente que el mundo en el que hemos sido educados y programados para conformarnos desde nuestros primeros días es artificial, incluso un poco descabellado.

Nuestros cerebros se han desviado en el proceso de creación de todas las maravillas tecnológicas que nos rodean. Es como si estuviéramos saltando a la pata coja porque nos han dicho que la otra no es necesaria. Como si lo normal fuese saltar y no caminar, correr o trepar. Se nos enseña desde el nacimiento a cortar partes de nuestra psique para desarrollar otras. Se nos enseña a valorar la lógica sobre la intuición y el materialismo sobre la bondad amorosa. Se nos socializa para que limitemos nuestras vidas, para que vivamos dentro de los parámetros prescritos por el patriarcado y el capitalismo corporativo. Y esto es un problema, porque la verdad es que no funciona. El mundo que creamos cuando vivimos de esta manera mata el espíritu.

¿Queremos que nuestras vidas se basen en producir y consumir objetos inútiles y servicios innecesarios o somos mejores que eso? ¿Hay algo que podamos hacer con nuestras vidas que realmente tenga sentido y valga la pena? Cada uno de nosotros debe encontrar su propia respuesta a esta pregunta, su propia verdad, su propia forma de ser, pero necesitamos inspirarnos los unos a los otros para avanzar, para anhelar y soñar, para ver una nueva visión para la humanidad.

Y dentro de nosotros hay algo que protesta. Protesta por haber sido socializados para que pasemos nuestro tiempo mirando la vida de otras personas en las redes sociales, para que los anunciantes puedan lanzarnos sus productos. Quiere encontrar un yo más profundo, un yo biológico natural, creativo y más salvaje. Este es el yo que está en contacto con los reinos de la sensibilidad y las emociones, el yo que encontramos cuando escuchamos la sabiduría del cuerpo y los valores del corazón.

Gran parte de nuestro ser más profundo está oculto y se encuentra por debajo del umbral de la conciencia cotidiana. La realidad es que estamos llenos de potencial oculto. Dentro de cada uno de nosotros hay un yo más salvaje, más libre, más imaginativo y creativo que está conectado de forma estrecha con la naturaleza indómita que llevamos dentro, esa parte de nosotros que se deleita con la alegría y la magia de ser una entidad consciente en un cosmos extraordinario. Para encontrar esta alegría interior, debemos abrazar la totalidad de nuestro ser: el yo más profundo y animal que se regocija de la vida en el cuerpo, y el espíritu indómito y la vasta imaginación que permiten que nuestra visión se alce a la altura más elevada.

Para empezar, debemos liberarnos de la prisión de las expectativas sociales y de intentar ser la persona que los demás quieren que seamos. Sí, necesitamos que nos socialicen para saber cómo navegar por las complejas demandas de nuestro mundo, pero no, este no es el final de la historia. Cada uno de nosotros debe crear su propia historia, su propia narrativa, sobre lo que es ser *yo*, una que nos inspire a buscar lo mejor de nosotros mismos y lo que podemos ofrecer de ello al mundo. Pero ¿cómo encontramos una narrativa personal? Antes nos inspirábamos en las historias y los mitos de nuestro pueblo cuando nos sentábamos junto al fuego y sus llamas parpadeantes daban vida y movimiento a las pinturas de animales en las paredes de nuestras cuevas, nuestras casas. Ahora no tenemos metanarrativas para vivir, sino que, en nuestras complejas sociedades urbanas multiculturales, debemos crear las nuestras.

En mi propia vida, la narrativa que me interpelaba era la de la búsqueda espiritual interior. Tenemos motivos para esa búsqueda. Influido por el trabajo de Carl Jung sobre los arquetipos, en 1949 el mitógrafo Joseph Campbell publicó un libro, *El héroe de las mil caras*[3], que exploraba miles de mitos del mundo para extrapolar un patrón arquetípico subyacente. Se trata del héroe que es llamado (a menudo en contra de su voluntad) a emprender una búsqueda con muchas pruebas y tribulaciones para salvar a su pueblo de una gran amenaza. El libro se convirtió en una gran influencia en Hollywood y ha dado forma a un guion tras otro; por ejemplo, George Lucas lo utilizó para crear los argumentos de *La guerra de las galaxias*. Aunque la obra de Joseph Campbell era brillante, escribió como un hombre de su tiempo. Si bien aceptaba que las mujeres podían ser heroínas, su mito del héroe se relata desde la perspectiva de un hombre, dejando un vacío que, como hombre, no podía llenar.

La Dra. Clarissa Pinkola Estés, analista junguiana, escritora y poetisa, abordó este vacío en 1992 con la publicación de su famoso libro *Mujeres que corren con los lobos*[4]. Se sumergió en las profundidades de las culturas de todo el mundo para analizar los mitos, los cuentos de hadas y los relatos populares desde una perspectiva feminista y descubrió el arquetipo de la mujer salvaje, un arquetipo arraigado en la naturaleza y en una época en la que todavía vivíamos cerca de nuestros instintos más profundos y de nuestro yo precivilizado. Miles y miles de mujeres se identificaron con el arquetipo de la mujer salvaje y Clarissa Pinkola Estés se convirtió en la primera mujer latina en tener un libro en la lista de los más vendidos de *The New York Times*. Su idea tuvo impacto porque abordaba un mensaje importante: el de la conexión.

El héroe de Joseph Campbell era un individuo solitario. La mujer salvaje que llevamos dentro florece a través de la conexión con los demás: humanos, animales, plantas, espíritus…; toda la naturaleza sensible. Todos nosotros, independientemente del género, necesitamos este arquetipo de mujer salvaje en nuestras vidas, un arquetipo que está relacionado de forma estrecha con el de la trabajadora mágica, la bruja. Está cerca de nuestro yo animal, pero un yo animal potenciado por el don de la conciencia humana, en contacto con el cuerpo, las emociones, la mente y el espíritu. Puede ayudarnos a recuperar nuestros sueños y nuestra imaginación, nuestros sentimientos y nuestra intuición; esas partes de nuestra psique que se comunican con símbolos e imágenes, pero no con palabras. Ella nos guía hacia una espiritualidad más salvaje y verde, más natural y mágica.

Una espiritualidad basada en que la naturaleza es sencilla, básica. Nos devuelve a los orígenes de la visión espiritual humana.

No necesita organizaciones, edificios, jerarquías ni creer en un dios patriarcal. Podemos llamarnos practicantes de la espiritualidad de la naturaleza, la espiritualidad verde, la espiritualidad mágica o el paganismo. Cada vez somos más los que decidimos no etiquetarnos en absoluto, o quizás nos consideramos espirituales, pero no religiosos. No necesitamos creer en nada más allá del mundo natural, a menos que, por supuesto, nuestra propia experiencia nos diga lo contrario. Lo único que necesitamos es ser receptivos al mundo que nos rodea en sus múltiples formas y estar abiertos también a lo inesperado y a lo inexplicable, estar dispuestos a explorar los caminos y los senderos de la mente.

Esto no significa que debamos rechazar la racionalidad y la ciencia. Debemos acogerlas, pero con discernimiento. La ciencia proporciona explicaciones de nuestro universo que funcionan la mayoría de las veces, pero no siempre, y la comprensión científica no es estática, sino que está en constante evolución. Tiene sentido dejar un espacio, una brecha, para la manifestación de lo desconocido, lo salvaje e indómito. Un espacio para dejar entrar la magia. Y para encontrar esa magia, debemos empezar en los lugares salvajes.

2
Atraída por los árboles

De vuelta a cuando era pequeña, el bosquecillo situado en la linde de la granja en la que vivo se encuentra en el límite de New Forest, en Inglaterra. El bosquecillo en sí me parece un gran bosque; el arroyo que lo atraviesa, un gran río. En verano, chapoteo descalza en las frías aguas del arroyo y me sitúo cerca de la orilla, donde el suave lecho de barro me permite hundirme hasta los muslos. Sacando con cuidado las piernas, me tumbo de espaldas en la orilla cuando las nubes pasan por encima, mientras mis nuevas medias de barro se secan al sol. Calentada por este, me dejo deslizar aún más en el suelo, respirando al ritmo del latido de la Tierra, en armonía con lo que hay debajo.

Me vuelvo más alta y puedo trepar a los árboles. Las personas nos sentimos atraídas por los árboles. Están en lo más profundo de nuestra memoria arquetípica. Despiertan nuestra imaginación. Unen el cielo y la tierra: sus raíces llegan a lo más profundo del suelo y sus ramas alcanzan la atmósfera. Ofrecen cobijo y, antes de que evolucionáramos a seres humanos, eran nuestro hogar. Son lugares de seguridad, de refugio. Se convierten para mí en un hogar espiritual.

Algunos árboles son fáciles de escalar; otros, no tanto. Tengo mis favoritos y me pregunto si debo ponerles nombre, pero me parece una falta de respeto. Cualquier nombre que se me ocurra parece demasiado trivial para un árbol y no sé cómo se llaman a sí mismos.

Hay un castaño alto al que mi amiga Marilyn, la de los rizos pelirrojos y dorados, y yo podemos subir con nuestras mochilas y sentarnos donde dos ramas se entrelazan para formar un sofá aéreo sobre el camino. Si estamos calladas, nadie se da cuenta de que hay dos niñas pequeñas sentadas encima. Y si ella no puede salir a jugar, yo hago de ninfa del árbol. Me visto con guirnaldas de hiedra y trepo por el árbol hendido hasta el punto más alto que pueda soportar mi peso. Deslizo un pie en la fisura y me dejo llevar por el viento mientras este sopla, con el pie atrapado hasta que el viento se vuelve y me suelta. Descubro algo dejándome llevar, confiando en el árbol y el viento, que me parece importante. En lo alto de este, montándome sobre él mientras se balancea con el viento, a veces se produce una fusión de la vista y el oído, como si las hojas se convirtieran en brillantes cristales de luz, una luz que canta. Y a veces mi conciencia se funde con el árbol, con sus raíces hambrientas de agua, su savia ascendente, sus hojas susurrantes; mi sangre ya no es roja, sino verde.

¿Has sentido alguna vez que buscas algo, pero no sabes lo que es? No encuentras palabras para nombrarlo o describirlo, pero sientes que es algo que has experimentado un momento y luego has perdido, como un sueño medio recordado que deja un anhelo sin nombre por algún estado interior del ser. Si preguntamos a la gente dónde experimenta más a menudo una sensación de misterio, asombro o unidad con el cosmos más amplio, no es en entornos religiosos, sino en la naturaleza. La mayoría de nosotros hemos experimentado momentos de fusión y comunión con la naturaleza, pero puede que no tengamos el vocabulario necesario para describirlos. A los hombres mayores, en particular, les puede resultar difícil expresar estos profundos sentimientos de conexión, porque no se les ha enseñado que son cosas que hay que compartir. Pero esto no significa que no los experimenten. Una de las descripciones más hermosas de la fusión y el sentimiento de unidad con la naturaleza que he escuchado fue la de un taxista londinense. Me llevaba a casa después de haber dado un seminario nocturno. Me preguntó por mi día y yo le pregunté cuánto tiempo llevaba en la carretera.

Me respondió que le gustaba empezar muy temprano para poder llegar al centro de Londres antes de que se acumulara el tráfico. Todas las mañanas se levantaba justo antes de la salida del sol para prepararse una taza de té, escuchar el canto de los pájaros y ver el amanecer.

—Es una sensación especial —me dijo— cuando lo veo así. Como si todo fuera más grande que yo, pero, al mismo tiempo, yo formara parte de eso. Es…

Se esforzó por encontrar una palabra que lo explicara durante un rato y luego se rindió. Con vacilación, le sugerí:

—¿Sagrado?

—Eso es, ¡sagrado! No es que me gusten las iglesias ni nada de eso. Pero sí, es como si fuera… sagrado.

Era esta experiencia diaria la que lo ayudaba con todo el estrés del día.

No hace falta ser místico o mágico para experimentar estados de conciencia profundos que nos resultan difíciles de describir o nombrar. ¿Puede que quizás hayas experimentado en la naturaleza uno de esos momentos de puro éxtasis, o de paz, en los que se difuminan las fronteras que nos separan del mundo que nos rodea? Nos hacemos uno con el movimiento del viento, el olor de la tierra, el calor del sol, el canto de los pájaros. Nuestro sentido del yo brota hacia el exterior, más allá del cuerpo, hacia una zona intemporal; nuestra conciencia se mueve como las olas del mar, fluyendo y refluyendo entre yo y lo demás, como si hubiera una membrana permeable entre nosotros y el mundo. En esos estados de conciencia, podemos entrar en un mundo de experiencia pura que no se analiza, juzga ni categoriza; una percepción de la realidad que parece intemporal y que comprende todo como un ente interconectado. Podemos experimentar entonces una sensación de empatía y parentesco con otras personas, otras especies, con la propia biosfera; una empatía que puede convertirse en un sentimiento abrumador de amor, felicidad y éxtasis.

Tal vez, como yo, tú también has tenido una experiencia en la que se rompen las divisiones habituales entre los sentidos, cuando el sonido y la luz (lo que oímos y lo que vemos) se funden. Estas experiencias son más que una novedad interesante. Pueden ser revelaciones extraordinariamente poderosas, avances en la conciencia en los que experimentamos por nosotros mismos cómo nuestra percepción de la realidad está condicionada por el cuerpo. Descubrimos que el mundo tal y como lo conocemos es artificial. La realidad es mucho más de lo que nuestro limitado aparato sensorial puede detectar y procesar.

A los momentos en la naturaleza, cuando los límites del yo y del no-yo se suavizan, cuando hay un flujo de conciencia entre el árbol y yo, los llamaría ahora «sagrados». De niña, el mundo natural se convirtió en mi templo, mi iglesia, mi lugar de religión. Mis experiencias en la naturaleza se convirtieron en los libros de mi biblioteca interior, mis puntos de referencia, claves, pistas, atisbos y portales para comprender el universo que me rodeaba. Décadas después, esa misma sensación nunca me ha abandonado. Fue el comienzo para mí de mi propia percepción del universo, que más tarde aprendería a llamar «pagana», «panteísta» o «panenteísta». Después apareció otra visión, pero no del mundo exterior de la naturaleza, sino del mundo interior de los sueños.

¿Has soñado alguna vez que volabas? ¿Quizás has tenido una experiencia extracorpórea en la que te despiertas por la noche y te das cuenta de que estás flotando por encima de tu cuerpo y mirándote a ti mismo? ¿O tal vez una experiencia de sueño lúcido, cuando te despiertas durante un sueño y sabes que estás soñando? O puede que hayas tenido una experiencia más extrema: un traumatismo corporal, un accidente o una enfermedad con la que hayas tenido una experiencia cercana a la muerte. Lo que estas vivencias nos sugieren es que la conciencia puede existir fuera del cuerpo. Una vez que hemos experimentado esto, todo cambia.

Estas experiencias se encuentran en todas las sociedades y culturas. Formaron las ideas de nuestros primeros ancestros sobre el más allá, el reino espiritual que opera fuera del tiempo y el espacio habituales. Existe más allá de lo físico y del cuerpo, en una dimensión en la que se aplican otras reglas; un lugar donde podemos encontrarnos con los antepasados, las deidades y los espíritus animales. Las experiencias humanas del más allá son la base del chamanismo, la espiritualidad central de la humanidad, sobre la que se construye toda la religión posterior. Convencieron a nuestros antepasados de que hay una vida después de la muerte, de que la muerte no es el final. El más allá sería su destino final, y mientras tanto los límites entre ese mundo y este eran fluidos. Aprendieron a entrar en el más allá a voluntad y a navegar por él. A partir de sus viajes, crearon topografías y mitos.

Como la mayoría de la gente, descubrí el más allá en sueños. Cuando tenía seis años, un artista irlandés llamado Dominic se instaló en una caravana en la granja donde vivíamos. Vino con sus materiales de artista y una pequeña tribu de gatos. Me dejaba jugar con sus gatos mientras él pintaba y hablaba de arte. Solo podía entender una parte de sus ideas, pero ser su público me hacía sentir muy mayor. En las luminosas tardes de verano, me llamaba por la ventana para que bajara a ayudarle a dar de comer a los gatos. Pero el horario de un artista es errático y a veces me llamaba mucho después de mi hora de dormir. Mi madre no me dejaba salir. Frustrada, me tumbaba en mi cama deseando estar allí. Y de repente, una noche, lo estaba. Salí de mi cuerpo, floté sobre la cama y salí por la ventana abierta para reunirme con Dominic y los gatos. Hablé con Dominic como siempre y jugué con los animales. Luego volví a entrar volando por la ventana del dormitorio, me cerní sobre la cama, me miré a mí misma y volví a entrar en mi cuerpo. Fue una revelación. Mi cuerpo se había quedado en el dormitorio, pero *yo*, fuera lo que fuese, no. Tenía otro tipo de cuerpo, un cuerpo que podía entrar y salir volando por las ventanas.

A la mañana siguiente, me subí al alto tronco de un roble caído y salté, agitando los brazos, intentando volar. Me pasé toda la mañana intentándolo, aleteando tan rápido como podía, pero por supuesto no funcionó. Podría haber descartado la experiencia como un sueño pasajero, pero algo en ella cambió mi visión del mundo que me rodeaba. Cuando la mañana llegó a su fin, supe que existía más de una realidad. Hay una en la que caminamos por el suelo y otra en la que los seres humanos pueden volar. Me tropecé con esa otra realidad por accidente. Intenté volver allí por pura fuerza de voluntad, pero no funcionó. Todavía no sabía la respuesta, pero intuía que había ocurrido algo importante. Era una pista, un indicio, de que podía haber algo más en la vida. Si hubiera crecido en una cultura chamánica, mi experiencia extracorpórea y otras que le siguieron habrían sido comprendidas y quizás entrenadas y perfeccionadas por los adultos que me rodeaban para que fueran útiles para mi comunidad. Así pues, almacené estas experiencias en mi memoria, sabiendo que en algún momento podría entrar a voluntad en lo que aprendí más tarde que era el mundo chamánico, pero pasaron muchas décadas antes de que conociera a un chamán. Sin embargo, el mundo de mi infancia se parecía al mundo chamánico en un aspecto: mi familia y yo vivíamos en estrecha relación con el mundo animal.

Vivíamos rodeados de animales: las gallinas que entraban y salían de la granja; las vacas que llevaba a casa para ordeñar; los conejos de un amigo, que desaparecían de la noche a la mañana de las cabañas y aparecían unos días después en la mesa para la cena; los perros de trabajo; una tribu de gatos callejeros y los gatos domesticados de mi amigo el artista, Dominic. «¿Los gatos van al cielo?», pregunté en el colegio. Cuando me dijeron que no, me sentí desolada. No podía entenderlo. ¿Qué sentido tenía un cielo sin animales? Eso no era el cielo.

Aunque me encantaban los animales, mis amigos y yo éramos los típicos niños rurales. Nos enorgullecíamos de ser duros. En casa, a menudo vivíamos de las presas que cazaban los amigos de mi padre. A mi madre no le gustaba preparar aves muertas, así que yo me encargaba de desplumarlas y destriparlas. Un día trajeron un faisán. Yo estaba acostumbrada a desplumar aves de caza muertas y frías, pero esta estaba todavía caliente. Le quité las plumas de la cola. Eran hermosas, pero habrían sido mucho más hermosas si el ave estuviera aún viva. Metí la mano dentro y saqué un puñado de bellotas. Acababa de comer su última comida. Fui más consciente que nunca de una vida destruida.

Después, escribí un poema sobre la caza de la liebre. Era una parodia del «Leisure» de William Henry Davies[1].

¿Qué es esta vida si, aunque esté llena de afectos,
para cazar la liebre no tenemos tiempo?
Para cazar esta pobre bestia indefensa,
que con un festín de granos de maíz se alimenta.

Los abrigos rojos, el disfraz
combinan con la sangre que los sabuesos derramarán…

Me quedé con las plumas de la cola del faisán y aún las conservo. A veces decoran mi altar en la temporada de otoño.

Desplumar el faisán aún caliente es un momento decisivo, pero no me doy cuenta en ese instante. Hasta los dieciséis años no conozco a alguien de mi edad que sea vegetariano. En cuanto oigo la palabra «vegetariano», me identifico con ella. Sé que yo también lo soy. Le pregunto: «¿Qué comes?», y me lo cuenta. Vuelvo a casa para explicárselo a mi madre. Ella se las arregla cocinándome tortillas todos los días durante dos años, pero eso no me desanima. Empiezo a definirme a mí misma, lo que soy y lo que no soy yo. Hay decisiones que tomamos, a menudo de forma instantánea, casi como una conversión religiosa. Parecen surgir de la nada, del vacío, pero en realidad se acumulan en el inconsciente, a veces durante años, antes de estallar en la conciencia. He dado el primer paso hacia mi identidad adulta. Es como encontrar la pieza que falta en un rompecabezas. Solo tengo que encontrar el resto. Necesito redescubrir a la mujer salvaje que hay en mí y su magia.

3
Descubrir la magia

Si en tu adolescencia probaste alguna vez un hechizo, recordarás esa mezcla de risa y nerviosismo al intentarlo, sin terminar de creértelo de verdad, pero tampoco sin llegar al otro extremo; un pequeño experimento para jugar con el más allá. Mis experimentos empiezan incluso antes, en el patio del colegio. Empiezan porque no me gusta pasar frío.

A los colegios británicos de mi época les encantan los deportes de equipo organizados al aire libre, de los que se practican en espacios amplios barridos por el viento, sin importar el tiempo. A nuestros profesores nunca se les ocurre permitirnos algo tan decadente como el chándal. Nuestras rodillas azules y congeladas a menudo tiemblan de frío, pero eso da igual. Seguimos corriendo por campos embarrados y anegados, golpeando pelotas muy duras con palos de *hockey* y los aún más temibles palos de *lacrosse*. A mi padre le encantan las películas de vaqueros, y puede que sea en una de nuestras muchas salidas al cine cuando veo una danza de la lluvia de los nativos americanos y se me ocurre una idea. La próxima vez que mis amigos y yo no queremos ir al campo de juego, hago una sugerencia: «¿Probamos a ver si podemos hacer que llueva?». Lo hacemos, y llueve. Después, mis amigos empiezan a llamarme «la bruja». No es una palabra amistosa y me hace sentir incómoda. Dejo de hacer las danzas de la lluvia, pero poco a poco mi condición de bruja vuelve a aparecer.

El camino es tortuoso y comienza con el catolicismo. Al principio, no me criaron como católica. No tengo ni idea de que lo soy hasta que mi abuela me visita desde Irlanda y se horroriza de mi falta de educación católica. Mis padres me bautizaron de bebé, pero no son practicantes. Mi abuela prolonga la visita, me enseña las oraciones y nos lleva a todos a misa. Me apunto al catolicismo. Me gustan el latín, los olores y las campanas. No me produce las experiencias extáticas que siento en la naturaleza, pero hay algo poderoso en la belleza del ritual, en los cánticos, en las estatuas de la Virgen María… y declararme católica en el colegio tiene grandes ventajas. Me convierto en una del envidiado grupo de alumnos (católicos y de extrañas sectas no conformistas) a los que se exime de las clases de educación religiosa. En su lugar, nos sentamos en silencio en otra aula a leer nuestros libros y a crear vínculos. Asistimos a las fiestas de los demás y nos maravillamos de las diferentes restricciones que conllevan nuestras religiones. Nosotros no comemos carne los viernes. Ellos no pueden celebrar la Navidad, pero sí la noche de las hogueras. Algo en el fondo de mi mente me dice que todas estas reglas y regulaciones son un poco ridículas.

Mis nuevos amigos católicos son italianos. Hay toda una comunidad italiana cerca en la que los hombres fueron antiguos prisioneros de guerra en Inglaterra. Empiezo a ir a la misa en latín con ellos. Mis padres me animan a ello, ahora sospecho que es porque así se quedan solos para darse un revolcón en la cama los domingos por la mañana. Mi viaje en autobús a casa después de la misa me lleva a un nuevo territorio espiritual. Tardo cuarenta minutos y necesito algo para leer. La parada del autobús está junto a un quiosco y empiezo a comprar cómics de ciencia ficción americana. Entonces, una semana, me fijo en la estantería con los tabloides de los domingos y en *Tit-Bits*, un cruce entre un periódico sensacionalista y la revista de baja calidad *Hello!* Los tabloides y *Tit-Bits* prosperan en la exposición emocionante de brujas en todos los sentidos de la palabra. Los editores se especializan en fotografías de mujeres con pechos desnudos y vestidas de bruja blandiendo cuchillos rituales. Estoy fascinada y compro cualquier cosa con imágenes de brujas junto con las revistas de ciencia ficción. Voy a misa y luego vuelvo a casa mirando imágenes evocadoras de mujeres brujas como Eleanor Bone. ¿Tal vez yo también sea una bruja? De repente, la palabra parece seductora, menos aterradora. Tal vez describa ese algo en mí que se siente diferente.

La imagen tradicional de la magia es la de lo oculto, una tradición mística y secreta, una práctica de la noche realizada en las sombras. El simbolismo de la magia es casi un romance con la oscuridad. El grimorio principal de la wicca incluso se llama *El libro de las sombras*, y la brujería en particular es un desafío a las nociones de propiedad, religión y «bondad». A la gente le llama la atención la magia por innumerables razones, pero, independientemente de cómo lo racionalicemos, al principio la magia atrae porque, a pesar de su popularidad y normalización actuales, es muy transgresora. Toca algo dentro de nosotros que precede a toda la fachada de la civilización humana. Proviene de una época en la que nos sentábamos junto al fuego y los chamanes nos contaban historias sobre los orígenes de nuestro pueblo, una época en la que el mundo nocturno era misterioso, aterrador y potencialmente letal. ¿Quién sabía qué criaturas de la noche (depredadores naturales o sobrenaturales) estaban al acecho, esperándonos si abandonábamos el círculo protector del fuego?

La magia es alegre, divertida, salvaje, emocionante y extraña. Toca algo arcaico dentro de nosotros que responde al ritmo del tambor del chamán. Sentimos sus vibraciones, se nos acelera la sangre, nos late el corazón con su ritmo, los pies quieren bailar alrededor del fuego, bajo la luna y las estrellas, porque la magia es lo inesperado, lo emocionante. Nos saca de nuestro estado ordinario de conciencia y nos lleva a otro lugar más antiguo, más profundo y salvaje. Implica lo indómito y lo maravilloso, lo misterioso y lo inexplicable. Crea un escalofrío de emoción y quizás un poco de miedo. El mismo tipo de miedo estremecedor que nos produce una buena historia de fantasmas contada a la luz de la chimenea en una noche oscura y ventosa o una película de Hollywood en la que, en contra de todos los consejos, el nuevo propietario de la casa desciende solo por la escalera hasta el sótano. Disfrutamos de la emoción y del miedo.

Empiezo mi primer aquelarre en la escuela cuando tengo doce años. Estoy en un colegio de chicas y ya somos aficionadas a todo lo relacionado con la brujería. Uno de los artículos que leo describe un rito de iniciación, así que lo copio para nuestro aquelarre. Me pongo de pie con las piernas separadas y los brazos extendidos hacia el cielo, y la primera chica se arrastra a través de mis piernas para renacer. Se coloca detrás de mí mientras renace la siguiente chica y así sucesivamente, hasta que somos trece con nuestros uniformes escolares: nuestro aquelarre. Dura poco. Nos reunimos en la zona aislada del fondo del recinto escolar, pero nuestra directora recibe una queja de una casa bastante grande que da a la escuela. Por suerte, los vecinos no se quejan de que seamos brujas. Lo que les molesta son nuestros ruidosos cánticos. La directora asume que estamos siendo demasiado escandalosas en lugar de hacer hechizos, así que solo nos dice que no volvamos a jugar cerca de las vallas de los vecinos. Esto inhibe nuestros experimentos de brujería: el resto de los terrenos no son lo bastante privados. Disuelvo el aquelarre y monto una peluquería ilícita a la hora del almuerzo. Mi espíritu de bruja se adormece cuando llego a la pubertad y a la angustia adolescente. Dirijo mis energías a convencer a mi madre de que necesito zapatos de tacón y faldas más cortas.

La aventura de la magia termina aquí para muchas aspirantes a brujas, pero para mí no. Por citar la frase despectiva sobre la senadora Elizabeth Warren, ahora convertida en un llamamiento feminista: «Sin embargo, ella persistió». Pero no habría persistido si no fuera porque nuestra familia se mudó a Londres.

Hemos dejado la granja, pero la naturaleza sigue siendo para mí mi fuente, mi manantial, mi lugar de sustento. Más tarde, al principio de mi adolescencia, el trabajo de mi padre supone un traslado a Londres. Menudo trauma. Llegamos en verano, cuando las ciudades son un asco. El aire está lleno de suciedad, humos y el olor de los tubos de escape de los coches. Las carreteras y las aceras irradian calor. Me siento atrapada, encerrada. De día, es imposible ver el horizonte, un amanecer o un atardecer. De noche, nunca está oscuro de verdad, así que no puedo ver las estrellas. Me siento como una planta desarraigada, arrancada de la tierra y aprisionada en una maceta. Es una ruptura espiritual. Mi psique se tambalea. Encuentro algún contacto con la naturaleza en los parques de Londres, pero es una naturaleza domesticada y limitada. No es suficiente para alimentar mi espíritu. La sensación de pérdida no se limita a perder el aire puro, la belleza física y el canto de los pájaros. No me había dado cuenta de lo mucho que me nutrían los árboles, la tierra, el cielo y el viento. Ahora necesito otro alimento para la mente, el corazón y el espíritu.

Empiezo a buscar sin saber dónde hacerlo, ni siquiera sé cómo nombrar lo que estoy buscando. Porque parece una búsqueda. Leo con avidez: libros de la biblioteca, que ahora está a poca distancia a pie en lugar de en autobús, y libros de los puestos de segunda mano de los mercados de Londres. Encuentro un ejemplar de la novela mística *Guerra en el cielo*, del escritor Charles Williams, en la que las fuerzas del bien y del mal se enfrentan en una batalla espiritual por la posesión del santo grial[1]. Decido llamar a mi búsqueda espiritual «la búsqueda del santo grial», pero no estoy buscando la copa cristiana de la última cena. Busco esta cosa sin nombre que he experimentado dentro de mí, el estado del ser que nos lleva a la unidad con la naturaleza y el universo más allá.

Encuentro la clave en la sorprendente ubicación de los estantes de libros en la parte trasera de una iglesia católica, donde están a la venta las edificantes publicaciones de la Sociedad Católica de la Verdad. La mayoría son sobre la vida de los santos, cómo rezar, cómo recibir los sacramentos, las obligaciones del matrimonio…; todos los temas sobre los que a la Iglesia le gusta pronunciarse. Pero un folleto es diferente. Su título es *Witchcraft: A Warning*[2] y es una advertencia sobre brujería. Su autor es Aloysius Mullins, un sacerdote dominico cuya orden fue durante siglos la de los temidos líderes de la Inquisición contra judíos, herejes, cátaros y brujas. Quemaron a algunas de mis personas favoritas. El folleto es una descripción basada en lo que el autor ha leído, incluidas las experiencias de un compañero dominico que se une a un aquelarre, pero que es víctima de una revelación del *News of the World* y «ahora está retirado en algún lugar seguro»[3]. Describe una religión en la que la divinidad es diosa además de dios, los hombres y las mujeres son iguales, la mujer es sacerdotisa igual que el hombre es sacerdote, a las mujeres se les concede conocimiento y poder y se venera la naturaleza. ¿Cómo no puede gustar? Sean cuales sean las intenciones conscientes del autor, el folleto hace que la brujería suene increíblemente atractiva. Estoy decidida a unirme. Hay brujas por ahí, pero ¿dónde y cómo las encuentro?

Empiezo a descubrir la respuesta a través de una de esas ocurrencias serendípicas cuando abrimos un libro al azar, escuchamos algo en la radio o vemos una imagen y nos quedamos boquiabiertos. Algo nos habla de forma directa. Es justo lo que estábamos buscando. Un día enciendo la televisión al azar en medio de una entrevista a dos personas vestidas con túnicas. Se llaman Alex y Maxine Sanders y dicen que son el rey y la reina de las brujas. Están describiendo lo que he leído en el folleto católico: la brujería es una tradición espiritual que rinde culto al dios astado y a la gran diosa madre, y ayuda a las personas a desarrollar sus poderes psíquicos y mágicos innatos y a utilizarlos para ayudar a los demás.

Lo que describen cumple todos los requisitos. Tengo que ponerme en contacto con ellos, pero ¿cómo? Voy a la biblioteca local en busca de libros de brujería y encuentro una dirección de contacto en un libro de June Johns[4]. Escribo una carta entusiasta. «Solo tengo dieciséis años», escribo, «y sé que tengo que tener dieciocho para unirme, pero mientras tanto, ¿podrían darme algún consejo sobre cómo estar preparada?». Espero una semana, dos, y no recibo respuesta. Me devuelven la carta con las palabras «ya no se encuentra en esta dirección» escritas en el sobre.

Mientras tanto, necesito una salida de la esterilidad del hormigón y el asfalto. Ahora que estoy separada de la naturaleza, ¿en qué lugar de Londres puedo encontrar alimento espiritual? Empiezo por las galerías de arte. Tengo la suerte de que mi amor por el arte me llegó pronto. Quedé fascinada cuando a los seis años visité mi primera galería, la de la ciudad de Southampton, que tiene la mayor colección de arte moderno del sur de Inglaterra. En Gran Bretaña, las principales galerías, como la Galería Nacional y la Tate, son gratuitas, lo que resulta ideal para una adolescente sin recursos. Puedo entrar en ellas siempre que quiera, simplemente para sentarme a mirar un solo cuadro. El arte me abre las puertas a otros ámbitos. Llego a enamorarme de los impresionistas, que, trabajando al aire libre en la naturaleza y pintando la luz, crean una visión mágica, una forma de ver el mundo de nuevo. Me fascinan los surrealistas, pero aún no he leído los *Manifiestos del surrealismo* de André Breton de 1924[5]. El único manifiesto que conozco en este momento es el comunista. Estamos en los últimos años de la década de los sesenta, la época de Vietnam, las protestas contra la guerra y el embriagador mundo de las manifestaciones estudiantiles. El traslado a Londres me ha alejado de la naturaleza, pero ha despertado mi conciencia política. Los verdaderos horrores de la Revolución Cultural aún no se han manifestado y soy la orgullosa propietaria del *Libro rojo de Mao*. Soy partidaria de «que se abran cien flores y compitan cien escuelas de pensamiento»[6].

Busco personas que puedan conectarme con el mundo de la magia, pero no tengo ni idea de por dónde empezar. Si paso el rato rodeada de cuadros que parecen mágicos, con un aspecto algo parecido al de una doncella prerrafaelita, lo cual no es demasiado difícil para una adolescente con vestidos largos y pelo ondulado casi hasta la cintura, tal vez pueda encontrar a otras personas a las que les hablen los cuadros, gente de ideas afines. Conozco a todo tipo de personas interesantes y rechazo a algunos aspirantes a novios empollones, pero no aparece nadie que parezca un posible maestro de una aspirante a aprendiz de maga. No obstante, las galerías refinan mi apreciación del arte y alimentan mi espíritu mientras miro. También me preparo para un futuro encuentro mágico perfeccionando mis habilidades en las artes paganas interpretando horóscopos, leyendo cartas, utilizando tableros de *ouija* y practicando la meditación budista.

Cuando tenga dieciocho años, volveré a intentarlo. Ahora sé cómo moverme por Londres: qué librerías tienen libros esotéricos, qué personal de la tienda es útil para los jóvenes que buscan lo oculto y lo misterioso. Encuentro una dirección, un contacto, y comienza mi vida wiccana. Me uno primero al aquelarre de la gente que vi en la televisión. Años más tarde, descubro que el segundo aquelarre al que me uno es el que había iniciado el sacerdote dominico mencionado en *Witchcraft: A Warning*. Estos son los extraños vínculos y espirales que surgen cuando nos proponemos encontrar el camino de nuestro corazón.

Puede que te hayas encontrado con la wicca en *Jóvenes y brujas*; *Prácticamente magia*; *Buffy, cazavampiros* o *Motherland: Fort Salem*, o en innumerables series de televisión y películas a partir de los años noventa. Puede que hayas pasado por el escaparate de una tienda de suministros mágicos, llena de calderos, telarañas y gatos negros.

A lo largo de mi adolescencia y mi veintena, me deleito con el ambiente oscuro de la brujería popular. Abrazo el romanticismo de su mundo nocturno. Llevo ropa larga y negra y me tiño el pelo de un rojo intenso. Adquiero múltiples barajas de tarot, candelabros, velas, incienso, varitas, espadas, calderos y otros artefactos de brujería, pero a medida que se acumula la parafernalia también evoluciona mi comprensión. Me uno a un grupo wiccano porque me atrae la idea de desarrollar poderes psíquicos y mágicos, pero lo que descubro es que, más allá de su cara mediática popular, la wicca es mucho más. Lo que encuentro es una afirmación de mis valores y una afirmación de mi condición de mujer. Debajo de todas las imágenes y artefactos oscuros hay un *ethos* y un sistema de valores que se comparte en toda la espiritualidad mágica. Es un rechazo a la religión patriarcal y una reivindicación de la expresión individual.

Una forma segura de ser quemada en la hoguera si eras mujer durante los siglos en los que se perseguía a las brujas era llevando ropa de hombre. De hecho, esta fue una de las acusaciones que se le hicieron a Juana de Arco, la única mujer a la que quemaron como bruja y luego canonizaron como santa católica. Juana se atrevió a desafiar el esencialismo de género del siglo XV. Se puso una armadura y creó su propio ejército para librar a su amada Francia de los ocupantes ingleses.

La historia me enseña que a las mujeres que subvierten el patriarcado y los estrechos roles que se les ha asignado se las persigue y vilipendia. Las mujeres son consideradas menos que plenamente humanas, una creación inferior sometida al poder de los hombres. Aunque mi padre y sus amigos pueden ser encantadores, no hay nada en mi vida que sugiera que estar sometida a los hombres sea seguro. Tampoco creo que me defina el cuerpo que habito; pero, de niña, todas las religiones que leo me dicen lo contrario, y lo mismo ocurre con mi escolarización y todas las instituciones que encuentro. Las niñas llevan vestidos y juegan con muñecas. Yo soy una niña que juega con osos de peluche y balones de fútbol. Me gustan los vestidos bonitos y subir a los árboles. Mis amigos son niños y niñas.

Como adolescente, no encajo con las grandes y temibles marimachos del equipo de *lacrosse*, ni con la pandilla de chicas obsesionadas con los novios que llevan al colegio todo el maquillaje prohibido que pueden sin que los profesores se den cuenta. Me interesa lo místico y lo mágico, el arte, la música y la política, la ropa de moda, la ingeniería civil, la agricultura y formarme mis propias opiniones. Estoy entre dos aguas.

Empiezo a leer libros de psicología, pero no me ayudan a entender lo que significa ser mujer. En primer lugar, encuentro a Sigmund Freud. «Todas las mujeres», predica, «sufren de "envidia de pene"»[7]. Pero ¿en qué está pensando? Nunca en mi vida he anhelado una cosa colgante pegada en la parte delantera. Las ideas sobre el género de Carl Jung son defectuosas, pero su obra me parece más inclusiva para la mujer, por lo que muchas mujeres se formaron con él, incluidas muchas que eran lesbianas. Encuentro dos libros que me ayudan a integrar mi amor por la psicología con la espiritualidad basada en la diosa: *The Way of All Women* y *Los misterios de la mujer: simbología de la luna*, de la doctora Esther Harding[8]. Ella y su compañera, la doctora Eleanor Bertine, médica y activista feminista, fueron dos de las principales impulsoras del establecimiento del análisis junguiano en Estados Unidos. La psicología junguiana da el mismo valor a lo femenino y a lo masculino y enseña que nuestra psique es intrínsecamente bisexual, no en el sentido de la orientación sexual, sino en términos de nuestro potencial interior. En lo más profundo de nuestro ser, no estamos limitados por las ideas sociales de *masculino* o *femenino*. En los niveles más recónditos de nuestra psique somos andróginos, somos ambos. Solo cuando nos damos cuenta de la totalidad de nuestro ser, cuando abrazamos las cualidades que hemos reprimido de forma inconsciente, porque la sociedad nos ha enseñado que no encajan en el estereotipo de lo masculino o lo femenino, podemos llegar a ser verdaderamente individuados, verdaderamente completos.

Lo que mi práctica wiccana me enseña es que la idea fundamental del pensamiento mágico es que todos somos individuos soberanos y autónomos con derecho a poseer la totalidad de nuestro ser (cuerpo y espíritu) y a descubrir quiénes y qué somos de verdad. Se trata de un *ethos* que rechaza todo lo que oprime y esclaviza a los demás, un *ethos* que quiere crear sociedades en las que todos tengan la oportunidad de vivir vidas plenas que satisfagan las necesidades del espíritu y del cuerpo. En otras palabras, cuando descubrimos lo mágico, también descubrimos lo político.

Encuentro lo mágicamente político por primera vez en un libro que fue una de las inspiraciones de la wicca contemporánea. Lo hallo en Atlantis Bookshop, la librería esotérica más antigua de Londres, en una de esas pintorescas calles estrechas cerca del Museo Británico. Atlantis se convierte en mi lugar de referencia para los libros paganos.

Atlantis es una de esas tiendas con un encanto extravagante que deberían salir en una película de Harry Potter. A día de hoy sigue siendo un negocio familiar, con la tercera y la cuarta generación de la familia Beskin al frente. Su mágica historia se remonta a cien años atrás. William Butler Yeats, Aleister Crowley, Gerald Gardner, Dion Fortune, Israel Regardie y Doreen Valiente son solo algunos de los grandes y buenos brujos (y a veces no tan buenos) que han hecho sus compras, han realizado sus firmas de autores y se han reunido allí con otros para intercambiar cotilleos mágicos y llevar a cabo rituales en el sótano.

El libro que descubro en Atlantis es una nueva edición de un oscuro texto del periodista, folclorista, anticuario y viajero estadounidense del siglo XIX Charles Godfrey Leland: *Aradia, or the Gospel of the Witches*. Charles Leland era una de esas personas dotadas de un extravagante carisma Leo que hacía que personas de todos los credos, colores y clases le contaran sus historias.

Aradia es el fruto de su encuentro en 1886 con una adivina y bruja italiana de Florencia, conocida como Maddalena. Le dice que su familia desciende de los misteriosos etruscos, el pueblo que habitaba el centro de Italia antes de los romanos, y que posee conocimientos esotéricos secretos de antiguos hechizos y rituales transmitidos durante generaciones. Entre ellos surge una amistad y, al final, Maddalena comparte los secretos de la tradición de la brujería italiana, conocida por las brujas como la *Vecchia Religione* ('la antigua religión'). Le explica que las brujas italianas no son solo practicantes de las artes mágicas, sino que la *Vecchia Religione* es anterior al cristianismo y se sigue ejerciendo en secreto como una visión del mundo alternativa y subversiva, en la que las diosas, y no los dioses, crearon el universo.

Aradia me parece interesante como texto mágico y como parte del folclore, pero también es un manifiesto político. Aradia es una diosa salvadora, una figura del Mesías que derrocará a los malvados gobernantes y a la Iglesia opresora para liberar al pueblo. Leland escribe en su apéndice que, independientemente de si creemos o no en la magia, la bruja simboliza la rebelión, una rebeldía abierta a todas las mujeres: «Porque toda mujer es en el fondo una bruja»[9]. El acto de magia en sí mismo es una afirmación de la individualidad, del empoderamiento y de la anulación de las normas sociales que oprimen a las mujeres.

Al leer las palabras de Aradia, encuentro en esta antigua diosa olvidada inspiración y empoderamiento. Hoy en día podría ver en ella el arquetipo de la mujer salvaje. La suya es la llamada a los lugares salvajes, a los bosques y arboledas, a las colinas y montañas. «Siempre que necesitéis algo», nos dice, «una vez al mes, y cuando la luna esté llena, os reuniréis», y allí la madre de Aradia, la diosa Diana en persona, estará presente en los corazones de sus adoradoras para enseñarnos «todo lo desconocido»[10].

Este es un camino de magia y misterio y de encontrar el verdadero conocimiento de uno mismo en los solitarios lugares desiertos y en las profundidades del bosque, en el corazón verde de la naturaleza. Me siento fortalecida por mi culto a la diosa, pero ella no es la única deidad que me llama.

4
Soñar con el dios astado

—¿Has soñado alguna vez con el dios astado? —me pregunta una mañana nuestro becario de veinte años, Duncan.

La pregunta me saca de mi análisis de los datos de la investigación. En mi trabajo como psicóloga de la Oficina del Gabinete no me he dado a conocer como bruja y en esta era previa a internet es posible mantener mucho más la vida privada de una misma. Le doy la respuesta habitual de psicóloga:

—¿Por qué lo preguntas?

—Anoche soñé con el dios astado y he sentido que debía contártelo.

Hablamos de su sueño y le sugiero lo que puede leer para saber más sobre el dios astado. Su intuición le ha llevado al lugar correcto. Gracias a mi estudio de los escritos de Carl Jung y a mis experiencias con la magia, puedo ayudarle a interpretar su sueño, ya que yo también he soñado con el dios astado.

El dios astado procede de los primeros tiempos de la humanidad, cuando vivíamos de la caza. Se remonta hasta lo más profundo de nuestros ancestros. Encontramos su representación en las pinturas rupestres, una figura vestida con pieles, cola y cuernos: la deidad que trae la presa al cazador, que asegura la supervivencia de la tribu. Fue la famosa pintura rupestre de la cueva de Trois Frères en Ariège, en el suroeste de Francia, la que inspiró a la antropóloga y egiptóloga Dra. Margaret Murray a dar el salto intuitivo que se convirtió en una importante inspiración para el renacimiento de la brujería. Argumentó que las brujas perseguidas durante siglos como adoradoras del diablo no eran satanistas después de todo, sino adeptas secretas de la deidad pagana con cuernos adorada como Pan con cabeza de cabra en el antiguo mundo mediterráneo; en Gran Bretaña como Herne el Cazador con cabeza de ciervo, líder de la Caza Salvaje, y como Cernunnos por los celtas de la Europa continental; ya que *hern* y *cern* provienen de una palabra de raíz común para «cuerno»[1].

No sé nada de esto cuando me topo por primera vez con el dios astado cuando soy una niña. Todo comienza para mí cuando encuentro una piedra. Tengo seis años y vuelvo cansada una tarde de verano del bosque, subiendo la colina hasta la granja. La neblina brilla en el caluroso asfalto y siento el calor del camino a través de mis sandalias. Entonces me doy cuenta de que algo brilla en la vereda de hierba, resplandeciendo a la luz del sol como si fuera cristal o metal. Me agacho y veo que parece un huevo. Lo recojo. Está caliente y me pesa en la mano; no es un huevo, sino una piedra marrón con forma de huevo. Le doy la vuelta y se produce ese momento en el que el corazón se detiene cuando ocurre algo importante, cuando vemos a la persona a la que vamos a amar o cuando hay un gran peligro. En el otro lado de la piedra, sus marcas naturales han creado la cara de una cabra.

Hay algo mágico en la piedra, así que me la llevo a casa. No se la enseño a mi madre. La siento como algo especial, algo solo para mí; un objeto sagrado, poderoso. Le hago un altar en mi habitación. Cubro una caja de cartón con una tela y salgo a recoger un ramo de flores silvestres, que pongo en un jarrón junto a la piedra. Me fascina. Me siento y la miro hasta que anochece. No puedo entender su poder, pero hay algo en ella que me hace reflexionar. Sé que la imagen es importante, aunque no puedo decir por qué ni cómo. Entonces, unas semanas más tarde, una mañana encuentro algo extraño en el bosque: un círculo de piedras blancas de unos cinco metros de diámetro que no estaba allí cuando volví a casa la tarde anterior. En el centro hay una hoguera y los rescoldos de un fuego. Podría ser de un excursionista nocturno, pero no parece un campamento. Da la sensación de que algo extraño y misterioso debe de haber ocurrido aquí. Años después, descubro que las brujas se reúnen en New Forest. ¿Quizás he encontrado uno de los lugares donde llevan a cabo sus rituales?

Pasan un par de años y leo un libro infantil extraordinario, *Princess Charming*, de Katherine Oldmeadow[2]. En apariencia, el libro es una historia de aventuras en un internado, pero se lee como una novela de propaganda pagana con un fuerte trasfondo lésbico que reconozco como diferente incluso de niña. Esto es menos sorprendente ahora que Katherine Oldmeadow ha sido identificada como una de las mujeres que probablemente fuera miembro del aquelarre de New Forest, que dio origen a la wicca contemporánea[3]. Las chicas de la historia se dedican a venerar a Pan y bailan para él a la luz de la luna. Una de ellas parece incluso convertirse por un momento en el propio dios. Es una religión con la que me identifico, en la que las niñas pueden bailar a la luz de la luna para honrar a un dios con cabeza de cabra. La llamada salvaje de Pan me atrae. Ahora entiendo el atractivo de la imagen de mi piedra con cara de cabra. ¿Será que, en algún lugar del bosque, las chicas como yo siguen bailando para Pan?

Independientemente de la religión que profesemos o no, cada uno de nosotros tiene su propia espiritualidad. Nos llega paso a paso, sintetizada a partir de la cultura religiosa de nuestra familia, de las tradiciones que encontramos en la vida adulta y de nuestras experiencias vitales, para crear una visión del mundo: valores e ideas que hacen que la vida merezca la pena. El psicoterapeuta, místico y exmonje Thomas Moore explora esta cuestión con gran belleza en *En busca de una religión personal: una guía para crear una espiritualidad propia en un mundo secular*[4]. Sea cual sea la etiqueta que elijamos ponerle (o tal vez no le pongamos ninguna), nuestra espiritualidad personal es un tapiz que seguimos tejiendo durante toda nuestra vida, deshaciendo algunos hilos, sustituyendo otros y haciendo evolucionar el diseño y sus colores.

Empiezo a tejer mi espiritualidad a partir de mis experiencias infantiles en la naturaleza y de las imágenes (poderosas imágenes arquetípicas) que aparecen en mis sueños y visiones. Al principio no tengo un mapa de este territorio, ni un contexto que explique el poder de las imágenes. Cuando descubro las deidades de la antigua Grecia, comienzo un viaje a los reinos de la mitología, a los dioses olvidados, a los templos en ruinas y a las piedras en pie. A los doce años, convenzo a mi madre para que me lleve a la ceremonia druida del solsticio de verano en Stonehenge. Solo hay algunos druidas vestidos de blanco, mi madre y yo, y un turista alemán que ha acampado durante la noche. Cuando llegamos todavía está roncando, así que le despertamos para que no se pierda el amanecer. La ceremonia es interesante, pero no me conmueve. Las túnicas y los tocados blancos de los druidas, y sus botas de goma blancas a juego con los caprichos de un verano inglés, parecen pintorescos, más cómicos que profundos. El canto de los pájaros que se posan sobre las piedras parece más espiritual que la ceremonia. Siento que hay poder y energía en este lugar. Solo que no saben cómo liberarla.

Las experiencias que cada uno de nosotros tiene en su viaje espiritual son como perlas en un hilo. Una a una, añadimos nuestras experiencias al hilo de nuestra vida (nuestro almacén de recuerdos) y a partir de ellas creamos patrones de interpretación y significado. El símbolo arquetípico del dios astado, que tiene tanta resonancia y poder para mí, proviene de la época más antigua, la de las cuevas y la caza. Procede del principio del viaje de la humanidad hacia el sueño y el misterio. Procede de la parte más salvaje de nuestro ser, cuando nuestra especie despertó por primera vez de su estado animal a la conciencia, y con una conciencia de individualidad pudo decir: «Yo soy».

A mediados de mi adolescencia, escribo un poema. Lo llamo «Las flautas de Pan»:

En las cavernas profundas, los viejos dioses duermen,
pero los árboles aún conocen a su Señor
y son las flautas de Pan las que llaman a la melodía
en el crepúsculo del bosque.
Las hojas bailan al son del dios cabra
y susurran su nombre a los vientos
y el roble sueña con un dios con cuernos
y no conoce otro rey.

El poema sale directamente de la pluma, directamente del inconsciente. Cuando lo leo me dan ganas de llorar. Es para mí un poema de luto y de pérdida, de dolor por el mundo natural devastado de manera sistemática por la humanidad. Es un llanto por una espiritualidad natural destruida por las religiones que nos separan de la naturaleza y apartan de las especies que nos rodean. Siento que hemos perdido el alma. ¿Cómo podemos encontrar el camino de vuelta a lo que hemos perdido?

Un mediodía lluvioso, unos años más tarde, me refugio en la librería Foyles Bookshop de Charing Cross Road, en el corazón del barrio de las librerías de Londres, y descubro parte de la respuesta en el libro de Carl Jung *Los complejos y el inconsciente*[5]. Los capítulos son una embriagadora mezcla de psicología, gnosticismo, teosofía, espiritualidad oriental y análisis de los sueños. Señalan los retos psicológicos y espirituales de cada etapa de la vida y la necesidad de transformación de la psique humana. Entiendo una décima parte, pero es suficiente. Me convence de que el estudio de la psique humana me interesa mucho más que las novelas victorianas y los dramas de la Restauración que son las lecturas obligatorias de mi carrera de Filología Inglesa. Me tomo un descanso de la universidad y vuelvo a solicitar el ingreso en Psicología. Para mi decepción, el plan de estudios de Psicología basado en la ciencia de la Universidad de Londres solo hace referencia de pasada a Sigmund Freud y casi nada a Carl Jung. Persisto y obtengo una licenciatura y un doctorado, pero este tipo de psicología no me entusiasma.

La psicología de Carl Jung se convirtió para mí en un puente entre el mundo académico y el mundo mágico, lo urbano y lo natural, lo civilizado y lo indómito. Fue un intérprete magistral de los símbolos y de las imágenes arquetípicas primordiales que nos acompañan desde los albores de la humanidad. Los símbolos son escurridizos, tienen muchas capas y son misteriosos. Estimulan la psique porque son tentadores y se sitúan justo en el umbral de nuestra comprensión. Transmitieron los anhelos más profundos y las aspiraciones espirituales de nuestra especie mucho antes de que desarrolláramos los lenguajes escritos que nos permiten comunicar nuestros pensamientos y sentimientos internos con palabras.

Las imágenes e ideas arquetípicas están moldeadas por nuestra cultura y nuestro entorno, pero la capacidad humana de producirlas procede de lo que Carl Jung denominó «el inconsciente colectivo», el nivel heredado de la psique compartido por toda la humanidad. Nuestro inconsciente personal es una puerta de entrada al inconsciente colectivo, que existe más allá del cuerpo e incluso del tiempo y el espacio. Es una conciencia que vislumbramos, perdemos y volvemos a vislumbrar. Figuras como la anciana sabia, el niño salvador, el rey de los sacrificios, el sabio tonto, el erudito, la sacerdotisa, la gran madre y el dios astado, que aparecen en los mitos, historias e imaginaciones espirituales de una cultura tras otra, también surgen desde el colectivo hacia el inconsciente personal a través de los sueños de nuestras generaciones actuales.

El sueño de nuestro becario Duncan provenía de lo más profundo del colectivo, y sentía que yo era una persona que lo entendería. Al hablar con él, parecía un alma vieja, más sabia de lo que correspondería a su edad. Una mañana, unas semanas después de que me preguntara por el dios astado, entró en mi despacho con un folleto en la mano. Me dijo que cuando lo vio, pensó que debía traerme un ejemplar porque «creo que es algo que puede interesarte». Intuí que debía hacerle caso.

Las tradiciones esotéricas hablan mucho de los ángeles, pero no son necesariamente seres de otro mundo con alas. La palabra «ángel» proviene de la palabra griega que significa 'mensajero', y podemos escuchar y entender los mensajes con más facilidad cuando nos los transmiten otros seres humanos. Todos actuamos como ángeles entre nosotros de vez en cuando, llevando el mensaje que hace avanzar la vida de alguien en una nueva dirección. Para oír a nuestros ángeles humanos, tenemos que escuchar, pero escuchar de verdad, lo que la gente nos dice y estar abiertos a los mensajes que llegan de todo tipo de fuentes improbables. Duncan se convirtió en mi ángel ese día.

El folleto describía, en efecto, algo que me interesaba. Se trataba de una serie de talleres dirigidos por Ian Gordon-Brown, Barbara Somers y Joan y Reynold Swallow, del Centro de Psicología Transpersonal. Ya había visto el folleto en la biblioteca del Colegio de Estudios Psíquicos de South Kensington, pero no había llegado a ir más allá. Dudo que lo hubiera hecho. Fue necesario un pequeño empujón del universo para que explorara una opción que, en última instancia, era de gran relevancia para mí. Me llevé el folleto a casa, se lo enseñé a mi marido, Chris, y decidimos que era algo que nos gustaría explorar juntos. Asistimos a la serie de talleres introductorios y luego solicitamos formarnos como terapeutas. Lo que aprendimos nos benefició a nivel profesional, pero lo más importante es que nos ayudó a iluminar nuestros caminos espirituales y mágicos y, más tarde, nuestra enseñanza. Nos convertimos en profesores acreditados del Centro de Psicología Transpersonal y todavía seguimos enseñando este enfoque espiritual bajo el título de Psicología Espiritual.

El enfoque del Centro de Psicología Transpersonal sobre la psique se basa en un principio subyacente que resuena en mí.

Dentro de cada uno de nosotros hay un centro espiritual, un yo más profundo que nos conecta con lo divino. Podemos fortalecer nuestra conexión con el yo a través del trabajo de la visualización guiada, las imágenes, los mitos y los sueños. La base teórica del centro incluye el trabajo de Carl Jung y el grupo de poderosas mujeres que fueron sus colaboradoras: su esposa Emma, Marie-Louise von Franz, Esther Harding y Toni Wolff. Fueron pioneras en trazar el camino de la transformación espiritual. Sus vidas coincidieron con el apogeo del renacimiento mágico, al igual que muchos de sus objetivos y ambiciones. Carl Jung, en particular, estuvo muy influenciado por las enseñanzas esotéricas, espirituales y mágicas de Occidente y Oriente. La alquimia, el misticismo, la Cábala, el yoga tántrico y el budismo se convirtieron en ricas fuentes de inspiración para sus teorías, ya que cada vez más las personas que acudían a él en busca de ayuda no estaban enfermas a nivel psicológico. Tenían vidas exitosas en apariencia, pero su vida interior era estéril y espiritualmente empobrecida. Habían descubierto la antigua verdad de que el éxito material por sí solo no aporta la felicidad y el sentido a nuestras vidas. Solo podemos encontrar el sentido a través de nuestra propia búsqueda espiritual, una búsqueda que comienza con nuestro mundo interior, con nosotros mismos; porque la primera máxima del camino espiritual, tallada hace mucho tiempo en la antigua Grecia en el patio del templo oracular de Apolo en Delfos, es *gnothi seauton*, 'conócete a ti mismo'[6].

¿Has soñado alguna vez con encontrar nuevas habitaciones en tu casa que no sabías que existían? Este es un sueño clásico de autodescubrimiento que significa que nuestra psique se está abriendo; una nueva parte de nosotros quiere emerger a la conciencia. A menudo las nuevas habitaciones son acogedoras y representan nuevos talentos, cualidades y posibilidades que podemos abrazar con alegría. A veces somos más reacios a explorar. Las nuevas habitaciones son amenazantes: sótanos oscuros y húmedos cuyas puertas nos da miedo abrir, desvanes a los que solo se puede acceder por escaleras desvencijadas y poco seguras. Pero, nos gusten o no nuestras nuevas habitaciones, son sueños positivos e importantes. Son una señal del yo más profundo que nos insta a crecer. Quiere que entremos en las nuevas habitaciones, que exploremos, que permitamos que se revele todo lo que está oculto dentro de nosotros.

Esto es un reto, porque significa descubrir en nuestro interior aspectos de nosotros mismos que no nos agradan en absoluto. Conocernos a nosotros mismos significa mirar detrás de la máscara de la persona, de la cara que ponemos para conocer las caras que nos encontramos. Significa abrirnos a todos esos aspectos nuestros que hemos reprimido y enterrado porque nos han enseñado que «los hombres de verdad no hacen esto», o «las chicas no pueden hacer aquello»; todos esos aspectos de nosotros mismos que no forman parte del rol de género que desempeñamos en la vida cotidiana: el animus, el masculino interior reprimido, y el ánima, el femenino interior reprimido.

Lo más desafiante de todo es abrirnos a la sombra, a todas las cualidades que llevamos dentro y que no queremos reconocer porque «no está bien pensar así». Una de las mayores contribuciones de Carl Jung a la psicología espiritual fue su comprensión del lado más oscuro de la psique humana. La sombra representa todas aquellas partes de nuestra naturaleza que intentamos reprimir y ocultar, incluso de nosotros mismos. Intentamos enterrarlas tan profundo que nos olvidamos de ellas, pero ahí están, al acecho, esperando a salir a la luz. Es como en una de esas películas en las que se construye una casa sobre un cementerio de muertos vivientes malévolos, que solo esperan su oportunidad para irrumpir en el sótano recién decorado.

Hace falta valor para reconocer y admitir la sombra, para abrir las puertas y las ventanas de la psique que nos permiten conocernos a nosotros mismos. Esta es la tarea no de los trabajadores de la luz, sino de los trabajadores de la sombra, aquellos que reconocen los impulsos oscuros que nos acechan a todos y que forman parte de nuestra condición humana. Carl Jung escribió que es «desagradable y, por lo tanto, impopular», pero «no nos iluminamos por el hecho de representar la luz, sino por el hecho de hacer consciente la oscuridad»[7]. Solo reconociendo nuestra propia sombra y la sombra colectiva humana seremos más capaces de transformarla.

El camino mágico comparte muchos de los objetivos de crecimiento de las psicologías de orientación espiritual; en particular, la idea de que nuestra conexión interior con lo divino no se realiza con un yo *superior*, sino con un yo más profundo y auténtico. Este es el yo que acepta la realidad de la sombra de la negatividad reprimida, así como de nuestro potencial no explotado.

Si queremos abrazar nuestro potencial interior, debemos estar dispuestos a adentrarnos en lo desconocido, en la oscuridad. Debemos convertirnos en el dueño o la dueña de nuestro dominio interior. Debemos abrir las puertas de todas las habitaciones de nuestra casa interior, para poder caminar con libertad y sin miedo, tratando con amabilidad y respeto lo que encontremos allí. Esto no es fácil. Significa autoaceptarse, y una verdadera autoaceptación solo puede darse a través de la autocompasión. Es el resultado de reconocer, aceptar y entablar amistad con todas las partes dispares de nuestra psique que buscan evolucionar y crecer.

La meditación con compasión, tal y como se enseña en el entrenamiento de la atención plena, puede ser de gran ayuda en este caso. En este tipo de meditaciones, nos centramos primero en enviarnos bondad o compasión a nosotros mismos y luego pasamos a los demás. Esto tiene mucho sentido a nivel psicológico. Si no podemos amarnos a nosotros mismos, no podemos amar de verdad a los demás. Si somos perfeccionistas y nos machacamos psicológicamente por cada error, no toleraremos los fallos de los demás. Meditar enviando pensamientos de amor y compasión a los demás afecta a nuestro estado emocional. Esto, a su vez, repercute en nuestra salud y bienestar. La meditación con compasión activa las áreas cerebrales implicadas en el procesamiento emocional y la empatía, áreas que nos ayudan a lidiar mejor con las emociones negativas[8]. La creación de estas conexiones amorosas libera los bloqueos en la psique que nos atrapan en nuestro propio mundo interior aislado de los demás.

El proceso de aceptación de esos aspectos enterrados de nuestra psique que al principio percibimos como «otros» y «no-yo» conduce, en última instancia, a la integración en un nuevo centro de conciencia que accede a todo nuestro ser, un proceso que Carl Jung denominó «individuación» y que consiste en convertirse en el individuo único que siempre estuvimos destinados a ser[9]. Es el primer gran objetivo de la búsqueda espiritual, parte de lo que en magia se denomina «la gran obra», la transformación espiritual del individuo que lleva, en definitiva, a la transformación espiritual de la humanidad.

Podemos lograr el cambio interior de muchas maneras diferentes. Gran parte de él se produce a través de las experiencias que adquirimos en la vida cotidiana, a medida que maduramos hacia la edad adulta y formamos relaciones como amigos, compañeros, colegas y padres, y cuando aprendemos a asumir responsabilidades con los demás. Una vida espiritual y mágica activa puede acelerar el proceso de individuación si nos damos tiempo para estar en comunión con nuestro mundo interior, nuestra psique más profunda, la fuente de visión e inspiración. La meditación, el trabajo artístico, la escritura creativa, la grabación de los sueños, los rituales…; todas son rutas hacia el inconsciente para conectar con nuestro yo más profundo.

No perseguimos el camino solo para nosotros. El pensamiento mágico nos enseña que, al abrirnos a las profundidades de nuestro ser, aumentamos nuestra conciencia colectiva humana. Nuestra especie está en su infancia, pero los pequeños pasos que cada uno de nosotros da hacen evolucionar la psique colectiva de toda la humanidad. Tampoco estamos solos en nuestro viaje. A medida que nos acercamos al inconsciente, entramos en contacto con formas arquetípicas de dioses, como la gran diosa madre, el dios astado, el erudito y el niño sol, que descansan en lo más profundo de la psique humana esperando para ayudarnos. Nos recuerdan nuestra necesidad de volver a conectar con el instinto, con el sentimiento, con el reino de los sentidos, porque en ellos encontramos una profunda sabiduría, la sabiduría de la sangre y el hueso, del árbol y la hoja, de la piedra y la flor, del viento y el agua.

Pero el interior no es la única dirección de viaje en la búsqueda, porque además de abrirnos a lo que hay en nuestro interior, también debemos volvernos hacia el exterior. Debemos ser conscientes de los empujes del universo, conscientes de esas manos que nos ayudan y que están ahí todo el tiempo si utilizamos nuestros oídos para escuchar y nuestros ojos para ver.

5
Abrirnos al universo

Existo porque mi padre se equivocó de tren. Cuando se dio cuenta, preguntó a la pasajera más cercana a dónde iba el tren. Resultó que esa pasajera era mi madre. La suya era la siguiente estación, y él decidió bajarse también allí y volver al centro de Londres. Una vez en el andén, por impulso le preguntó a mi madre si quería ir a tomar algo. Mi madre no era el tipo de mujer que va a beber a los *pubs* con hombres extraños que conoce en los trenes, pero mi padre llevaba una corbata roja. Ella consideró que se trataba de una falta de buen gusto (eran los años cincuenta) y se compadeció de él, así que le dijo que sí. Seis meses después se casaron.

Puede que sea por mi historia personal o por mis impulsivos genes irlandeses, pero, por la razón que sea, me gusta estar abierta a los empujes del universo. La magia consiste en prestar atención a los empujes. Coincide con lo que Richard Wiseman, catedrático de Psicología de la Universidad de Hertfordshire, llama «el factor suerte»[1]. Si nos abrimos al universo, podemos encontrar un poco de magia en el mundo. El mitógrafo Joseph Campbell tenía otro término para ello. Para él, se trata de recibir ayuda de «manos invisibles» para encontrar nuestro sentido de la vida, nuestra vocación, lo que él llamaba «tu felicidad». Si seguimos nuestra felicidad, descubrimos que se abren puertas y nos colocamos «en una especie de sendero que ha estado allí todo el tiempo»[2]. Descubrimos nuestro camino, la vida que siempre hemos querido vivir. Es como con los sueños en los que descubrimos nuevas habitaciones en nuestra casa. Las habitaciones siempre han estado ahí. Solo teníamos que abrir las puertas.

Para hacer juicios de verdad racionales, debemos tener en cuenta la información que nos da la intuición, así como la del pensamiento lineal. La intuición es una forma de conocimiento que ve conjuntos y patrones que van más allá de lo que la mente consciente conoce. Se basa en conocimientos inconscientes, algunos de los cuales se olvidan o se reprimen y otros se adelantan al futuro para ver lo que aún no existe. Cuando tenemos que tomar decisiones que cambian la vida, puede haber tantas posibilidades y factores que sopesar que no hay una elección *lógica*. La lógica funciona bien con un conjunto de hechos conocidos y finitos, pero cuando tomamos decisiones importantes en la vida, actuamos con el trasfondo de un futuro desconocido. Nunca podremos conocer todos los hechos, así que confiar en nuestra intuición, que opera fuera del tiempo y del espacio cotidianos, se convierte en la forma más racional de actuar.

La intuición es la base de todo pensamiento creativo, ya sea en las artes o en las ciencias. En 1925, el físico teórico Erwin Schrödinger, galardonado con el Premio Nobel, publicó por primera vez su libro *Meine Weltansicht*, traducido cuatro décadas después como *Mi concepción del mundo*[3]. Por aquel entonces ocupaba un puesto en la Universidad de Zúrich y estaba en el umbral del descubrimiento de la ecuación de Schrödinger, el fundamento de la mecánica cuántica. La inspiración para su ecuación no solo provino de sus cálculos científicos, sino también de su estudio de la filosofía y la espiritualidad hindúes del Vedanta.

Una idea que comparten el Vedanta y la magia occidental es que los seres humanos no estamos separados y aislados, puesto que, en el nivel más profundo de la conciencia, el conjunto del cosmos es un todo unificado. Es como si cada uno de nosotros fuera una célula del cerebro cósmico. Todos nuestros pensamientos, sentimientos, sensaciones y experiencias fluyen hacia el vasto depósito de la mente cósmica. Pasamos por la vida sin ser conscientes de esta profunda conexión entre nosotros y todas las demás conciencias de nuestro planeta y del más allá. Solo en momentos intensos, cuando lo que suele estar fuera de nuestra conciencia cotidiana se vuelve consciente, sabemos que formamos parte de un todo mayor. La idea de Carl Jung del inconsciente colectivo es similar. Este nivel de la psique existía en nuestra especie mucho antes de que desarrolláramos el lenguaje. Tomamos conciencia de su contenido a través de los sueños y los símbolos, gracias a nuestra capacidad de utilizar la imaginación y cuando aprendemos a escuchar nuestra intuición, nuestra voz interior.

Algunos tipos de intuición se dan a conocer a través de ideas, imágenes o palabras que simplemente aparecen en nuestra cabeza, pero hay otro tipo de intuición que no tiene nada que ver con esta. Se origina en el cuerpo, en nuestros músculos más profundos y en nuestros sentidos más antiguos. Está relacionada con nuestras reacciones instintivas. Si aprendemos a prestar más atención a las reacciones de nuestro cuerpo, mejoraremos la interpretación de las señales que nos envía. Podemos mejorar esta conciencia a través de prácticas como los escaneos corporales meditativos, el yoga y otras formas de trabajo corporal que nos ponen más en contacto con nuestro cuerpo y con la forma en que responde a nuestras emociones y al mundo que nos rodea.

No tenemos que presuponer que ocurre algo sobrenatural cuando hablamos con la gente y algo «nos huele a chamusquina». Cuando el sentido del olfato de nuestra especie estaba más desarrollado, éramos conscientes de oler lo que sentían los demás, como hacen los animales. Hoy en día, este sistema funciona por debajo de nuestra conciencia, pero seguimos oliendo subliminalmente el estrés y el miedo de los demás. También podemos ver y registrar de la misma forma su tensión física. La tensión muscular puede ser contagiosa. Si la percibimos subliminalmente en otros, nos tensaremos en respuesta.

Otras intuiciones provienen de lo que vemos y oímos. ¿Cuántas veces has escuchado a alguien y no te has creído ni una palabra? Puede tratarse de un jefe que te explica por qué no puede darte un aumento de sueldo, un empleado que llama para decir que está enfermo el día de un gran partido, un vendedor que te asegura que este es el mejor producto de la historia o un deudor que te dice que el cheque lo ha mandado de verdad por correo. No les creemos porque sus pensamientos subyacentes se filtran en su voz y en su lenguaje corporal. Aunque no seamos conscientes de lo que ocurre, nuestro inconsciente registra estos mensajes contradictorios y trata de hacernos tomar conciencia.

Este tipo de intuición nos aleja de la corteza cerebral y nos lleva al sistema límbico, una parte más profunda y antigua del cerebro que está más cerca de nuestro yo más salvaje y animal. Los animales, incluido el ser humano, tienen instintos primitivos que les advierten del peligro. A menudo podemos racionalizar el motivo: por ejemplo, los animales saben que se acerca un terremoto porque pueden percibir los diminutos temblores de tierra que preceden a su llegada. Pero algunas de nuestras reacciones no se pueden racionalizar. A lo largo de un día cualquiera, tenemos innumerables intuiciones sobre cómo van a ser las cosas. Sabemos que algo es así, aunque nuestra mente consciente no disponga de información. Es como si hubiera otro mecanismo sensorial en funcionamiento, un sexto sentido que nos advierte de que un determinado curso de acción es malo. Fue esto lo que me sucedió el sábado 17 de diciembre de 1983, cuando decidí no bajarme del tren en Knightsbridge para ir de compras navideñas a Harrods y toparme con una bomba del IRA.

Algunas personas escuchan su intuición, otras la ignoran. A veces, lo que experimentamos no son verdaderas intuiciones, sino miedos, preocupaciones y ansiedades que nos hacen pensar que algo va a salir mal. Pero, una vez que empezamos a prestar más atención a nuestras reacciones, podemos aprender a distinguir las intuiciones que nos llegan desde un lugar más profundo que nuestras ansiedades y dudas cotidianas.

Podemos aprender a confiar más en nuestra intuición actuando al principio sobre pequeñas cosas y luego tomando decisiones más importantes a medida que aumenta nuestra confianza. Como en cualquier actividad, desde el deporte hasta la música, cuanto más practiquemos, mejor lo haremos. Las investigaciones del profesor Richard Wiseman sobre el factor suerte demuestran que las personas que siguen su intuición son afortunadas. Toman mejores decisiones en cuestiones importantes de la vida, como las relaciones y la carrera profesional[4].

Confiar en nuestra intuición es más fácil para unos que para otros, pero, aunque no hayamos nacido con una intuición fuerte, podemos desarrollarla aprendiendo a aceptar las pistas y los empujes del universo y abriéndonos más a las experiencias que nos ofrece.

La mayoría de los modelos psicológicos de la personalidad se basan en los *cinco grandes* factores del acrónimo OCEAN (por sus siglas en inglés): apertura a la experiencia, responsabilidad, extraversión, amabilidad y estabilidad emocional. La dimensión más importante para la magia es la apertura a la experiencia, una orientación esencial también para la creatividad, la innovación y la invención. Esta mentalidad es la que nos permite probar cosas nuevas: ideas, trabajos, comidas o lugares que visitar. Nos permite introducir cambios en nuestras vidas y aceptar el cambio como algo divertido y un reto agradable. También nos anima a experimentar, lo que significa abrirnos a la idea de fracasar y tener éxito. No tenemos que tener siempre la razón. Es una orientación esencial para crear nuevos productos, nuevas empresas, nuevas tendencias en la moda y el arte, nuevos movimientos políticos y una nueva visión espiritual. La apertura a lo nuevo también es importante en otro sentido. Lleva a la tolerancia de la diferencia, un elemento fundamental para las sociedades diversas y multiculturales.

A un nivel más profundo, la apertura a la experiencia nos alinea con una forma de ver el mundo que nos lleva más allá de la evaluación psicológica y del tipo de inventario de la personalidad que podríamos completar como parte de una solicitud de empleo. Cuanto más nos abramos al mundo que nos rodea, más podremos abrazar la aventura, la exploración y el cambio en lugar de aferrarnos a la certeza. Esto es importante, porque no hay certeza. Cuanto más vivimos, más descubrimos que siempre debemos esperar lo inesperado, ya sea la COVID-19, el 11-S, el Holocausto o la Inquisición española. La incertidumbre no es algo que se nos imponga por pandemias y desastres imprevistos, sino que forma parte de la naturaleza fundamental de la realidad. Si aceptamos la no permanencia y el cambio como algo natural y los abrazamos en lugar de resistirnos a ellos, podemos abrirnos a ver la vida como una exploración aventurera de descubrimiento, de probar cosas nuevas y de atrevernos a ser diferentes. Podemos abrirnos a ser desafiantes de la sabiduría convencional y catalizadores de la transformación política, social y espiritual. Nuestra apertura puede estimular el pensamiento disruptivo que puede cambiar el mundo.

Quizás estés pensando: «Yo no soy esta persona. No soy así de abierto». No todos lo somos (de hecho, la mayoría no lo somos), pero esta puede ser la dirección de nuestro viaje. *Podemos* cambiar. Los psicólogos a menudo escriben sobre la personalidad como si fuera fija, pero esto no es necesariamente así. La personalidad describe las tendencias y lo que hemos hecho en el pasado. Si estamos más atentos a nuestras reacciones automáticas, si somos observadores más agudos de nosotros mismos, podemos elegir no seguir nuestra programación pasada. Podemos elegir otras opciones. Podemos aprender a ser más abiertos. La apertura es una mentalidad y un hábito. Si nos entrenamos para ser más abiertos en pequeños aspectos, empezamos a comportarnos de forma diferente. Cuando nos comportamos de forma diferente, reconfiguramos el cerebro con nuevos hábitos y, poco a poco, cambiamos.

La extraversión y la introversión median nuestras experiencias intuitivas. Si somos introvertidos, desarrollar un poco de extraversión nos ayuda a buscar activamente nuevas experiencias e interacciones con los demás que creen interconexiones afortunadas. Si somos extravertidos, tomarnos el tiempo de ir más despacio y escuchar a los demás en lugar de hablarles, otorgará a nuestro inconsciente la oportunidad de registrar y traer a la conciencia las pistas que el universo está tratando de darnos. Necesitamos ambos modos de ser para navegar por la vida con éxito: escuchar a los demás y escucharnos a nosotros mismos.

En mi adolescencia, después de que pasar el tiempo en las galerías de arte esperando a ponerme en contacto con un mago que pase por allí no funciona, decido volverme más extrovertida. Sé que así será más fácil. Quiero comprender e integrar las experiencias psíquicas y espirituales que comenzaron en mi infancia. Me estoy convirtiendo en una exploradora espiritual y sé que las respuestas a lo que busco no se encontrarán en los libros, aunque sí ayudan. Para conocer a otras personas de mentalidad similar, debo tender la mano.

La introversión puede ser una prisión, y dentro de muchos introvertidos hay un extravertido reprimido que intenta escapar. Salgo de mi celda autoimpuesta y empiezo a hablar con la gente en los autobuses, en las manifestaciones y en las extrañas multitudes, principalmente masculinas, de activistas políticos, predicadores espirituales y ufólogos que se reúnen en el Speakers' Corner de Hyde Park, en Londres, donde cualquiera puede subirse a una tribuna y presentar su solución particular a los males del mundo. Mi táctica de conversación inicial de «Hola, soy Vivianne y estoy buscando el santo grial» es un buen comienzo de diálogo y tengo algunos encuentros interesantes. No conozco a ningún maestro espiritual iluminado en el Speakers' Corner, pero al estar abierta a hablar con la gente, me encuentro con un aquelarre wiccano y, por fin, con un maestro de magia cabalística, al que descubro sentado a mi lado en el autobús número 73 que va de Stoke Newington a Oxford Street.

No todo el mundo se siente cómodo con esa apertura proactiva, pero si nos abrimos, aunque sea un poco, a nuevas experiencias y nos comprometemos con las personas que conocemos, puede que se conviertan en nuestros ángeles. Puede que conozcamos a esa persona, quizás alguien a quien no volvamos a ver, que establezca la conexión clave para nosotros. Puede que iniciemos una conversación casual con alguien que nos inspire una nueva idea o incluso una nueva dirección para nuestras vidas. Las pistas e indicios del universo pueden venir de cualquier parte, por eso siempre les digo a mis alumnos que hablen con las personas que se encuentran en las colas para el café y el almuerzo en conferencias y eventos. «Nunca sabes a quién puedes conocer».

A veces, la intuición llega de forma espontánea y directa. No necesitamos intermediarios, ni ángeles, ni conversaciones externas que nos impulsen. Una idea llega a la mente completamente formada.

Estoy trabajando como reclutadora de personal directivo mientras espero empezar mi carrera de Psicología. Son las diez de la mañana. Estamos aguardando la llegada de un nuevo miembro del personal. Lo han contratado para sustituirme. Entra en la oficina y una voz en mi cabeza dice: «Ese es el hombre con el que me voy a casar». Esto es incómodo, porque estoy comprometida con otra persona. Tengo un anillo de rubíes y diamantes en el dedo. No tengo intención de romper mi compromiso.

Me encuentro cruzando la oficina hasta donde él está de pie junto a su nuevo escritorio. Le ofrezco la mano para estrecharla y, antes de que pueda detenerme, le digo: «Hola, soy Vivianne. ¿Estás divorciado?». Se las arregla para parecer un poco desconcertado. Ignoro el hecho de que el mío no es el saludo normal en el primer día de un nuevo trabajo en una oficina abierta. Una parte de mí espera oír su respuesta. Otra parte de mi cerebro racionaliza. Parece mayor que yo, más convencional, más establecido en la vida cotidiana. Debe de estar casado, pero tal vez ya no. En cualquier caso, no es un problema. Está felizmente soltero. Tres meses después comenzamos nuestra relación. Mi antiguo prometido encuentra un nuevo amor y recorren juntos el camino de los *hippies* a la India.

Después de otros tres meses, un sábado por la mañana decido que ha llegado el momento de mencionar la palabra que empieza por «b». «No sé si te has dado cuenta de que soy una bruja, al igual que la mayoría de mis amigos». Se toma bien la noticia. Nunca está muy despierto por las mañanas. Gruñe, se da la vuelta y me dice: «Estupendo. Mientras no tenga que unirme…». Unas semanas después, empezamos a hacer magia con velas juntos. Nunca había explorado el mundo mágico y en su adolescencia rechazó toda religión organizada, pero su lado creativo responde a la estética de la magia y siente una veneración instintiva por la naturaleza. Pronto se une a mi práctica wiccana y al año siguiente nos casamos. ¿Habría ocurrido esto si hubiera ignorado la voz que predecía mi futuro? Tal vez, pero, al escucharla, Chris y yo pudimos comenzar una vida de aventuras mágicas juntos de forma más rápida y fluida. Nuestras aventuras nos llevan a los reinos de los muertos.

6
Un espíritu sanador

La mayor parte del siglo XX fue una época en la que hablar con el más allá era habitual. Hasta era un entretenimiento. Poníamos el tablero de la *ouija* o un vaso sobre una mesa plana rodeado de letras y números. Preguntábamos: «¿Hay alguien ahí?». El vaso se movía, o el tablero se desplazaba, y nos comunicábamos con familiares muertos, guías espirituales o maestros desencarnados. Era tan sencillo como lo es hoy en día acceder a internet y enviar mensajes por el éter. En mi adolescencia, mis amigos y yo establecimos un diálogo con un espíritu que se hacía llamar Ramakrishna. Incluso entonces, no éramos lo bastante ingenuos como para estar convencidos de que era el estimado santo hindú, pero nos proporcionó información sorprendentemente precisa y precognitiva. Me abrió el apetito por saber más.

La falta de entusiasmo por los muertos a los veinte años hace que nunca emprenda la carrera de médium espiritista, pero sí la formación. Mi investigación universitaria de doctorado desarrolla mi función pensante, pero el análisis de estadísticas no paramétricas y la realización de entrevistas de investigación cualitativa no me entusiasman. Mi instrucción wiccana y mágica refuerza mi intuición, pero quiero mejorarla, hacerla más precisa. Me gustaría tener más formación, sin embargo, encontrar una educación en intuición no es fácil. El sistema educativo convencional se centra en el pensamiento secuencial lógico, excluyendo casi todo lo demás. Los únicos lugares que encuentro que ofrecen una enseñanza que desarrolla la intuición son los grupos de formación espiritista, por lo que decido inscribirme en la escuela de mediumnidad Ivy Northage School of Mediumship.

Chris y yo somos bastante nuevos en nuestro matrimonio, que, de hecho, tuvo lugar en una iglesia espiritista, y le convenzo para que venga también. No se cree de verdad que la mediumnidad sea lo suyo, pero está abierto a explorar, así que una tarde de otoño acepta dejar su grandiosa oficina junto al Támesis en una consultoría de gestión de la ciudad y viene con su traje de rayas y sus brillantes zapatos al poco elegante Colegio de Estudios Psíquicos para ver si podemos pasar el examen de ingreso. Esto implica el escrutinio de nuestras auras para ver si somos lo bastante psíquicos.

No es una prueba demasiado complicada. Ya nos hemos sometido a un escrutinio de nuestras auras para poder casarnos. Nos casamos en una iglesia espiritista porque en ese momento había pocas organizaciones en Inglaterra que estuvieran autorizadas a celebrar matrimonios y que crearan un servicio lo bastante inclusivo como para que nuestra lista de invitados, formada por católicos irlandeses, protestantes ingleses, judíos, hindúes, musulmanes, magos, brujos, activistas feministas y otros, se sintiera bienvenida. Sin embargo, la London Spiritual Mission solo nos iba a casar si el médium oficiante pensaba que éramos espiritualmente compatibles. Por suerte, pasamos la prueba de compatibilidad áurica y ahora pasamos la prueba para unirnos a la clase de principiantes en mediumnidad.

La famosa médium Ivy Northage resulta ser una mujer imponente y sin complejos, con algunos libros en su haber, un trato de directora y un nivel de exigencia muy alto para sus aprendices[1]. La formación que ella y su brillante y atenta asistente Janet Orman imparten resulta excelente. El proceso completo dura unos cinco años y se centra en la mediumnidad de plataforma. Es el tipo de mediumnidad que se practica en los servicios dominicales de las iglesias espiritistas y en los teatros de los balnearios. Si quieres un relato maravillosamente subversivo sobre el tema, lee a Hilary Mantel. Antes de que escribiera sobre Thomas Cromwell, publicó una brillante pero infravalorada novela titulada *Tras la sombra*, ambientada en la subcultura de los psíquicos, los lectores del tarot y los médiums del sur de Inglaterra[2].

Chris y yo somos los más jóvenes de la clase y, como pareja heterosexual, poco habituales. La mayoría de nuestros compañeros son mujeres de mediana edad u hombres homosexuales. Chris completa las partes uno y dos de la formación, pero decide que esto no es realmente para él. Yo persisto y descubro que puedo abrir mi psique para obtener impresiones de los familiares fallecidos de la gente y puedo transmitir suficientes mensajes detallados y convincentes para que me pasen al siguiente nivel de formación.

La razón de ser de la mediumnidad es que los fallecidos quieren comunicar a sus amigos y familiares que han sobrevivido a la muerte. El gran aumento de miembros de las iglesias espiritistas en el siglo XX se produjo a raíz de las masacres de la Primera Guerra Mundial. Padres y esposas afligidos acudían en masa a escuchar mensajes de sus compañeros muertos, asegurándoles que todo iba bien en la vida del más allá.

No tengo ningún difunto con el que quiera comunicarme, así que no siento el mismo nivel de compromiso con el espiritismo que mis colegas. A veces da la sensación de que establecemos canales de comunicación con los seres queridos fallecidos de la gente, pero no estoy tan convencida de que haya hordas de muertos rondando a la espera de que se abra un canal de conexión. A menudo, la mediumnidad parece más una cuestión de empatía y telepatía que de intervención sobrenatural. Desarrollamos una conciencia intuitiva de lo que los familiares y amigos afligidos necesitan oír y se lo reflejamos. Los mensajes ofrecen más consuelo y curación emocional que una prueba de supervivencia después de la muerte.

Los médiums tienen guías espirituales, normalmente maestros espirituales avanzados y estimados que actúan como guardianes, facilitando el acceso al médium a las personas fallecidas que quieren comunicarse. A mí me dicen que tengo guías espirituales, y diferentes médiums en distintas ocasiones me describen algunos seres similares, entre ellos una mujer india con un sari blanco. Incluso tengo un dibujo de ella hecho con tiza por la artista psíquica Coral Polge. Acepto que cuando los médiums miran mi aura es esto lo que ven, pero me parece una proyección de algo dentro de mí más que una realidad externa.

En las clases también nos enseñan a abrir el chakra de la garganta y a hablar con inspiración o a canalizar, habilidades importantes para los médiums de las iglesias espiritistas. La idea es dejar de lado el control consciente, permitir que nuestros guías tomen el mando y entonces hablar de lo que venga: promesas de amor universal, sabiduría, perdón, la realidad de una vida después de la muerte en la que nos reunimos con los que amamos. El contenido suele ser espiritualmente estimulante, a veces incluso bello e inspirador, pero las palabras que nos dicen que son canalizadas por nuestros guías espirituales me parece que provienen de una fuente más cercana. Para mí, se trata de una rendición de la mente consciente, de dejar ir el ego para conectar con el yo más profundo que está en comunión empática con los que nos rodean. Esto nos dice lo que la gente necesita escuchar en ese momento y lugar de su vida.

Es una técnica poderosa, pero no estoy convencida de que esté canalizando los pensamientos de un sabio nativo americano, un maestro tibetano o cualquiera de las otras asociaciones exóticas que los médiums reclaman. Carl Jung recomendaba que, para el pensamiento creativo, habláramos y escucháramos a nuestra musa interior: el ánima femenina en el caso de los hombres y el animus masculino en el de las mujeres[3]. Si les damos un canal para que hablen, podemos encontrar inspiración creativa y espiritual en estos aspectos ocultos de nosotros mismos.

Los guías de las médiums suelen ser hombres y, cuanto más aprendo sobre la psicología de Jung, más me parece que las mujeres espiritistas están dando voz al animus, la imagen interiorizada del hombre que encierra para las mujeres criadas en sociedades patriarcales todas las cualidades no explotadas que la sociedad ha intentado aplastar. Madame Blavatsky tenía a sus maestros tibetanos secretos que vivían en los confines del Himalaya; la obra de la pionera pintora abstracta Hilma af Klint se inspiró en su comunicación con los «Altos Maestros»; la maga Dion Fortune se relacionaba con el «Maestro Jesús», y de forma más prosaica con lord Erskine, antiguo lord canciller de Inglaterra. Dadas las donaciones económicas que recibía, este último resultó útil. Al canalizar una voz masculina, las médiums, en su mayoría mujeres, pueden permitirse hablar con una autoridad que de otro modo no sentirían poseer.

Puedo tener dudas sobre el fundamento de la mediumnidad, pero no sobre la eficacia de la instrucción. He aceptado un puesto de psicóloga en un centro de rehabilitación y estoy trabajando como parte de un equipo interdisciplinario con personal médico, de trabajo social y otros. La formación en mediumnidad empieza a filtrarse en mi trabajo como psicóloga. Es algo que tengo que aprender a controlar.

Hay una escena maravillosa en el libro de Lewis Carroll *A través del espejo y lo que Alicia encontró allí* que utilizó Carl Jung para explicar la sincronicidad. En ella, la Reina Blanca le dice a Alicia que vive hacia atrás. «(...) pero tiene una gran ventaja, que la memoria trabaja en ambos sentidos», le asegura a la pobre Alicia, que está muy confundida con este concepto.

Alicia responde que está convencida de que la suya trabaja solo en uno:

—No puedo recordar las cosas antes de que sucedan.

—Es una pobre memoria la que solo trabaja en el pasado —afirmó la Reina[4].

La formación espiritista y mágica no nos enseña el secreto de vivir hacia atrás, pero me parece que crea una membrana permeable en mi psique. El pasado y el futuro no están siempre separados. Esto puede ser incómodo y a veces cometo errores. Por lo general, puedo disimularlos, pero, un día, en una conferencia sobre un caso para hablar de un nuevo cliente que acude a nosotros para una evaluación psicológica, digo: «¡Ah, sí! El que ha estado en la cárcel».

Se produce un silencio glacial en la mesa. El jefe de la unidad me mira enfadado: «¿Quién te ha dicho eso? ¡Se supone que es confidencial!».

El problema es que nadie me lo ha dicho. Supongo que he leído la información en las notas del caso, pero cuando vuelvo a mirar, no está. ¿Qué puedo decir? Solo se me ocurre lo siguiente: «Lo habré intuido», pero después se muestra distante conmigo. Aprendo a tener más cuidado con lo que no debo saber.

Poco a poco, resuelvo el problema. Mi cerebro aprende a compartimentar. Cuando entrevisto a los clientes y hay cosas que sé que no están en las notas del caso, les proporciono pistas, aperturas, rutas para que me las cuenten. Mi intuición ayuda a acelerar el proceso en lugar de ser una fuente de vergüenza. Es útil en mi trabajo, pero quiero encontrar otras formas de utilizarla.

El grupo wiccano al que me uní me inició como sacerdotisa, una que está al servicio de los dioses, y como bruja, una hacedora de magia. La sacerdotisa es más parecida a la médium, un canal a través del cual los dioses pueden hablar, una ejecutora de los rituales que dan consuelo a los demás. La bruja es una trabajadora de las energías, una que crea cambios en el mundo. Los dos papeles refuerzan aspectos de mi identidad, las partes de mí que no encajan en lo convencional. Empiezan a integrar el psiquismo heredado de mi madre, la espiritualidad heredada de mi abuela, un carácter salvaje en la sangre que viene de mi padre y algo ajeno a toda esta herencia genética: una conexión con tradiciones más antiguas de espiritualidad, con una época en la que las sacerdotisas servían en los templos de diosas y dioses.

Cuando la gente encuentra la tradición espiritual que le habla a su corazón, suele tener la sensación de *volver a casa*. Es como si lo que debería ser desconocido y extraño fuera conocido y familiar. Es como si se recordara algo enterrado en lo más profundo del inconsciente; lo que se había olvidado, ahora no se olvida. Esto es lo que encuentro cuando empiezo a trabajar en los rituales de la wicca y a actuar como sacerdotisa en los ritos. Me resultan naturales, instintivos. Las acciones rituales son como la representación de mandalas basados en patrones arquetípicos arraigados en lo profundo del inconsciente, patrones que tienen belleza y significado. Simbolizan la capacidad de nuestra especie para recrear nuestro mundo a través del poder de la imaginación. Nos atrevemos a soñar y a representar nuestros sueños mediante acciones rituales simbólicas que nos ayudan a enfocar y comprender mejor nuestros objetivos, deseos y motivaciones. Son trampolines que nos dan una visión de futuro.

Siento que ser sacerdotisa es una llamada, una vocación, algo que he sido en el pasado. Algunos de los lugares que Chris y yo visitamos nos traen recuerdos. El antiguo templo griego de Apolo en Dídima, en Turquía, al principio de la era cristiana, cuando los visitantes del oráculo se convierten en un mero goteo. Las costumbres de los antiguos dioses están muriendo, ya que la gente se pasa a la nueva religión. Visitamos el Asclepeion en la isla de Cos, el templo de Asclepio, dios de la medicina, que fue el centro médico de Grecia, un lugar de paz y recuerdos. Me vienen imágenes de este mundo antiguo. Los turistas se desvanecen y en su lugar veo las hordas de pacientes, que hacen cola mientras tomo las reservas para las salas de incubación, donde los peregrinos duermen durante la noche y sueñan verdaderos sueños para que el sacerdocio los interprete.

No tengo forma de comprobar estas imágenes, pero estos recuerdos son más importantes por lo que nos dicen sobre nuestra vida actual que por lo que nos dicen sobre el pasado. Los recuerdos me muestran dos formas de utilizar los poderes de la intuición. ¿Deseo convertirme en el equivalente moderno de una sacerdotisa oracular, una transmisora de mensajes de los dioses, o debo seguir el camino de la curación? Detrás del prosaico mundo de la mediumnidad espiritista del siglo XX se esconde una tradición más antigua, que aún practican sacerdotes, sacerdotisas y chamanes en las comunidades indígenas. Nos entregamos a la voz del inconsciente, nos sumergimos en la psique colectiva, salimos del tiempo y entramos en la zona intemporal donde coexisten el pasado, el presente y el futuro (el reino de los dioses y los espíritus) para recuperar el conocimiento. Pero en esta época, esto no es para mí. Elijo el camino que mejor encaja con mi educación como psicóloga. Elijo el camino de Asclepio, el camino de la curación.

La formación espiritista me enseña a ver las auras, los halos de luz que aparecen alrededor del cuerpo de las personas y que muestran gran parte de lo que pensamos y sentimos. Algunas personas tienen la capacidad innata de ver auras, otras podemos aprender a verlas. ¿Es un tipo de visión objetiva, como ver una mano delante de la cara, o una impresión subjetiva? No es fácil de explicar, pero una vez que empiezas a ver auras, parecen físicamente reales. Al principio noto las auras en las clases de mediumnidad y luego en situaciones especiales (cuando estoy en grupos de meditación o en rituales de grupo), pero con el tiempo descubro que también puedo verlas en situaciones cotidianas. Las veo alrededor de las personas a las que entrevisto en el trabajo, sobre todo cuando se emocionan o se entusiasman. Veo auras alrededor de los oradores en las conferencias, cuando se apasionan por lo que dicen y cuentan su verdad.

Muchas de las personas de mi grupo wiccano practican la curación, dirigiendo la energía a quienes la necesitan. Trabajando con ellos y gracias a mi formación como espiritista, aprendí a examinar el aura de alguien para notar los huecos, la delgadez y la decoloración que indican mala salud y angustia. Empiezo a practicar la curación espiritual con amigos y luego me dirijo a un sanador de otra de las maravillosas instituciones victorianas de Londres, la Asociación Espiritualista de Gran Bretaña (que es muy famosa por el apoyo que recibió del autor de Sherlock

Holmes, sir Arthur Conan Doyle), situada entonces en una imponente casa de Belgravia, el lujoso barrio de las embajadas de Londres. Después de otra entrevista en la que me escrutan el aura, Marjorie Aarons, directora de la Wednesday Healing Clinic y autora de un libro sobre las enseñanzas de la médium de trance Lilian Bailey, me contrata como aprendiz[5]. Al cabo de unos meses, me dejan canalizar la energía y calmar y curar a la procesión de personas y dolencias que acuden a la clínica. Como sanadora, nunca curo el cáncer ni hago grandes milagros, aunque se producen algunos pequeños en el camino: los discos abultados de la columna vertebral dejan de abultarse, el asma y la psoriasis desaparecen, las migrañas de larga duración quedan en el olvido, el insomnio se resuelve, las mujeres se quedan embarazadas… Veo que las técnicas de curación que practico reducen el estrés y afectan al sistema autoinmune, llevándolo a una relación más armoniosa con el cuerpo. La curación acelera la recuperación y, a menudo, las personas acuden a mí como complemento de su tratamiento contra el cáncer porque quieren prevenir su reaparición.

La mayoría de mis colegas sanadores son mucho mayores que yo y creen que están curando con la ayuda de médicos muertos, sanadores antiguos o ángeles, o a veces un equipo multidisciplinar de todos ellos. Yo no siento seres sobrenaturales mientras curo. Tal vez si hubiera nacido una generación antes, yo también tendría un antiguo médico chino a mi lado, pero lo que noto que ocurre mientras curo es un cambio de conciencia. Me doy cuenta de que experimento sensaciones físicas durante la curación. Algunas sensaciones están en el plexo solar, el centro de un chakra asociado desde hace tiempo con la energía curativa. Otras están en mi cerebro y, por lo que me dicen mis pacientes, algo ocurre también en los suyos.

Los avances tecnológicos han permitido realizar investigaciones con imágenes de resonancia magnética funcional (IRMf) que nos dan pistas sobre lo que ocurre en el cerebro cuando experimentamos la curación. En su investigación en un hospital de Hawái, la Dra. Jeanne Achterberg y sus colegas realizaron experimentos en los que se colocaba a las personas en un escáner de resonancia magnética que registraba los cambios en la actividad cerebral. Once sanadores participaron en la investigación utilizando diversas técnicas de sanación a distancia, como el reiki, en las que el paciente y el sanador no necesitan estar en la misma habitación, ni siquiera en el mismo país. En este caso, un sanador se sentó en una habitación separada y dirigió energía y pensamientos curativos a un paciente en el escáner en períodos aleatorios de dos minutos en una secuencia elegida por el lanzamiento de una moneda. Aunque los que estaban en el escáner no tenían forma de saber cuándo se transmitía la curación, sus escáneres mostraron cambios muy significativos en la función cerebral durante los períodos de dos minutos de curación. El análisis muestra que la recepción de la curación activa las áreas de nuestro cerebro que participan en la toma de decisiones, la conciencia en reposo, la autorreflexión y el alivio del dolor[6]. Pero ¿cómo es posible?

El equipo de investigación no pudo encontrar ningún proceso biológico conocido que explicara los resultados. Lo que Jeanne Achterberg y sus colegas ofrecen es una interpretación más compleja e intrigante basada en el entrelazamiento cuántico. Se trata de un aspecto de la mecánica cuántica que sugiere que actuar sobre una partícula en un lugar puede influir de forma instantánea en otra partícula, independientemente de que esté cerca o lejos. El entrelazamiento cuántico se ha demostrado entre fotones, moléculas, neuronas humanas y bacterias, y se especula con que algunos sistemas fisiológicos altamente organizados, como el cerebro humano, también son capaces de hacerlo[7]. La curación a distancia es una forma de entrelazamiento cuántico que encaja con la idea, en la interfaz de la física y la neurociencia, de que la conciencia no está localizada en el cerebro o incluso en todo el cuerpo, sino que puede operar fuera de nuestra comprensión cotidiana del espacio y el tiempo para afectar no solo a nuestro propio organismo, sino también al de los demás[8]. Y no se trata solo de otros humanos. Hay pruebas de que la curación a distancia también funciona con los animales y las plantas[9].

A medida que desarrollo mis habilidades como sanadora, descubro que una de mis mayores capacidades es la de aliviar el dolor. Las técnicas que he aprendido me ayudan a llevar a las personas a un estado de conciencia en el que pueden reducir o incluso abandonar su medicación para el dolor. En el caso de las afecciones crónicas, esto es un plus de vida, pero a veces la curación no tiene que ver con la vida sino con la muerte. Desde hace unos años, mi consulta está formada por casi todos los enfermos terminales de cáncer. La consulta crece gracias al boca a boca. La peluquería local, donde las mujeres charlan e intercambian información, se convierte en una importante vía de derivación. Empiezo a seguir el camino de la gente desde el tratamiento ambulatorio hasta la cama de hospicio. Me encantaría revertir el cáncer, pero no tengo ese poder. El poder que tengo es hacer que la enfermedad sea más soportable, suavizar los límites del dolor y quitar el miedo que lo intensifica. La curación comienza como un alivio del dolor y progresa hacia la liberación del cuerpo.

La muerte, la enfermedad y la pérdida son experiencias humanas que todos compartimos. Pensar de forma mágica no nos excluye de compartir estas realidades, que son el destino de todos los seres biológicos como nosotros. Sin embargo, la manera en la que las experimentamos está bajo nuestro control. El Dalai Lama utiliza a menudo la expresión «desarme emocional» para transmitir la idea de ver la realidad con claridad, tal y como es, en lugar de hacerlo a través de la lente distorsionada de nuestras esperanzas y temores[10]. Esto es difícil, pero la mayoría de los caminos espirituales tratan de ayudarnos a hacer exactamente eso. El lenguaje variará según las tradiciones, las culturas y los periodos históricos, pero el objetivo es situarse en el ojo de la tormenta (estar en el centro, como un mago en un círculo ritual) y, desde esa posición ventajosa en la conciencia, ver todo lo que nos rodea. Y si podemos hacerlo, ¿qué vemos? Vemos la salida del sol y la puesta de las estrellas, vemos a los demás a nuestro alrededor, vemos el arriba y el abajo y el ciclo de las estaciones. Si nuestra visión no se estrecha por el miedo, el deseo y el anhelo, y si nos abrimos a la miríada de posibilidades que ofrece el universo, entonces nuestro rango de reacción es mayor. Conservamos nuestra flexibilidad, nuestra capacidad de encontrar las soluciones más creativas y adaptables a los problemas que se nos plantean.

En mi adolescencia, quería cambiar el mundo mediante la magia. De adulta, desarrollé ambiciones más pequeñas. La magia es algo que puede hacer que la vida sea un poco mejor. Los actos de curación que mis pacientes terminales y yo hacemos juntos reducen su necesidad de morfina. Permanecen conscientes durante más tiempo. Sus cerebros pueden funcionar en lugar de estar aturdidos. Tienen más tiempo y coherencia para hablar con sus familiares y prepararse para el final. Me encuentro ayudando a los sacerdotes a dar la extremaunción, ya que mis pacientes son de todas las religiones. Algunos, sin embargo, han ido más allá de la religión convencional, o nunca la han tenido, y necesitan la asistencia espiritual de una sacerdotisa, además de la curación.

Antes, cada cultura tenía sus mapas para el viaje de la muerte. Algunos de las culturas alfabetizadas han sobrevivido. El *Libro tibetano de los muertos* y el *Libro de los muertos de los antiguos egipcios*, por ejemplo, eran manuales para después de la muerte, guías sobre cómo navegar por el más allá. Ahora debemos crear nuestros propios mapas. A menudo mis pacientes no tienen creencias fijas, así que trabajo con ellos a la manera antigua, visualizando con ellos el viaje que los llevará fuera del cuerpo. Ensayando, meditamos y visualizamos que se levantan de la cama y avanzan hacia la luz y los reinos de los mitos antiguos, conmigo, para darles confianza como guía y amiga. Me convierto en una sacerdotisa de la muerte. Ayudo al espíritu a volar libre, a abrirse a las posibilidades de una nueva vida, ya no en este cuerpo, sino, quizás, en otro.

Me siento asombrada en el umbral entre la vida y la muerte y observo cómo se produce un profundo cambio en las personas al hacer esa misteriosa transición de un estado a otro. Encuentro en mí la fuerza y el arraigo de los árboles de mi infancia. Me siento mientras el espíritu se cierne fuera del cuerpo y luego llega ese momento en el que se va. La luz se apaga, una vida llega a su fin en esta realidad y comienza su viaje a otra.

Estar con alguien en este momento requiere una quietud interior y una apertura a la mente y al corazón del otro. La empatía se ve reforzada por mis experiencias en la wicca. La quietud interior viene de otra fuente.

7
La magia de la mente

Om mani padme hum, 'Salve a la joya en el loto'. El mantra resuena en la comuna mientras nos sentamos a meditar, con el olor de las varillas de musgo y el aceite de pachuli impregnando la habitación.

La mudanza de mi familia a Londres a mediados de mi adolescencia me lleva a la magia, pero también al apasionante mundo de la cultura *hippie* londinense. Hago un amigo *hippie* mayor, que debe de tener al menos dieciocho años. Lion es londinense y me lleva a visitar a sus amigos aún más mayores y su estilo de vida alternativo, gente de veinte años que vive en comunas y casas ocupadas. Fuman marihuana y se sientan, a veces desnudos, a comer arroz integral y algas con palillos. Queman varillas de musgo en los santuarios de Shiva y tienen tankas budistas y chales de seda victorianos colgados en las paredes. Rebusco en el mercadillo de antigüedades de Camden y en las tiendas de Portobello Road, en Notting Hill, para adoptar su estética de abrigos afganos, pantalones de terciopelo y vestidos de época. Vestida de forma adecuada, me dirijo a conciertos de *rock*, cafés de *jazz* y fiestas nocturnas. Todo el movimiento *hippie* está enamorado del místico Oriente. Mis nuevos amigos me introducen en el *Bhagavad Gita* y en el *Libro tibetano de los muertos*. Me convierto en su tarotista de cabecera y residente mística. Hacemos autostop para ir a festivales de *rock* y ellos viajan por tierra para sentarse a los pies de los gurús indios. Su mundo es una revelación y lo acepto con alegría. No sabía que existieran personas tan maravillosamente exóticas.

Con el tiempo, Lion me lleva a su clase de budismo. Comienzo a practicar la meditación con Sangharakshita, líder de los Amigos de la Orden Budista Occidental. El incienso, los cojines y las imágenes budistas me atraen, al igual que el tranquilo carisma de Sangharakshita. Su trabajo en la India para convertir a los intocables al budismo y liberarlos de los grilletes del sistema de castas hindú me impresiona y me conmueve. Pero me doy cuenta de que Sangharakshita se interesa mucho más por los alumnos varones y eso me inquieta un poco. Sus clases y su sistema patriarcal basado en el gurú no son para mí. Décadas más tarde, es acusado de haber presionado a los alumnos varones para que mantuvieran relaciones sexuales, en teoría para favorecer su progreso espiritual[1].

La meditación me ayuda a superar mis ansiedades de adolescente y se convierte en un cimiento de mi vida adulta, pero las jerarquías patriarcales del budismo no me atraen y no quiero convertirme en una erudita del sánscrito, el pali o el tibetano para comprender las tradiciones de manera más profunda. Quiero encontrar algo igual de místico y mágico en Londres. Esto me convierte en una rara entre mis amigos. Vuelven de la India vestidos de naranja, con collares de cuentas con el retrato de Bhagwan Shree Rajneesh al cuello, un conjunto exótico de nuevas experiencias sexuales que contar y nuevos nombres, como Premananda. Mientras tanto, yo me quedo en Occidente y descubro que no necesito ir más allá de Stoke Newington para descubrir que la meditación es tan importante en las tradiciones mágicas como en las prácticas inspiradas en Oriente. Cuando, además de a un grupo de wicca, me uno a un grupo que enseña magia cabalística, espero revelaciones eruditas. Pero primero debo practicar la meditación concentrativa.

Algunas formas de meditación implican centrar la atención en un objeto concreto, como una estatua sagrada, un mandala o una frase sagrada (un mantra), o tan solo concentrarse en la respiración. Me dicen que visualice algo neutro que no provoque asociaciones emocionales o simbólicas: un cubo rosa. Lo visualizo volando a mi lado, fuera de la ventana de la planta superior del autobús rojo brillante de Londres que tomo para ir al trabajo. Lo visualizo flotando en la oficina y rondando sobre mi cama. Entiendo el principio de lo que estoy haciendo. La concentración es una parte esencial de la práctica mágica.

Aprendo el simbolismo del árbol de la vida cabalístico, toda una enciclopedia de imágenes y símbolos que los magos llaman *correspondencias*. Cada zona del árbol de la vida está asociada a determinadas deidades, ángeles, espíritus, prácticas espirituales, animales, plantas, perfumes, colores, piedras preciosas, planetas y una miríada de otros fenómenos.

Las utilizo para crear *pathworkings*, visualizaciones complejas que contienen paisajes y viajes completos. Aprendo a actuar como guía astral, a llevar a otros a estas visualizaciones y a dialogar y a aprender de las deidades, espíritus y otros seres que encontramos en ellas. En mi formación terapéutica, descubro que las técnicas mágicas de *pathworking* que enseñan los cabalistas se solapan con lo que Carl Jung llamaba «imaginación activa». La utilizaba para dialogar con las figuras que encontraba de forma espontánea en sus sueños y visiones, incluido su «gurú interior» Filemón. Las visualizaciones mágicas van un paso más allá y crean de manera intencionada paisajes simbólicos que desencadenan experiencias específicas.

Si pienso de forma mágica, las deidades que encuentro en los *pathworkings* tienen una realidad objetiva. Si veo estos ejercicios como psicóloga, siento que estoy dialogando con aspectos de mi propio ser: la sombra, el animus, el ánima y el yo más profundo. En la práctica, descubro que es útil dejar que los dos contextos convivan. Su naturaleza última puede estar más allá de nuestra comprensión humana e, independientemente de su realidad metafísica, la vida funciona mejor si tratamos a los dioses como tales. Psicologizarlo todo es una arrogancia, reducir las imágenes de la psique colectiva a nuestra realidad personal. Respeto que los paisajes interiores creen caminos hacia la comunión con conciencias que no son la mía, que no vienen de un lugar más profundo.

Descubro en los *pathworkings* que hay caminos más y menos transitados. A veces el camino es amplio y accesible, pues muchos ya han abierto antes esta parte de la psique. Sin embargo, en ocasiones, el camino se hace más estrecho; el esfuerzo, más arduo; el aire, más fino; la altitud, más alta; el vértigo, mayor. A veces alcanzamos un estado interior del ser y no podemos sentir ninguna otra conciencia humana allí. Pero, una vez que uno de nosotros ha abierto un camino a través de la jungla de la psique, resulta cada vez más fácil para los demás seguirlo. Y una vez que hemos recorrido un camino, podemos llevar a otros también allí. Eso es lo que hacemos los viajeros en el tiempo, el espacio y la conciencia: artistas, poetas, escritores, músicos, místicos, magos...; todos aquellos que utilizan el poder de la intuición unido al intelecto.

La meditación concentrativa nos enseña a reducir nuestra atención para centrarnos en un objeto, una visualización o una línea de pensamiento concretos. Las prácticas de meditación que aprendí en la adolescencia y en la veintena se convierten en un cimiento que me sostiene cuando paso del trabajo de campo de mi tesis a la pesadilla de todos los doctorandos (la escritura) y me ayuda a concentrarme en lo que hay que hacer. Me parece que puedo escribir durante largas horas sin interrupción. En mi práctica de meditación, paso a otro tipo de ejercicio: el cultivo de una conciencia abierta. Este tipo de conciencia es el que se enseña ahora en la formación secular de la atención plena. Requiere una mira amplia en lugar de una estrecha. Implica tomar conciencia de todo lo que nos rodea y de lo que hay en nuestro interior, en lugar de enfocar hacia abajo. Cuando aprendemos a poner en práctica la conciencia abierta, no solo nos lleva a lo que nos rodea en el mundo exterior, sino también al mundo interior del cuerpo, la mente y las emociones. El tiempo que dedicamos a diario a la meditación permite que nuestras intuiciones entren en la conciencia; lo mismo ocurre con el registro de nuestros sueños, ya que son otra vía a través de la cual el yo más profundo puede comunicarse.

La meditación y la atención plena pueden parecer muy alejadas de la magia, pero ambas dan espacio para que florezca la intuición. Esto tiene beneficios tanto prácticos como espirituales. Las investigaciones de Richard Wiseman sobre el factor suerte demuestran que quienes utilizamos bien nuestra intuición dedicamos más tiempo a actividades que aquietan la mente consciente y nos permiten acercarnos al inconsciente[2]. A menudo, la intuición nos llega de forma espontánea en los sueños o simplemente nos viene a la cabeza mientras llevamos a cabo nuestra vida cotidiana, pero podemos acceder más a nuestra intuición si reservamos tiempo y espacio para escuchar la voz de la sabiduría interior; momentos en los que nos tomamos de manera deliberada un descanso del ajetreado y frenético mundo del hacer, para solo detenernos y ser. Esto nos permite escuchar la voz de la intuición, pero también tiene otro efecto profundo. Abre un espacio en la psique, desde el que podemos ejercer mejor la elección.

La meditación, los paseos por la naturaleza, los rituales, todo ello puede proporcionarnos momentos de experiencia pura que nos ayuden a calmar el ruido del sistema, las voces que compiten y los consejos de los demás. Si dejamos de lado durante un tiempo el desorden de nuestro cerebro, es como si despejáramos nuestra casa. De repente, hay espacio para respirar, para extenderse, para disfrutar del lugar, y para ver lo que hay y si realmente lo necesitamos.

Hay una frase que para muchos de los que practicamos la meditación resuena con la fuerza de una revelación: «Los pensamientos no son hechos». Es una de esas ideas que te sorprenden por lo sencillas que son y que pueden hacer que nos detengamos en seco al darnos cuenta de lo cegadoramente obvio. El hecho de que tengamos un determinado pensamiento no lo convierte en realidad. La mayoría de nosotros perdemos el tiempo en especulaciones infructuosas y nos preocupamos por cosas que nunca ocurrirán, creando fantasías negativas y el peor escenario que nuestra imaginación pueda construir. Nos preocupamos por lo que hacen, piensan o dicen los demás, algo sobre lo que no tenemos ningún control. Las redes sociales amplifican y exacerban esta situación. Al observar la mente y su funcionamiento, sus maquinaciones y meandros, empezamos a darnos cuenta de cómo empiezan estas narrativas negativas. Una vez que nos damos cuenta, tenemos la opción de dar un paso atrás, de probar nuevos enfoques, de explorar nuevos objetivos, de hacer las cosas de una manera que nunca antes habíamos hecho; de experimentar, de probar, de fracasar y de volver a intentarlo.

Si aprendemos a ser más conscientes de lo que ocurre en nuestro interior, tenemos el potencial de crear una brecha, un espacio, entre nuestras emociones, sensaciones, pensamientos y experiencias y la forma en que reaccionamos ante ellas. En lugar de etiquetar todo lo que llega a nuestra mente como bueno, malo, correcto o incorrecto y reaccionar ante ello, nos permitimos ser conscientes de las impresiones que recibimos sin emitir de inmediato juicios. Esta toma de distancia es fundamental para el desarrollo de la voluntad mágica. Como he aprendido en mi formación terapéutica, también es un apoyo vital del trabajo de uno de los teóricos y practicantes más relevantes de la psicología transpersonal, el Dr. Roberto Assagioli, fundador del método psicológico de la psicosíntesis[3].

Voluntad puede sonar contundente, incluso vigoroso; un esfuerzo de los músculos en una lucha cuesta arriba para conseguirlo. Pero la voluntad mágica no es así. Se trata de ejercer la elección, en lugar de dejarse empujar por los pensamientos y las emociones que se agitan en nuestro interior. La meditación puede ayudarnos a tomar conciencia de lo que hay dentro de nosotros. A continuación, podemos ejercer nuestra voluntad para elegir de manera consciente lo que queremos hacer y concentrar de todo corazón nuestras energías en perseguir esa decisión. Cuando nos comprometemos de forma plena y no estamos divididos internamente, la voluntad deja de ser un esfuerzo. Los psicólogos hablan de «estado de flujo»; los atletas, de «estar en la zona». Los nadadores de larga distancia conocen este estado cuando se convierten en parte del mar, como si las olas los impulsaran hacia su destino. Los corredores lo conocen cuando los músculos, las extremidades, la respiración y la sangre se mueven en un flujo sincronizado en el que sienten que podrían correr eternamente. Cuando podemos ejercer la elección, podemos cambiarnos a nosotros mismos y a nuestro mundo.

A lo largo de mi vida, he conocido a muchas personas inspiradoras. Una de ellas fue Olivia Durdin Robertson, cofundadora, junto con su hermano Laurence, lord Strathloch, y la esposa de este, Pamela, del movimiento internacional de adoración a la diosa, la Comunidad de Isis (FOI por sus siglas en inglés). Vivió hasta los noventa y seis años, manteniéndose gracias a la meditación diaria y a los sorbos del agua del pozo del complejo de templos subterráneos de su hogar ancestral, el castillo de Huntington, en el condado de Carlow (Irlanda). Expresó de forma muy clara el modo en que queremos que funcione nuestra mente cuando dijo que el único momento que es verdaderamente real es el presente. «El pasado es un mundo fantasma inalterable que se aleja de nosotros y el futuro, hasta que no se convierte en el momento de la acción presente, no tiene existencia»[4]. Es el siempre presente el que podemos cambiar.

A menudo asociamos la mente con imágenes del cielo o del aire. Pensamos en el *cielo azul* y en *sacudirse las telarañas*, pero la mente también puede ser como el elemento del agua: arroyos puros y cristalinos en las montañas, pozos frescos en el desierto, un gran mar que conecta todas las cosas. Nos encanta añadir elementos de agua a nuestros jardines porque el agua es un antídoto contra todos los pensamientos excesivamente ocupados y bulliciosos que compiten por la atención de nuestro cerebro. El agua nos tranquiliza, y por eso algunos dentistas colocan peceras en sus salas de espera[5]. Las investigaciones demuestran que, cuando no podemos estar cerca del agua, el mero hecho de ver imágenes de ella puede aliviar el estrés y provocar sentimientos de calma y paz[6].

Hace unos años, cuando estaba en un retiro de meditación, me vino a la mente un poema:

Como peces mis pensamientos son,
pequeños y grandes,
solitarios y acompañados,
amistosos y amenazantes:
yo soy el océano.
En las profundidades nadan los que acechan,
los que no conocen la humanidad,
algunos son ciegos.
De vez en cuando una anguila eléctrica,
hermosa e inesperada, me despierta
y las grandes ballenas en su manada;
pensamientos inteligentes, sabios, propositivos.

En la oscura quietud, todo esto es lo que veo,
pero no me necesitan a mí para ser.

Podemos observar mejor nuestros pensamientos si nos damos tiempo para entrar en el agua, para nadar en el mar de nuestras mentes y para experimentar lo que hay allí. En lugar de dejarnos zarandear por las olas de las reacciones mentales y emocionales hasta sentir que nos ahogamos, podemos encontrar zonas de aguas tranquilas en la psique en las que podemos tomar decisiones. Podemos seguir a un determinado banco de peces pensantes en su viaje o podemos quedarnos flotando donde estamos.

En este descanso y contención, hay sabiduría y paz. Nos da un tiempo precioso para escuchar y ver algo más profundo que el desfile diario de pensamientos, emociones y actividades. Llegamos a un punto de quietud, un lugar de silencio, en el que podemos escuchar la voz de la intuición y la sabiduría en nuestro interior, la voz que se hace más fuerte cuanto más la escuchamos. Es este modo de ser en el que aprendo a entrar mientras perfecciono mis habilidades de adivinación.

8
Hablar con los oráculos

Patricia hace girar su copa de vino por el tallo, como si estuviera inquieta. Sus músculos faciales son una pista, al igual que su postura, encorvada en el borde del sofá, y el tono de voz un poco agudo y tenso.

—Me está volviendo loca.

—¿Qué pasa?

—¿Sabes lo que haces?

Me pregunto a qué se refiere exactamente con eso.

—Leer el tarot y todo lo demás.

—Sí.

—¿Podrías hacer una lectura para mí?

—De acuerdo. ¿Quieres saber algo en concreto o prefieres solo una lectura general?

—Quiero saber cómo convencer a ese imbécil metomentodo para que haga lo que todo el mundo sabe que tenemos que hacer.

—Ah. —El «imbécil metomentodo» es como ella describe a su jefe.

—Es obvio que tenemos que irnos de Italia, estamos perdiendo dinero a manos llenas, pero él se opone en redondo. Ha sido su adquisición y perdería demasiado prestigio.

Supongo que el prestigio será importante para el jefe chino de Hong Kong de Patricia.

—¿Qué es lo que quieres saber?

—¿Cómo puedo convencerlo para que me escuche?

Me pregunto si lo que necesita es un hechizo en lugar de una adivinación, pero Patricia es una directora de finanzas muy racional y no tiene la costumbre de pedir a sus amigas que le lean el tarot, y menos aún que le hagan hechizos.

La intuición entra en juego a la hora de interpretar las adivinaciones, pero también puede ayudarnos a decidir qué sistema de adivinación utilizar. Me viene una imagen. No estoy viendo el tarot, sino el oráculo adivinatorio chino, el I Ching. ¿Es porque Patricia me ha dicho antes que su jefe es chino o es porque es mejor utilizar el I Ching en este caso? Hay una sutileza en el uso de la intuición. Es fácil dejarse llevar por la tangente al aferrarse a asociaciones aleatorias. Aclaro mi mente. Sigo viendo el I Ching.

En ocasiones, cuando aprendemos a escuchar nuestra intuición, el conocimiento llega como un rayo. Conocemos al compañero de nuestra vida y sabemos de inmediato que es el indicado. A veces podemos encontrar respuestas a los problemas de la vida en nuestros sueños. Otras necesitamos un poco más de ayuda. Y no se trata solo de individuos. Las empresas gastan cantidades ingentes de dinero en tratar de realizar la más antigua de las prácticas mágicas: predecir el futuro. Economistas, expertos en *marketing*, analistas políticos y estrategas intentan obtener las respuestas. Los economistas modelan matemáticamente las economías de las naciones y las organizaciones emplean a pronosticadores estratégicos. La previsión es un gran negocio.

De forma inevitable, los pronosticadores deben hacer predicciones basadas en los patrones del pasado. No obstante, a menudo el futuro no es una progresión lógica del pasado. Esto es especialmente cierto cuando entran en escena nuevas tecnologías disruptivas. Yo misma he trabajado en la previsión del futuro. Ponemos en marcha nuestros programas informáticos y elaboramos nuestros gráficos, y luego todo cambia. Un factor aleatorio (como un huracán extraño, un ataque terrorista, una pandemia, un brote de pánico en una divisa provocada por un rumor inexacto) y los modelos se desmoronan. Tenemos que encontrar la manera de enfrentarnos a la *nueva normalidad*, desprogramarnos del pasado y prepararnos para hacer algo distinto.

Los oráculos y los sistemas de adivinación siempre han intervenido en esos momentos. Si no sabemos qué hacer, la observación de patrones simbólicos puede inspirarnos para encontrar un nuevo camino. Los patrones pueden tener un significado, o pueden ser solo un conjunto aleatorio de números o símbolos, pero a medida que nuestro cerebro juega con estos nuevos datos, se crean nuevas conexiones. Nuestras sinapsis empiezan a dispararse, a dar saltos imaginarios y a fluir la creatividad. Los patrones de la adivinación se convierten en una forma de meditación que nos ayuda a escapar de la trampa de las viejas maneras de pensar y a ver una situación desde una nueva perspectiva. He experimentado con muchos sistemas diferentes y cada uno debe encontrar lo que mejor le funciona. Para algunos, es el tarot, o simples cartas de juego; para otros, es el patrón de una carta astral progresada; para algunos, las runas y para otros, las conchas de la santería. Mis preferencias son el tarot y el I Ching.

Extiendo una tela en el suelo y le explico a Patricia cómo funciona el I Ching y le pongo un poco en contexto. También le comento que se utiliza mucho en la comunidad empresarial china. Veo que la idea la tranquiliza. Y un sistema que implica diagramas y números le parece mucho más adecuado que las vívidas imágenes del tarot.

«I Ching» puede traducirse como 'Libro de los cambios'. La filosofía que lo sustenta es principalmente taoísta, pero un científico la reconocería. Nada en el universo es estable. Todo está en proceso de transición y cambio. Una adivinación del I Ching es una instantánea en el tiempo que nos muestra dónde estamos ahora y la dirección en la que nos movemos.

El método tradicional para realizar una lectura del I Ching es con tallos secos de la planta de la milenrama preparados de forma especial, pero un modo más sencillo es utilizar tres monedas. Algunas personas prefieren utilizar monedas chinas antiguas, pero tres monedas de la misma denominación de cualquier divisa funcionan igual de bien. Estas se agitan en la mano y luego se lanzan seis veces sobre una superficie plana. Previamente, a una de las caras de las monedas se le asigna el valor tres y a la otra el valor dos. Dependiendo de los lados que caigan hacia arriba, cada lanzamiento de las monedas suma un valor entre seis y nueve. Los totales indican una energía receptiva yin o una energía activa yang y si esta es estable o está en proceso de cambiar a su opuesto. Las diferentes combinaciones de energías yin y yang se dibujan como diferentes tipos de líneas y un conjunto completo de seis líneas se conoce como «hexagrama». Hay sesenta y cuatro hexagramas posibles, cada uno de los cuales va acompañado de una florida interpretación poética y de otras interpretaciones adicionales específicas para cualquiera de las líneas que están cambiando de yin a yang o viceversa.

Llevo a Patricia a una breve meditación para aquietar nuestras mentes y luego le pido que sujete las monedas en sus manos y se concentre en lo que quiere preguntar.

—No pienses en las posibles respuestas, céntrate en la pregunta y mantén la mente abierta a lo que venga. Agita las monedas en tus manos. Ahora tíralas sobre la tela.

Tomo un bolígrafo y anoto el número de la primera tirada, luego la segunda y así hasta la sexta.

—Ya tenemos el hexagrama. Vamos a ver de cuál se trata.

La respuesta es el hexagrama 34, *Ta chuang*, el poder de lo grande[1].

—¿Y qué dice? —pregunta.

Recurrimos al texto y lo leemos juntas, buscando pistas que la ayuden en su situación. La interpretación es alentadora. Leemos que «es propicia la perseverancia».

—Tu jefe es testarudo —le digo—, pero si perseveras, conseguirás un resultado.

Luego hay algo que me parece una parte muy importante de la interpretación: «Así el noble no pisa los caminos / que no correspondan al orden».

No diría que Patricia es ajena a las convenciones, las normas y las restricciones, pero tampoco es lo que yo llamaría un exceso de conciencia al respecto. Tiene la costumbre de ignorar el protocolo y puede ser muy franca, lo que es probable que no le guste a su jefe.

—El noble en este caso no es un hombre —le explico—. Aquí, tú eres el noble. El noble hace referencia a una persona con sabiduría, en este caso tú, porque eres la persona que toma la sabia decisión de consultar el oráculo. Dentro del hexagrama hay dos trigramas o patrones de tres líneas —continúo—. El de arriba es el símbolo del trueno, que es una energía ruidosa y excitante. Debajo está el símbolo de la energía creativa. ¿Qué sabemos hasta ahora? Hay mucha energía en esta situación, pero es una energía creativa y positiva, de las que van a más.

Habrá mucho ruido: discusiones, quizás incluso agresivas, opiniones encontradas, y es fundamental que expreses las cosas de forma correcta, que *correspondan al orden*. Creo que debes asegurarte de utilizar los canales de comunicación adecuados y de expresarte con claridad, pero con cortesía. Independientemente de lo que hagan los demás, mantén la calma y el control. Haz las cosas al pie de la letra (según este libro) y es probable que tengas éxito.

Patricia tiene una de las líneas de cambio. La traducción dice: «Un macho cabrío arremete contra una cerca / y enreda sus cuernos».

El I Ching tiene sentido del humor. Patricia es Capricornio con ascendente en Aries.

—Las cabras son animales activos —digo— y meten los cuernos donde quieren. No respetan los límites de los demás. El mensaje principal aquí es que tienes mucho poder. Respeta a las personas con las que negocias y no entres con los cuernos por delante. Sé poderosa pero comedida. No seas una cabra loca. No te quedes en una posición insostenible. Tienes poder, pero tienes que ser rápida y capaz de encontrar compromisos.

Escribo todo esto y se lo doy a Patricia, y ella se va a preparar la reunión de las principales partes interesadas que decidirán los temas. Prepara sus presentaciones en PowerPoint y sus argumentos racionales, informa a su equipo y sigue los consejos de comportamiento del I Ching. Patricia se impone. La junta directiva está convencida, su jefe pone cara de circunstancias y acepta su estrategia. Poco después, Patricia se cambia a un trabajo mejor pagado. Ha conseguido lo que quería y eso le da confianza para seguir adelante.

La mayoría de las veces, si aprendemos a pensar mágicamente, no necesitamos la adivinación. Si nos abrimos al universo y escuchamos nuestra intuición, a menudo encontramos las respuestas que buscamos. Llegan a nosotros a través del encuentro imprevisto, el libro que cae de la estantería en nuestras manos, el correo electrónico mal dirigido. Carl Jung acuñó el término «sincronicidad» para describir esos momentos en los que se producen esas coincidencias[2]. Su colaboradora Marie-Louise von Franz desarrolló esas ideas en su libro sobre sincronicidad y adivinación[3].

Los sucesos sincrónicos no son *simples casualidades*, son acontecimientos serendípicos que no se proponen de forma consciente[4]. Algunos parecen triviales; otros alteran el curso de nuestras vidas. A veces, en un corto periodo de tiempo, experimentamos toda una serie de acontecimientos sincrónicos. Es como si el universo tratara de decirnos algo, señalando que debemos prestar atención. Los arquetipos están moviendo los muebles en las habitaciones de la psique y estamos entrando en un período de profundo cambio interior. Cuanto más nos fijemos en nuestros sueños, más nos daremos cuenta de que se producen acontecimientos sincrónicos. Si el yo más profundo dentro del inconsciente cree que lo estamos escuchando, tratará de comunicarnos lo que necesitamos saber.

Sin embargo, a veces no hay pistas. Hay situaciones en las que reunimos todos los datos sobre una elección de vida que tenemos que hacer, pero de alguna manera no podemos llegar a una decisión. Puede ser que necesitemos más información que no está disponible. Puede ser que la lógica nos lleve a una decisión que no nos parece correcta. A veces pensamos que queremos hacer algo, pero una voz interior nos dice: «No, no, no». Al ser humano le encanta explorar, ver lo que hay más allá del horizonte. Esto nos ha convertido en la especie dominante del planeta. El dilema es que también nos gusta la seguridad y el apego a lo que conocemos. Nuestra personalidad y nuestros estados de ánimo nos llevan a preferir una cosa sobre otra. Si estamos deprimidos y ansiosos, es más probable que nos aferremos a la seguridad de lo que conocemos. Cuando nos sentimos seguros de nosotros mismos, tenemos más control y somos capaces de arriesgarnos, de adentrarnos con valentía en lo desconocido. Y a veces, como se dice, «es complicado». Experimentamos una sensación de *descentramiento*, de no estar a gusto con nosotros mismos y con nuestra vida. Algo tiene que cambiar, pero no estamos seguros de qué es. Es entonces cuando la adivinación puede ayudar.

Cuando hacemos magia, fabricamos la sincronicidad para crear simples casualidades. Confeccionamos un talismán de Júpiter para encontrar inversores para nuestro nuevo negocio (Júpiter es el planeta asociado a la prosperidad). Por *casualidad*, aparece un inversor jovial que nos ofrece la financiación que necesitamos. La adivinación es otra forma de crear e interpretar la sincronicidad. Consiste en crear deliberadamente situaciones en las que podamos detectar y escuchar nuestra intuición, utilizando técnicas practicadas durante eones por chamanes, profetas, sacerdotes, sacerdotisas, magos, astrólogos, hechiceros y brujas. Se basa en el principio de que, tras el aparente caos aleatorio de la vida cotidiana, hay un patrón discernible en los acontecimientos y en la forma en la que se desarrolla el futuro. Esto implica que hay una conexión significativa entre la respuesta a una adivinación y una pregunta que queremos responder.

La idea de que una adivinación reproduce los acontecimientos del mundo exterior se basa en el antiguo principio mágico de que el macrocosmos se refleja en el microcosmos. Todo es una célula del cuerpo cósmico. Si examinamos el estado de una célula, nos indica algo sobre el estado del conjunto. Una tirada de tarot o un hexagrama del I Ching actúan como un símbolo o un código. La mente consciente se esfuerza por interpretarlo hasta que, como la arenilla de una ostra, produce la perla de la sabiduría, la clave de lo que necesitamos.

La apertura desapegada es la base esencial de todas las búsquedas mágicas y espirituales, de ahí el énfasis que se pone en el entrenamiento mágico en la conciencia abierta, en percibir sin prejuicios. Para que la adivinación funcione bien, debemos intentar encontrar realmente un consejo útil y la mejor manera de avanzar. La adivinación es eficaz sobre todo cuando queremos discernir más sobre lo que de verdad ocurre bajo la superficie de una situación. Quizás intuimos que hay tensiones, energías o actividades ocultas que están influyendo en los acontecimientos, pero no sabemos cuáles son. También es útil para explorar opciones y posibilidades. Tal vez queramos encontrar una forma mejor de alcanzar nuestros objetivos o queramos conocer las implicaciones de una decisión que pensamos tomar. No buscamos pronunciamientos sobre cómo serán las cosas, sino indicaciones sobre cómo evolucionan los acontecimientos y cuál es el mejor modo de actuar ante ellos. Lo que obtendremos al final de una adivinación es una indicación de las tendencias probables y, a menudo, algunas pistas sobre lo que hay que evitar y que podemos utilizar para guiarnos.

La adivinación nos dirá, por una parte, lo que sabemos conscientemente y, por la otra, lo que sabemos inconscientemente pero que aún no está en la conciencia, además de un elemento de información sobre acontecimientos e influencias que nos son del todo desconocidos y que forman parte del patrón del futuro. A nivel psicológico, podemos interpretar lo que ocurre así: si nos acercamos a una adivinación en un estado de calma y meditación, con una actitud de apertura y una disposición a ver lo que venga, entonces el sistema de símbolos nos revela preocupaciones y emociones inconscientes que están influyendo en nuestro comportamiento. Nos daremos cuenta de información que hemos registrado de manera subliminal, justo por debajo del nivel de conciencia. Es posible que hayamos notado el lenguaje corporal de otras personas, las señales verbales u otra información *filtrada*; todo esto forma parte de un conjunto de datos que podemos utilizar para tomar decisiones. Una adivinación puede ayudarnos a combinar lo que ya sabemos con la información absorbida de manera inconsciente, para anticipar cómo se desarrollarán los acontecimientos. Y a veces, por supuesto, descubrimos cosas que nunca podríamos llegar a saber por ningún otro medio.

Podemos practicar la adivinación por nosotros mismos, pero los intérpretes cualificados de un determinado sistema de adivinación nos ayudarán a ver lo que de otro modo podríamos pasar por alto. Los adivinos tienen habilidades que se solapan con las de los psicoterapeutas, ya que nos ayudan a descubrir lo que está oculto en nuestro interior, pero también puede haber otro elemento. Si su percepción psíquica está muy desarrollada, pueden ver por nosotros cosas que de otro modo nunca veríamos.

Por lo general, el I Ching no proporciona respuestas directas a nuestros dilemas, pero nos ayuda a ver nuestros problemas de una manera nueva. A veces, sin embargo, las respuestas son sorprendentemente literales.

Un invierno, nos visita un amigo científico de la Universidad de Copenhague. Me sorprende cuando me pregunta si le haría una lectura del I Ching. Nunca me había pedido que hiciera algo así. Estoy a punto de preguntarle si tiene una pregunta concreta en mente cuando tengo una intuición: «No lo hagas». Intuyo que aceptará más la adivinación si no conozco su problema.

El resultado es el hexagrama 44, *Kou*, el ir al encuentro (la complacencia). «La muchacha es poderosa. Uno no debe casarse con semejante muchacha»[5]. Me cuenta lo que ha preguntado: ¿debe proponerle matrimonio a su novia? Esa relación es nueva para mí. No sabía que tuviera novia. Vuelve a Copenhague y no se casa con la muchacha. El oráculo sacó a relucir sus dudas subyacentes.

Si no nos gusta la primera respuesta que da un oráculo, es tentador volver a intentarlo. La opinión generalizada es que esto es una muy mala idea, pero, como todo el mundo, en mis primeros días con el I Ching, lo hago. La primera vez que obtengo una lectura que no me gusta, vuelvo a intentarlo. Mi segunda lectura es el hexagrama 4, *Meng*, la necedad juvenil. Consulto el texto. «No soy yo quien busca al joven necio, / el joven necio me busca a mí». Sí, esto es cierto. «Al primer oráculo doy razón». En efecto, el oráculo ya me ha informado, pero no me gusta la respuesta. Sigo leyendo. «Si pregunta dos, tres veces, es molestia. / Cuando molesta no doy información»[6]. Entiendo el mensaje. Ahora lo llamo el hexagrama «Vete, idiota, y no vuelvas a molestar al oráculo». Me quedo con la respuesta número uno.

La adivinación puede ayudarnos a cambiar nuestro comportamiento y nuestras actitudes para responder a las exigencias de la vida. Si hacemos un pequeño cambio en nuestra forma de enfrentarnos al mundo, es como si diéramos una minúscula vuelta a un caleidoscopio antiguo: surge un patrón completamente nuevo. Los antiguos sistemas de adivinación siguen floreciendo hoy en día porque, aunque las sociedades y las civilizaciones hayan evolucionado, seguimos teniendo la misma necesidad que nuestros antepasados de hacer frente al cambio y a lo desconocido. En la Antigüedad habríamos consultado felizmente un oráculo a través de un sacerdote, una sacerdotisa o un chamán con una línea directa a la psique colectiva, y ellos soñarían por nosotros, entrarían en trance para transmitirnos un mensaje o utilizarían un sistema de símbolos para hacer una adivinación. A algunos de nosotros nos complace seguir consultando oráculos antiguos, pero para quienes el I Ching o el tarot son un puente demasiado lejano, existe una solución del siglo XXI. Se llama *Street wisdom* ('sabiduría callejera'), y es una idea del cantante, intérprete y escritor David Pearl y del empresario Chris Baréz-Brown[7]. Ellos lo describen como un método de resolución de problemas a pie. Yo lo describo como una adivinación secular. Crea una situación artificial que permite que el inconsciente hable.

Por eso, en una tarde de junio de 2017, treinta y cinco personas nos reunimos en una callejuela detrás de Strand, una de las principales avenidas de Londres. Tres de nosotros, coordinadores de la Royal Society of Arts Mindfulness Network, actuamos como *magos callejeros* para facilitar un evento de sabiduría callejera.

Informamos al grupo sobre el propósito de esta, que es encontrar inspiración para responder a una pregunta de nuestras vidas que queremos abordar. Las instrucciones son que los participantes caminen durante diez minutos por su cuenta por donde quieran, dejándose llevar por lo que les atraiga, y que luego vuelvan para recibir la siguiente instrucción. Después de la primera, enviamos al grupo a otras tres excursiones de diez minutos. En la segunda, les pedimos que vuelvan a caminar, pero más despacio. Para la tercera, que se fijen en los patrones del entorno que les rodea mientras caminan. La instrucción para el cuarto paseo es ver la belleza en todo. Estos primeros cuarenta minutos les dan tiempo para dejar de lado sus preocupaciones normales y liberar el cerebro.

A continuación, leemos en voz alta la instrucción final, que consiste simplemente en ponerse en marcha y deambular hasta el punto de encuentro acordado, pero con una pregunta concreta en mente. La idea es mirar a nuestro alrededor y observar cualquier cosa que pueda ser relevante para la pregunta. Puede ser el título de un libro en el escaparate de una tienda, un olor que desencadene un recuerdo o una frase de una canción de un músico callejero. Si abrimos nuestra mente, el universo nos dará las pistas que necesitamos para encontrar la respuesta.

En este momento me doy cuenta de que no tengo ninguna pregunta. Como, de todas formas, tengo que ir andando al punto de encuentro, decido probar la sabiduría callejera por mí misma. Hace más o menos catorce años que no escribo un libro. En los últimos años he escrito informes de investigación y artículos académicos. Lo que me viene a la mente es si escribir otro libro. A mitad de camino por Strand, justo antes de la estación de Charing Cross, veo venir hacia mí a un monje budista con su túnica azafrán y una bolsa de tela marrón cruzada sobre el hombro. Se detiene, me saluda, rebusca en su bolsa y saca una estampa dorada con la imagen de la diosa Guanyin, la Bodhisattva de la compasión.

—Me gustaría darte esto —me dice.

Guanyin tiene un gran significado para mí. Es una de las deidades que venero. En casa tengo una hermosa estatua de bronce verde que la representa cabalgando sobre un monstruo marino, con su frasco de curación en las manos. Solo cuando estoy a unos cientos de metros calle abajo, le doy la vuelta a la carta y veo que en el otro lado hay un mensaje: «Trabaja sin problemas. Paz en la vida».

Así que ahora trabajo sin problemas en este libro (la estampa dorada está en mi escritorio; mi estatua de Guanyin, en la habitación de al lado y mi casa es un lugar de paz). Mientras escribo esta sección, un correo electrónico me llega a la bandeja de entrada. Es, por supuesto, del grupo de sabiduría callejera: «Querida Vivianne...».

¡Qué bromista es el universo!

9
Ejercer la magia

A menudo digo que la gente llega a la magia buscando poder y se queda por el amor. Pero la gente se adentra en la magia por muchas razones: crecimiento espiritual, reconexión con la naturaleza, para desarrollar poderes espirituales o mágicos, para encontrar lo que otras tradiciones no tienen. Algunos encuentran lo que buscan y se quedan, otros se van a otra parte. Una de las razones por las que muchos de nosotros nos quedamos es porque encontramos algo que no esperábamos: una sensación de conexión profunda. Los vínculos que formamos con otros en el camino son una fuente de alegría. Cuando estamos alegres, vemos el mundo de una manera nueva. El vaso está ahora medio lleno, no medio vacío. Apreciamos y valoramos el mundo que nos rodea y a aquellos con los que lo compartimos. A partir de la alegría, desarrollamos un sentido de agradecimiento.

Hay grupos mágicos de todas las formas y tamaños: aquelarres, conciliábulos, logias, comunidades, redes o tan solo un grupo de amigos. El primer grupo mágico al que me uno es el aquelarre wiccano fundado por los brujos Alex y Maxine Sanders. Cuando conozco al grupo por primera vez, me parecen inusuales. Son creativos, artísticos, cariñosos y psíquicos. Me parecen diferentes, pero no extraños. Son diferentes de la misma manera que yo lo soy y siento una sensación de afinidad. Desde el primer momento, sé que he encontrado mi tribu.

Somos un grupo joven, la mayoría estamos en los últimos años de la adolescencia o en los primeros de la veintena. Los que tienen más de veinte años parecen viejos y sabios. Hemos dejado atrás los hechizos de amor de la adolescencia y buscamos una espiritualidad mágica, que deje espacio para el yo salvaje interior que quiere volver a conectar con la naturaleza y para el yo mágico que quiere volver a conectar con los poderes de nuestros primeros ancestros. También buscamos ese zumbido y esa euforia que surgen al romper con las limitaciones de la conciencia cotidiana ordinaria. Porque descubrimos en la magia y la brujería el mundo de la noche, el misterio, la luna, la cueva, el lugar oculto de la iniciación iluminado por antorchas, un lugar de transformación que nos permite abrirnos a todo lo que somos y a todo lo que podemos ser.

A muchos de nosotros nos gusta la imagen de una bruja con pelo largo, túnica de terciopelo negro y grandes pentagramas de metal. Adoptamos imágenes oscuras, rechazando las nociones estereotipadas que equiparan el crecimiento espiritual con la luz y el mal con la oscuridad. Somos idealistas, muy leídos y algunos de nosotros hemos dejado la universidad. El atractivo de la magia es mucho más fuerte que el mundo cotidiano de los estudios académicos. Algunos de nosotros nos convertiremos en lectores del tarot, astrólogos o maestros espirituales a tiempo completo, pero la mayoría volveremos a dedicarnos a nuestro estudio y a nuestras carreras.

Me siento agradecida por haber encontrado un grupo que acepta a personas en su adolescencia tardía. Hay una tradición esotérica que dice que hay que decirles a los jóvenes que se vayan y que vuelvan cuando tengan treinta años. Un grupo cabalístico con el que contacté en mi búsqueda de un grupo mágico me dijo precisamente eso, pero para una joven de dieciocho años, doce años son dos tercios de su vida. No podía esperar tanto tiempo. Para avanzar, primero necesito conocer mi dirección espiritual.

La magia es íntima. Requiere abrir nuestra psique al otro para que podamos sentir las energías y emociones de la otra persona. Compartimos esperanzas, miedos, traumas, ideas, pensamientos, sentimientos y experiencias psíquicas. Y formamos vínculos, a un nivel profundo e inconsciente, de empatía que son sutiles pero fuertes. Soñamos algo y descubrimos que los demás miembros de nuestro grupo también lo han soñado. Sentimos que uno de nosotros tiene problemas, así que llamamos para averiguarlo. Si practicamos magia con los demás durante un largo periodo de tiempo, entramos en el tipo de conexión profunda que tenemos con la familia, la pareja, los hijos, los amigos de la infancia o los amigos con los que compartimos habitación en la adolescencia y la veintena. En el mejor de los casos, un grupo mágico es un conjunto de aliados, una familia elegida, que nos apoya y anima en la vida cotidiana, así como en nuestro camino espiritual. Sus miembros se convierten en nuestros amigos a largo plazo, personas con las que nos sentimos libres de ser nosotros mismos. Son personas con las que podemos hablar de nuestro viaje interior, de los anhelos de nuestra alma y de todas esas experiencias extrañas y maravillosas que tenemos en el camino y de las que no nos sentimos capaces de hablar cuando nuestros colegas nos preguntan: «¿Qué tal el fin de semana?».

Como autora del género de libros de ciencia ficción y fantasía en las décadas de los noventa y de los dos mil, coincidí en algunas ocasiones con Terry Pratchett, autor de la saga *Mundodisco.* Era una persona excelente con la que compartir un evento, experto en convencer a los organizadores para que mejoraran nuestra comida, bebida y habitaciones. Para ser alguien que renunciaba a ser un practicante de la magia, también era extraordinaria y sospechosamente conocedor de las realidades mundanas de las artes mágicas. Sus libros sobre brujas están llenos de detalles humorísticos que solo alguien con acceso al arco interno podría conocer. Mi parte favorita es la descripción de una reunión de un aquelarre en *Brujas de viaje.* A la luz de un fuego parpadeante, las brujas se congregan en una oscura noche para hacer magia y tomar un refrigerio después del hechizo. Mientras sacan lo que han llevado, una de las brujas exclama: «¿Queréis decir que *todas* hemos traído ensalada de patata?»[1].

Como observó Terry, las comunidades mágicas desarrollan una mentalidad de grupo en la que los miembros suelen tener la misma idea (y los dioses son muy bromistas). A veces todo el mundo aparece con ensalada de patata, pizza o pastel de chocolate. Pero además de los divertidos momentos de sincronicidad mundana, hay manifestaciones más profundas de la unión de mentes, corazones y espíritus en grupos mágicos eficaces. Existe la etapa profunda de la meditación, el ritual o el lanzamiento de hechizos, cuando se disuelve la sensación de separación entre nosotros y los demás. Volvemos a una época en la que los seres humanos estaban en contacto con el mundo de los sueños, las fuentes de la imaginación y la mitología, y en contacto con nuestro ser biológico: el olfato, el gusto, el sonido, el instinto, la intuición y las emociones, así como el pensamiento. Volvemos a una época en la que no estábamos tan aprisionados por nuestros egos individuales, a una época en la que estábamos en un estado de conciencia que nos permitía pensar como uno: que la mente se comunicara con la mente, que el corazón se comunicara con el corazón. Esto es lo que aprendí cuando me adentré en el mundo de la magia.

No fue solo nuestra capacidad de razonamiento y nuestros pulgares oponibles lo que nos permitió a los humanos evolucionar a partir de nuestros antepasados simios. Igual de importante fue nuestra capacidad de imaginar lo que nunca habíamos visto, de prever cómo las cosas podrían ser distintas, ya que esto nos dio el poder de cambiar el *statu quo* y crear lo que no existía antes. Los animales pueden innovar (los simios pueden aprender a utilizar herramientas, los pájaros pueden aprender nuevas canciones), pero nuestra capacidad humana de imaginar, y de crear lo que hemos imaginado, nos distingue de las demás especies que nos rodean. No es casualidad que muchos de los avances científicos a partir del siglo XVI hayan sido realizados por científicos que también eran magos o viajeros de la imaginación. La ciencia nunca ha progresado sin saltos imaginativos que desafíen la sabiduría aceptada. Las horas invertidas en un laboratorio o delante de una pizarra, descifrando ecuaciones matemáticas, son la base de los avances de la ciencia, pero para abrirse paso hacia nuevos paradigmas necesitamos eso a lo que los antiguos siempre recurrían cuando necesitaban saber algo: el reino de la imaginación y el sueño.

La teoría de la relatividad del físico Albert Einstein se inspiró en un sueño que tuvo más o menos durante su adolescencia. En él se encontraba en un trineo de noche, deslizándose cada vez más rápido por una pendiente, tanto que su trineo se acercaba a la velocidad de la luz. Miró al cielo y vio que el aspecto de las estrellas cambiaba. Cuando se despertó, supo que este sueño era importante, una pista. Meditó sobre él y más tarde elaboró su revolucionaria ecuación $E = mc^2$, donde la energía es igual a la masa por la velocidad de la luz al cuadrado. En otras palabras, la energía y la materia son formas diferentes de la misma cosa. En las condiciones adecuadas, la materia puede convertirse en energía y la energía en materia, lo que nos remite a las ideas que la magia ha tenido siempre.

La magia presupone que hay todo un reino de energías invisibles e inconmensurables detrás del mundo físico que experimentamos cada día con nuestros sentidos corporales. En los rituales y otros actos mágicos, optamos por creer, al menos durante un tiempo, que las acciones simbólicas pueden aprovechar esas energías y producir efectos que se manifiestan en el mundo material. Tal vez pensemos que es algo que algún día la ciencia podrá explicar, o tal vez no. En las diferentes etapas de nuestro viaje mágico, nuestras creencias cambiarán, nuestra interpretación será distinta.

En mi primera década en los grupos wiccanos, hicimos mucha magia práctica para nosotros mismos y para los demás: encontrar nuevos trabajos y lugares para vivir, encontrar una pareja, superar las rupturas de relaciones, vender casas, sanar...; todas las necesidades de la vida cotidiana. Nuestras intenciones mágicas debían pasar por pruebas estrictas. Debían ser para ayudar y no para dañar; para curar y no para maldecir.

Aunque la magia es complicada. No se produce en el vacío. Depende de que pongamos las bases, de que creemos las condiciones materiales adecuadas para que algo ocurra. A menudo la gente pide magia, pero no sabe de verdad lo que quiere. O tal vez tengan un conflicto: una parte de ellos quiere algo y otra no. A veces pedimos algo, mientras hacemos todo lo posible en el ámbito de la vida cotidiana para sabotear nuestros esfuerzos. Otras veces queremos una ayuda mágica para crear un cambio en nuestras vidas, pero al mismo tiempo tenemos miedo de lo que ese cambio supondrá, así que posponemos lo que tenemos que hacer a nivel práctico para conseguirlo porque el cambio es difícil. Sabemos que el cambio es la realidad de toda la existencia, pero al mismo tiempo queremos certeza, estabilidad, algo a lo que aferrarnos. Lo que nuestras crisis mundiales nos enseñan es que aferrarse no es posible. Tenemos que evolucionar y avanzar, queramos o no.

Con el tiempo, la mayoría de nosotros hacemos cada vez menos magia práctica. Aprendemos a confiar en nuestra intuición. Si queremos un nuevo trabajo, dejamos que nuestra intuición nos guíe hacia dónde buscar, a quién preguntar. Tratamos de tener una mentalidad positiva para que la gente nos responda de forma positiva también y nos ayude a conseguir nuestro objetivo. Pero a veces esto no es suficiente.

Los hechizos nos hacen pensar en cosas elaboradas y exóticas, como el ojo de tritón y la pata de rana que las brujas de *Macbeth* echaban en su caldero. La mayoría de los hechizos son mucho más sencillos y ninguno requiere partes de animales. Algunos se basan en la magia simpática y en cristales, hierbas u otras sustancias con propiedades mágicas tradicionales. Otros no implican ningún medio físico. Requieren que entremos en un estado especial de conciencia. La conciencia mágica es una extensión de la conciencia meditativa. Cuando meditamos, acceder a nuestro estado interior es el propósito del proceso. En cambio, cuando entramos en la conciencia mágica, tenemos otros objetivos en mente. A menudo, los objetivos son espirituales (conectar con una deidad concreta o adquirir conocimientos e ideas), pero a veces necesitamos algo más material.

Podemos hacer algo de magia por nuestra cuenta, pero hay ocasiones en las que necesitaremos un ímpetu adicional, como un empujoncito o una ayuda. Si somos practicantes de magia, podemos recurrir a nuestro grupo mágico.

Si has practicado la meditación con un profesor experimentado o en grupo, habrás notado que tu meditación es más profunda que cuando la practicas en solitario. Hay un sutil cambio cualitativo: la energía en la sala cambia y hay una sensación de presencia y poder espiritual. Lo mismo ocurre cuando se hace magia con un grupo experimentado. La visualización y la meditación en un grupo centrado en un propósito mágico pueden llevarnos a un lugar mucho más profundo que si lo hacemos solos.

Por eso, una tarde de primavera en Londres, Chris y yo estamos sentados en el suelo sobre un círculo de cojines en una sala iluminada por velas. Nuestro grupo se ha reunido para hacer un hechizo laboral. Comenzamos la meditación. Dejamos de lado las preocupaciones del día y nos centramos en la respiración. De manera inconsciente, permitimos que nuestra respiración se sincronice y que nuestro ritmo cardíaco se reduzca hasta alcanzar un ritmo que nos permita entrar en un ligero trance. Nos tomamos de la mano. Este sencillo gesto nos ayuda a fundirnos en una sola mente grupal. El contacto entre una persona y otra nos ayuda a sincronizar nuestros patrones cerebrales y a tener visiones compartidas. Nos centramos en nuestro objetivo: que Vanessa encuentre un nuevo trabajo. Vanessa es miembro de nuestro grupo desde hace mucho tiempo y la conocemos bien. Es orgullosa, reservada y rara vez habla de sus emociones o problemas personales. No le gusta pedir ayuda, pero ahora lleva cinco meses en el paro y se está deprimiendo. Estamos lo bastante preocupados como para preguntarle si quiere que un poco de magia la ayude a buscar trabajo. Y ella está lo bastante preocupada como para aceptar.

Comenzamos un cántico, un simple cántico que Chris y yo creamos décadas atrás. Lo hemos repetido una y otra vez. Las palabras no son importantes en sí mismas, pero establecen el contexto de lo que estamos haciendo. Sirven para mantener nuestro cerebro centrado en el problema que intentamos resolver. «Círculo en espiral, círculo en espiral, que Vanessa encuentre su trabajo ideal». La mayoría de los hechizos tradicionales son un galimatías. Son como rimas infantiles, con ritmos que nos encantan porque los conocemos muy bien. Creamos el cántico a principios de los años ochenta, la primera vez que uno de nuestro grupo necesitó algo de magia laboral, pero ahora lo hemos mejorado a la versión 1.1. En esa primera ocasión, nuestro amigo era programador informático. Le ofrecieron un trabajo de limpieza de vagones de tren. Era una época de recesión y era muy difícil encontrar empleo donde él vivía, y le sirvió de ayuda en un momento especialmente sombrío, pero no era para nada el trabajo de sus sueños. La siguiente vez, añadimos la palabra «ideal». Queremos que Vanessa encuentre el trabajo adecuado para ella. Y eso no es tan fácil. Es muy quisquillosa.

La magia es una forma de replantear el mundo. Trabaja con partes del cerebro que son anteriores a la dependencia humana del lenguaje y la palabra escrita; las partes implicadas en las imágenes visuales, la creatividad y el sueño. Mientras cantamos, nos centramos juntos en una imagen que representa el resultado de la magia. Hemos acordado una imagen que no es demasiado específica. No sabemos qué tipo de trabajo encontrará Vanessa ni dónde, así que la visualizamos caminando hacia el trabajo sintiéndose feliz y contenta.

Llega un momento en el que siento que nos hemos concentrado todo el tiempo que necesitamos y decimos una frase que se utiliza tradicionalmente para terminar un hechizo en grupo: «¡Como lo decimos, que así sea!». «Que así sea» es una expresión interesante. Puede significar «deber» o «posibilidad». En mi opinión, creo que es «posibilidad». Pues puede ser o puede no ser. No tratamos de forzar los acontecimientos, sino de dirigirlos. La magia es como cortar la maleza que bloquea el camino, eliminar los desechos que bloquean la corriente. Estamos creando un flujo libre de energía, un canal a lo largo del cual puede manifestarse algo (en el caso de Vanessa, un trabajo). Compartimos lo que experimentamos durante la visualización: cómo nos hemos sentido, qué hemos notado, nuestras impresiones sensoriales, las palabras y las imágenes que nos han llegado. Cada uno de nosotros ha experimentado algo distinto, pero hay un denominador común. La mayoría tenemos la sensación de que el nuevo trabajo de Vanessa estará relacionado con la publicidad. Vanessa no está impresionada, nada de nada. Trabajó en publicidad durante su primer empleo después de graduarse. Era el tipo de trabajo por el que la mayoría de la gente moriría, pero ella odiaba el sector de la publicidad y lo consideraba un engendro de Satanás: poco ético, una prostitución de sus talentos, el lugar equivocado para ella. «Imaginaos que quieren que trabaje en un anuncio de carne. O de la industria láctea. O de las grandes farmacéuticas». Se estremece de horror.

Insistimos, con tacto. La magia no puede obligar a la gente a derribar sus barreras, pero todos pensamos que es el camino a seguir, algo que ella debería al menos explorar.

—¿Por qué no miras si hay alguna agencia especializada en trabajar para organizaciones sin ánimo de lucro? —le pregunta Jane.

Algo resuena en lo que dice, una sensación de que ha dado en el blanco.

—Es una muy buena idea —comento—. ¿Por qué no investigas?

Veo que Luke, otro miembro del grupo, se ha dado cuenta de lo mismo que yo: la mirada de resistencia en el rostro de Vanessa. Tiene Mercurio en Tauro y es tan terca como una mula. No tiene intención de seguir nuestros consejos.

Damos por terminada la sesión, pero hay un acuerdo tácito. No lo dejaremos ahí. Vanessa necesita un trabajo pronto. Al día siguiente, Luke se pone a buscar en Google y da con tres agencias especializadas en trabajos para organizaciones benéficas medioambientales. Vanessa tiene la experiencia y la credibilidad necesarias para solicitarlo: es una activista de larga trayectoria a la que casi arrestan varias veces por estar cerca de los grupos más alborotadores de las manifestaciones. Se pone en contacto con las agencias, pero no tienen nada adecuado en ese momento. La animamos a presentar una solicitud espontánea a una organización dedicada al cambio climático. Consigue una entrevista. Le dicen que están interesados, pero que no hay ningún puesto libre. Decepcionada, pero ahora habiendo agarrado el toro por los cuernos, Vanesa se dirige a otras dos organizaciones con la misma intención. Mientras espera la respuesta de estas, la primera organización le responde. Hay un puesto de trabajo en publicidad digital. Es solo para cubrir una baja por maternidad, pero ella lo acepta. Cuatro años después, sigue allí y la han ascendido.

Podemos tener todas las intuiciones y empujes en la dirección correcta del mundo, pero para aprovecharlas tenemos que actuar. A menudo nos falta el valor o la convicción para intentar explorar las posibilidades que la intuición mágica nos lanza.

Cuando tenemos el amparo emocional de quienes nos respaldan y nos desean lo mejor, el mero hecho de saber que nuestra tribu nos apoya y que otros están dispuestos a dar su tiempo y energía para ayudar, nos da la confianza para seguir adelante. Nos inspira la energía y la convicción que necesitamos para superar la inercia que puede producirse cuando lo hemos intentado y hemos fracasado. El apoyo de los demás puede ayudarnos a desarrollar el coraje, a ver que el éxito y el fracaso son solo parte del patrón de la vida, que la rueda girará y surgirán nuevas oportunidades, que cada final es en realidad un comienzo y que a veces lo que parece un error o incluso un desastre puede ser la puerta de entrada a una vida completamente nueva.

Nuestro hechizo para conseguirle un trabajo a Vanessa funcionó, pero ¿qué sucede de verdad cuando le pedimos a alguien que nos haga un hechizo mágico? Hay tres cosas que debemos tener en cuenta. En primer lugar, la mayoría de nosotros pedimos porque nos estamos quedando sin opciones. Nos hemos atascado y sentimos que necesitamos un impulso externo para encontrar un nuevo camino. Toda una serie de cosas han ido mal en nuestras vidas y necesitamos cambiar el rumbo. Cuando hacemos un hechizo juntos, sustituimos una nueva narrativa, una voz que nos dice que las cosas irán bien. Solo tenemos que abrir nuestros oídos internos para escucharla.

En segundo lugar, cuando pedimos ayuda a los demás, salimos de nuestro aislamiento. Hay un refrán que dice: «Si no lloras, no mamas». Esto es a menudo cierto en la vida cotidiana y es especialmente cierto en la vida mágica. Si no pedimos ayuda, es mucho menos probable que la obtengamos. Al pedir ayuda, reconocemos que vivimos en una red interconectada de otras personas, otras ideas y otras energías. Salimos de nuestros límites autoimpuestos para llegar a otros que pueden ayudarnos a encontrar soluciones a nuestro problema.

Y, en tercer lugar, nos abrimos a la posibilidad de lo inesperado, lo nuevo, lo impensable. En el caso de Vanessa, la respuesta a su búsqueda de empleo parecía obvia una vez que la pensó. El problema es que cuando nos atascamos en la rutina, o en una espiral de pensamientos negativos, ya no vemos lo obvio. De hecho, ya no vemos nada en absoluto. Necesitamos algo que nos saque de nuestra inmersión en los pensamientos negativos y nos dé un nuevo enfoque. Para resolver un problema complicado, necesitamos una mente abierta pero disciplinada que pueda buscar e integrar nuevos conceptos, inspiraciones e información. Al salir de nuestro modo de razonamiento habitual, nos adentramos en un proceso de pensamiento divergente para generar nuevas ideas y vías de actuación.

Al pedir ayuda a su grupo mágico, Vanessa estaba reuniendo una colección de mentes en una especie de lluvia de ideas mágica. Cuando hablamos de las ideas que surgen en una visualización de hechizo laboral, muchas serán lógicas y obvias, pero a veces las ideas provienen de un lugar más profundo y misterioso. A menudo, durante un trabajo mágico, experimentamos lo que parecen ser pensamientos e imágenes al azar. Pueden parecer fugaces, efímeras, que no vale la pena mencionar, pero estas vagas señales de humo suelen ser pistas significativas y es importante notarlas.

Hacia el final del hechizo laboral de Vanessa, una imagen había flotado en la mente de Dan. Había vislumbrado el interior de un edificio de oficinas y había algo distintivo en él. «Todo era azul», dijo Dan. «Las paredes, las sillas y el suelo». La idea no ayudó a Vanessa en sus primeras solicitudes, pero sí cuando entró en la recepción antes de su primera entrevista en la organización del cambio climático y se encontró rodeada de azul. Resulta que habían empezado a trabajar en una campaña de limpieza del mar y la decoración debía hacer que la gente pensara en el océano. La confianza de Vanessa había caído en picado a medida que se prolongaba su desempleo, pero la imagen de Dan la hizo sentirse más segura. Cuando tenemos confianza en nosotros mismos, la gente nos responde de forma más positiva. Al compartir su visión, Dan ayudó a Vanessa a tener éxito.

10
Conscientes de la naturaleza

Nos encanta leer historias de gente que vende su casa, se compra una autocaravana y pone rumbo hacia el atardecer con los niños y el perro para recorrer el mundo, sumergiéndose en la naturaleza y viviendo aventuras. Nos encanta leer estas historias porque la mayoría de nosotros no podemos hacerlo y porque en el fondo sabemos que la novedad de la vida nómada podría desaparecer pronto. No somos leones criados en cautividad que puedan ser devueltos a la naturaleza, pero en cierta manera sí necesitamos que nuestro espíritu vuelva a lo salvaje.

¿Has sentido alguna vez un anhelo, una sed de verdor, de flores, hierba y árboles? Los científicos han creado un término para esto: «trastorno por déficit de naturaleza». Nuestros cuerpos y mentes han sido modelados por millones de años de evolución, en los que hemos vivido en pequeños grupos rodeados de naturaleza. La concentración de grandes masas en las ciudades no es natural. Aunque enterremos nuestro malestar en nuestro inconsciente más profundo, percibimos que esta forma de ser es alienante. Necesitamos un antídoto, y lo cierto es que lo hay.

¿Has notado que te sientes más feliz cuando miras por la ventana y ves árboles y plantas? Puede que ni siquiera te hayas dado cuenta, pero has aceptado de forma inconsciente que es natural sentirse así. La naturaleza es hermosa. Las venas de una hoja esquelética tienen una exquisita complejidad que ni siquiera el más artístico de nosotros puede superar. Los ojos y los oídos se calman y se refrescan con el verdor de la naturaleza; nuestras mentes y corazones se despiertan. Las investigaciones respaldan lo que sabemos por instinto: el tiempo que pasamos en la naturaleza es terapéutico y curativo[1]. Aporta renovación, creatividad y nueva energía para dar a los demás.

Por debajo de todas las limitaciones de la civilización, hay en nosotros un yo más natural e indómito, un yo salvaje, mágico y ecológico que está cerca de nuestros orígenes animales, pero también de nuestro núcleo espiritual. Este yo más salvaje nos aleja de la superficialidad de la vida contemporánea, hacia algo más antiguo y profundo. Nos lleva a lo más hondo del inconsciente, a los inicios de nuestra especie, a una época en la que éramos libres de vagar bajo el sol, la luna y las estrellas, de caminar desnudos y orgullosos sin necesidad de adornos.

Las imágenes del tarot más afines a estos sentimientos son las del sol y la estrella, el niño sol y la mujer estrella que están desnudos y sin miedo, a gusto consigo mismos y con el mundo natural que los rodea. Representan lo que perdemos al dejar atrás la infancia y entrar en la vida adulta, pero también lo que más necesitamos recuperar si queremos integrar todos los aspectos dispares de nuestro ser en un todo auténtico. Los seres humanos no podemos vivir apartados del mundo natural que nos rodea sin pagar un precio en términos de salud, bienestar y destrucción de lo que más necesita nuestra especie para sobrevivir.

Es fácil perder el contacto con el mundo natural. Muchos de nosotros vivimos atrapados en sueños, recuerdos y remordimientos. No somos realmente conscientes de lo que nos rodea y, sobre todo, de las posibilidades que nos ofrece el universo. Vamos por ahí aturdidos, con los auriculares conectados, encerrados en nuestros propios pensamientos y fantasías, y nuestra mente apenas registra la información que nos proporcionan nuestros sentidos. Usamos la música para bloquear otros sonidos, de modo que no oímos el canto de los pájaros. Viajamos a diario sin notar nada de la ruta que tomamos. Solo si ocurre algo inusual de verdad «volvemos» y nos damos cuenta de dónde estamos exactamente.

El cerebro humano se nutre de la novedad y necesita la estimulación de lo insólito. La diferencia entre nuestros cerebros de niños y de adultos es que para un niño cada día es una nueva experiencia de aprendizaje. Como niños, nuestros cerebros están en constante desarrollo. Estamos en un estado continuo de exploración y estimulación, siempre procesando e integrando nuevas experiencias. La intensidad del aprendizaje es tal que un día parece durar una eternidad.

Como adultos, es fácil perder nuestro sentido de asombro y nuestro compromiso con el mundo. Nuestra visión se vuelve vidriosa. Nuestra mente deja de ver con claridad el mundo que nos rodea o nuestro mundo interior. Y cuando dejamos de ver, dejamos de cuestionar. Aceptamos las cosas tal y como son y nos falta imaginación para cambiarlas.

La idea de que el verdadero potencial de la psique está latente, y dormido en una especie de sueño despierto, es común en todas las tradiciones espirituales. El objetivo de muchas prácticas espirituales es enseñarnos a despertarnos a lo que nos rodea. Si podemos hacerlo, podemos empezar a vivir plenamente, en el momento, extrayendo de él todo lo que nos ofrece. Podemos estar vivos de verdad. Podemos aspirar a cultivar la novedad de la mente, la apertura, la curiosidad y la falta de prejuicios. En lugar de vagar a ciegas por nuestro mundo sin ver, podemos aprender a caminar por él viendo de una manera que alimente el cerebro.

El monje budista japonés Shunryu Suzuki, que se convirtió en uno de los maestros zen más famosos de Occidente, enseñó: «A la mente del principiante se le presentan muchas posibilidades; a la del experto, pocas»[2]. Cierra los ojos por un momento e imagina que vuelves a ser un niño. Cada mañana te despiertas a una nueva aventura en la vida. ¿Recuerdas tus emociones la primera vez que viste un arcoíris, la nieve o el mar?

Como adultos, podemos recuperar esa sensación de asombro. Podemos aprender a notar y a apreciar más lo que nos rodea si hacemos pequeñas pausas, aunque sea una vez al día, para estar totalmente presentes y saborear la experiencia del momento, como un catador saborea un buen vino. Podemos hacer esto durante unos minutos en cualquier lugar, pero uno de los ejercicios mágicos que enseño a las personas que vienen a mis cursos es elegir un árbol cercano para visitarlo a diario o una vista particular desde la ventana, para aquellos que tienen la suerte de mirar hacia un jardín o un paisaje, donde se pueda ver el cambio de las estaciones. Si cada día nos tomamos un tiempo para observar lo que nos rodea, nos daremos cuenta de que la escena nunca es exactamente la misma. Cada día hay cambios sutiles.

¿Qué veo si miro, si miro de verdad, el mundo fuera de mi ventana ahora? El cielo de la mañana está lleno de nubes grises teñidas de luz. El abedul del jardín es blanco como la nieve contra el gris. Es un árbol inusual, un hermoso abedul del Himalaya. Es de hoja caduca y cada día hay cambios. Poco a poco, sus hojas verdes se secan, se vuelven amarillas, luego marrones y después caen. La caída es irregular. Algunos días las hojas caen en cascada por el viento o la lluvia intensa. Otros días son tranquilos y apenas cae una hoja. A medida que las hojas se desprenden de las ramas, se revela la vista que hay detrás. A finales del verano no puedo ver a través de las hojas. En otoño, aparecen huecos en el follaje. Detrás del abedul, las ramas desnudas de los árboles más altos tejen un entramado contra el cielo. A principios del invierno, empiezo a ver las colinas más allá del jardín. A mediados, el tronco cambia. Se desprenden tiras de corteza. Son un maravilloso pergamino para escribir intenciones mágicas. El suelo se cubre de hojas que albergan gusanos. Los pájaros en el árbol se vuelven sorprendentemente visibles, ya no están ocultos por la copa. El crecimiento de un nuevo año llega pronto. A finales de enero hay amentos, señal de que la savia dentro del árbol está subiendo y despertando para comenzar de nuevo el ciclo del año.

Cuando observamos estas secuencias en la naturaleza, vemos un mensaje simbólico de que la vida se renueva sin cesar en ciclos de crecimiento y decadencia. Se trata de un mensaje que, en la hora más oscura, puede aportar esperanza y hacer de cada día una revelación.

Las experiencias de comunión con la naturaleza pueden abrirnos a lo que el filósofo y experto en sostenibilidad, el profesor Glenn Albrecht, denomina *eutierria*: «un sentimiento bueno y positivo de unidad con la tierra y sus fuerzas vitales»[3]. La palabra es extraña, neocientífica, incluso ajena; una combinación de *eu*, que en griego significa 'bueno', con *tierra* e *ia* ('una condición de'). *Eutierria* es lo que experimentamos cuando entramos en una relación correcta con nuestro planeta. Los límites entre la naturaleza y uno mismo pueden disolverse, aportando una renovada sensación de paz y conexión.

No tenemos que etiquetarnos como espirituales o mágicos para experimentar una sensación de unidad con la naturaleza. No tenemos que ser poetas, místicos o psíquicos. Esta sensación de conexión está integrada en el cerebro humano, forma parte de nuestro yo animal salvaje. Cualquiera puede sentirlo. Hay muchas formas de reconectar con el mundo de la naturaleza, algunas más físicas y otras más simbólicas. Caminar, acampar, cultivar un huerto, meditar sobre el mundo de la naturaleza, celebrar el ciclo estacional con rituales…; todo esto puede ser una vía para lograr una mayor empatía con el mundo no humano. A través de la meditación y la imaginación, podemos ampliar nuestra mente para sentir cómo es ser un árbol, un pájaro, un animal, incluso un bosque entero.

Como adultos, volvemos a encontrar estas experiencias durante cualquier actividad que nos dé tiempo para estar con los árboles, los pájaros y el paisaje, y para escuchar, oler y ver lo que nos rodea. Hace unos años, cuando caminaba por los bosques de secuoyas de California, la sensación fue la misma que tenía de niña. Notaba esa huella de lo sagrado, del poder y la sabiduría de los árboles y de su extensa memoria; una sensación de que, una vez que los humanos nos hemos ido por la noche, entonces puede comenzar la verdadera vida del bosque.

¿Qué puede ocurrir si nos abrimos a la naturaleza y a nuestro ser natural más salvaje? ¿Seremos más receptivos a la *eutierria*, a la unidad con la naturaleza, las plantas, los hongos, los insectos, los pájaros, los animales, las criaturas del mar y toda la creación? ¿Podría esto cambiar nuestra relación con la Tierra?

Si caminamos con atención al trabajo cada día, ¿notaremos más los sutiles cambios que trae la procesión de las estaciones y sentiremos la necesidad de tomarnos un tiempo para honrar estas mareas estacionales? Si salimos al exterior por la noche para mirar hacia arriba y hacia el cosmos, ¿podríamos encontrar más alegría en el regalo de estar vivos? Si sintonizamos con la Tierra y todos sus cambios, ¿conectaremos mejor nuestras acciones humanas con lo que le sucede?

Encontramos lo sagrado en la naturaleza porque nuestro yo más profundo es un yo ecológico. Cuando entramos en conexión con este, trascendemos nuestra separación individual para conectar no solo con nuestra conciencia humana colectiva, sino con la conciencia de nuestra biosfera, de nuestro planeta, de la Tierra, de la propia Gaia. Este recentrado radical de nuestro sentido humano del yo puede cambiar profundamente nuestra visión del mundo.

La meditación no tiene por qué practicarse sentados con las piernas cruzadas sobre cojines en salas de meditación, porque no todas las prácticas meditativas requieren quietud. La meditación puede llevarnos de vuelta a los lugares salvajes, a nuestro yo más natural, porque ¿dónde desarrollar mejor la conciencia de lo que nos rodea que en la naturaleza? Caminar de forma consciente por esta (o, para quienes sentimos la necesidad de ser más dinámicos físicamente, el ejercicio rítmico como correr o nadar) es una forma activa de implicar al cuerpo, liberar al inconsciente de las garras de la mente consciente y permitirnos entrar en la zona en la que no estamos pensando de manera consciente.

Las nuevas ramas de la ciencia, como la ecopsicología, reconocen lo que la enseñanza mágica ha aceptado durante mucho tiempo: que nuestra psique está profundamente conectada con el mundo de la naturaleza y se ve afectada por él. Podemos ver la evidencia de esto a nuestro alrededor. Nuestro estado de ánimo se ve afectado por la cantidad de luz diurna a la que estamos expuestos. En invierno, podemos sucumbir al trastorno afectivo estacional (TAE), pero cuando hace sol y nuestros músculos están calientes y relajados, nos sentimos más felices. El anhelo humano de estar al aire libre en la luz y de volver a conectar con la tierra y la naturaleza es fuerte, pero cuando nuestras vidas se ven arrastradas en tantas direcciones que compiten entre sí, estos sentimientos son fáciles de ignorar o suprimir. Día tras día podemos salir de nuestras casas con calefacción central para subirnos a nuestros coches con aire acondicionado, estacionar en aparcamientos subterráneos y tomar ascensores para ir a oficinas con aire acondicionado sin tener nunca contacto con el mundo natural.

Con la crisis de la COVID-19, millones de personas dejamos de hacer un viaje diario al trabajo y nos quedamos en casa. Para algunos, esto significó la pérdida del empleo y un desastre económico, pero los más afortunados descubrieron, al igual que nuestros jefes, que podíamos ser igual de productivos trabajando a distancia. Podíamos adaptar nuestra jornada. Podíamos caminar a la hora del almuerzo en lugar de comer un sándwich en nuestro escritorio. Podíamos abrirnos de nuevo a la naturaleza y, con la reducción del tráfico y los aviones, podíamos oír el canto de los pájaros.

Caminar es beneficioso para el cuerpo, la mente y el espíritu, pero el lugar por el que caminamos también es importante. Somos más felices, estamos menos estresados y rumiamos menos después de caminar por un bosque que si caminamos la misma cantidad de tiempo en una ciudad[4]. «Rumiación» es un término psicológico para esos momentos que destruyen el alma cuando nos encontramos repasando una y otra vez pensamientos y recuerdos negativos (males pasados que nos han hecho, culpa y vergüenza por las cosas que hemos hecho, remordimientos por lo que hemos dejado de hacer, miedos y fobias), espirales descendentes interminables que pueden atraparnos en el autodesprecio y el odio, incapaces de escapar de nuestro pesimismo sobre nosotros mismos y el mundo que nos rodea.

Las neuroimágenes demuestran que nuestro cerebro reacciona de forma diferente cuando caminamos por la ciudad y cuando lo hacemos por la naturaleza. Si caminamos por la naturaleza, la actividad neuronal en el córtex prefrontal subgenual (la zona del cerebro asociada a un mayor riesgo de desarrollar enfermedades mentales) disminuye. Caminar por la ciudad no produce este mismo efecto[5]. Si lo pensamos, es fácil entender el motivo. Cuando caminamos por la naturaleza, el foco de nuestra atención se desplaza hacia el exterior, hacia lo que nos rodea. Nos sentimos atraídos por la belleza y las experiencias sensoriales de la naturaleza: sus vistas, sonidos y olores. En la ciudad, nos protegemos instintivamente ignorando gran parte de lo que vemos: la suciedad, la basura, los grafitis, los sin techo. En lugar de ello, nos centramos en nuestro interior, lo que nos devuelve a cualquier espiral de pensamientos negativos que nos ronda por la cabeza. Solo veinte minutos al día de paseo por la naturaleza suponen una gran diferencia en nuestra sensación de bienestar. Muchos de nosotros tenemos que conformarnos con los parques de la ciudad en lugar de las verdes colinas, pero incluso la naturaleza limitada de los jardines y las plazas urbanas puede ayudar a reducir el estrés[6].

La naturaleza aporta perspectiva a nuestras vidas. Los pensamientos, emociones, ansiedades y miedos que nos preocupan pueden disolverse cuando contemplamos la belleza del vuelo de un pájaro, el florecimiento de una flor, el ritmo incesante del mar, la inmensidad del cielo. El tiempo que pasamos en la naturaleza también ayuda a nuestros procesos de pensamiento. Nuestra memoria funciona mejor después de haber paseado por el bosque[7]. Nuestra capacidad creativa para resolver problemas aumenta de manera considerable si pasamos unos días de excursión al aire libre[8]. Y si no podemos salir, si estamos confinados en casa por cualquier motivo, hay otra manera. Podemos contemplar imágenes de la naturaleza. Esto también reduce el estrés y favorece la recuperación de la enfermedad[9].

Lo que la pandemia de la COVID-19 y la obligada permanencia en casa nos dio a algunos fue el lujo de tener tiempo para simplemente *ser*. Los seres humanos somos criaturas complejas, con necesidades complejas que tiran de nosotros en diferentes direcciones. En los últimos siglos, la idea de tomarse un tiempo para simplemente ser no se valoraba. En países de todo el mundo, la ética protestante del trabajo ha sido adoptada hasta tal punto que se nos anima a pasar todas nuestras horas de vigilia trabajando y ganando dinero para consumir, y luego trabajando para ganar más dinero para consumir más. Esta espiral disfuncional e insostenible lleva a nuestro planeta al límite (al punto de inflexión más allá del cual puede que ya no se sea capaz de sostener la vida biológica) y nosotros, que estamos atrapados en el ciclo, también estamos siendo empujados al límite.

Esto no significa que debamos fingir que somos *hippies* de los años sesenta a punto de desconectar y abandonar. El mundo necesita que nos comprometamos en lugar de desentendernos, que abordemos los problemas en lugar de despreocuparnos, pero podemos funcionar mucho mejor y tomar decisiones mucho más sensatas si nos tomamos tiempo para detenernos y digerir nuestras experiencias; para reflexionar y recordarnos a nosotros mismos lo que de verdad nos importa: nuestros valores y lo que nos da alegría. Esto significa centrarse tanto en lo espiritual como en lo material; en ser tanto como en hacer.

Paradójicamente, tomarse un tiempo para ser no supone una pérdida de tiempo, ni un uso del mismo, que de otra forma podríamos utilizar de manera productiva. Nos da más tiempo. Reabastecidos, refrescados por haber bebido del pozo del ser, podemos hacer mucho más que cuando estamos estresados, agotados y quemados. Si nos tomamos unos minutos al día para ser conscientes de dónde estamos, de lo que nos rodea y de lo que es importante para nosotros, nuestros horizontes se amplían y nuestra mente se abre a nuevas posibilidades. Esto es fundamental tanto para la salud psicológica como para la espiritual. Pasar diez minutos al día con la conciencia abierta cambia nuestra percepción y nos permite ver el mundo con ojos nuevos, los ojos de un niño que acaba de descubrir la existencia. Practicar un poco más de tiempo (veinte minutos en lugar de diez cada día) tiene un efecto más duradero. Las investigaciones neurocientíficas demuestran que la práctica de la atención plena cambia la fisiología de nuestro cerebro y, por tanto, nuestra futura experiencia del mundo[10]. Y, si cambiamos nuestra experiencia, cambiamos lo que somos.

Los científicos y los filósofos nos dicen ahora lo que los místicos, los magos, los excursionistas, los campistas, los naturalistas y los pueblos indígenas han sabido siempre. El hormigón no nos alivia. Empobrece el espíritu. En mi propia vida, solo cuando mi familia se mudó a Londres y me alejé de la naturaleza me di cuenta de lo que había tenido y de lo que había perdido y necesitaba recuperar.

11
Alcanzar las cumbres

Los primeros dieciséis años de mi vida mágica fueron privados y personales hasta que una mañana, cuando estoy escribiendo un artículo para una revista de gestión sobre el estrés psicológico, miro hacia abajo y veo que mis dedos han empezado a escribir otra cosa. De alguna manera, mi cerebro ha entrado en un modo distinto y ha hecho un cambio interno. En lugar de escribir lo que tengo en la cabeza, estoy escribiendo lo que tengo en el corazón. Estoy experimentando uno de esos momentos que los pintores surrealistas llamaban «autonomismo». Una palabra, una frase, una imagen, incluso un sabor o un olor activa un interruptor en nuestro cerebro. Las sinapsis se activan y tienden puentes para conectar e integrar nuestros pensamientos, incluso antes de que sepamos que los estamos pensando. La energía comienza a fluir, la mano se pone en movimiento y miramos con sorpresa lo que sale del bolígrafo. Los artistas lo experimentan cuando pintan con frenesí para grabar una visión que les ha llegado. Los músicos lo experimentan cuando escuchan nuevas canciones, o incluso sinfonías enteras, en su cabeza y se apresuran a escribirlas antes de olvidarlas.

He obtenido el doctorado. He desarrollado una experiencia sobre el impacto psicológico de las políticas sociales y cada vez me invitan más a escribir artículos para revistas y a hablar en conferencias. Ahora he elaborado una sinopsis de tres páginas para un libro sobre la wicca. La envié y, para mi sorpresa, recibí una carta en la que expresaban su interés, seguida rápidamente por un contrato y un anticipo. Parece que el libro es justo lo que los editores estaban buscando y lo quieren cuanto antes. Convenzo a mi jefe para que me conceda seis meses sabáticos y empiezo a pensar en qué escribir.

Cometo el error de aceptar también un puesto de profesora a tiempo parcial. A los dos meses, el curso está llegando a su fin y no he conseguido escribir ni una palabra del libro. Tengo ese pánico agonizante que sufren los aspirantes a escritores cuando se enfrentan a una resma de papel en blanco. Llega una tarjeta de Navidad de Ivy Northage y Janet Orman. No les he hablado del libro, pero escriben: «Con cariño de Janet e Ivy, acuérdate de nosotras cuando seas famosa». Me da la seguridad de que tengo algo que decir. Visito a uno de mis maestros wiccanos, Alex Sanders, y me hace un talismán para ayudarme con el libro. En un lenguaje simbólico, muestra las ideas que llegan desde el inconsciente colectivo.

Suelo pensar en imágenes y símbolos más que en palabras, y para mí los cuadros pueden ser puertas de entrada a nuevas experiencias de conciencia. Ian Gordon-Brown, del Centro de Psicología Transpersonal, me muestra reproducciones de los cuadros del místico ruso Nikolái Roerich. Actúan como puertas de entrada a nuevas ideas, al igual que los cuadros que vi en las galerías de arte en mi infancia y adolescencia. Siento que tengo toda una tribu que me apoya mientras sintetizo todas mis experiencias hasta ahora en mi propia interpretación de la wicca.

Las ideas empiezan a fluir del cerebro a la mano, al bolígrafo y luego al teclado y a la pantalla. En esta época anterior a internet, el texto se escribe en uno de los primeros ordenadores baratos, un Amstrad. La capacidad de los archivos es tan pequeña que tengo que dividir cada capítulo en dos archivos y los editores no pueden aceptar el texto en discos. Tengo que imprimirlo y enviarlo por correo. Es un momento terrorífico, siento que el libro cambiará la vida de miles de personas. Respiro hondo y empujo el sobre a través del buzón, la primera etapa de su viaje hacia el mundo.

Con el libro terminado, la corrección de estilo hecha y unos meses hasta la publicación, Chris y yo aprovechamos para hacer el viaje que nunca pude hacer durante mi adolescencia ni cuando tenía veinte años, y volamos a la India. Viajamos en autobuses y trenes a pueblos y a ciudades, al Himalaya y a las llanuras. Se convierte en una odisea espiritual. Toco el tambor alrededor del Shiva Lingam en un pequeño templo de Udaipur. Me siento a meditar junto al lago sagrado de la hermosa ciudad de Pushkar y me maravilla el Jagatpita Brahma Mandir, el más importante de los pocos templos de la India dedicados al dios creador Brahma. Chris y yo deambulamos por los *ashrams* de los gurús de Rishikesh, que compiten entre sí, y nos situamos en los ardientes *ghats* del Ganges en Benarés. Meditamos en uno de los lugares budistas más sagrados del mundo, Sarnath, donde Buda predicó su primer sermón, es un lugar de belleza y paz. Las llanuras y las ciudades son fascinantes pero agotadoras. Anhelamos el espacio, la tranquilidad, el frescor. Hacemos lo que hacían los británicos del Raj en verano: nos vamos al norte. Tomamos un vuelo interior al valle de Kullu, en Himachal Pradesh, en las estribaciones del Himalaya. El aeropuerto de Delhi está repleto de gente. Los guardias de las puertas impiden la entrada a quien no vaya a volar, lo cual es un alivio, pues por mucha gente que haya dentro, hay miles más fuera.

No nos dirigimos a Kullu solo por el paisaje, aunque merece mucho la pena. Vamos en peregrinación a visitar la casa del pintor Nikolái Roerich y su esposa, en la antigua ciudad de Naggar, hogar de los dioses del valle de Kullu y antaño sede de sus reyes. Ahora podremos ver los originales de algunos de los cuadros que Ian Gordon-Brown me mostró para ayudarme a escribir mi libro.

Nuestra biblia para mochileros, la guía Lonely Planet, nos dice que el antiguo castillo real de Naggar es ahora un hotel y que es posible alojarse allí, pero nos advierte de que solo hay tres habitaciones. Intentamos llamar al número de teléfono que figura en la guía, pero la oficina de turismo local se encarga de ello. Parece que no pueden o no quieren decirnos si hay habitaciones libres. Naggar está a solo treinta kilómetros del aeropuerto más cercano, pero a más de una hora en taxi por las carreteras de montaña, y tenemos que estirar nuestro dinero. El taxi de ida y vuelta es demasiado caro, pero queremos ir. Mientras caminamos por el aeropuerto de Delhi, se me ocurre una idea. Supongamos que encontramos a alguien más aquí que quiera ir a la casa de Nikolái Roerich. Miro a mi alrededor en busca de posibles viajeros. El aeropuerto está repleto de miles de hombres de negocios, familias e innumerables mochileros. Cualquiera de los mochileros podría ser un candidato, pero lo dudo. Nadie parece del todo correcto. En ese momento, pasa una pareja algo mayor que nosotros: un hombre alto con una cuidada cola de caballo y una mujer delgada. Parecen italianos o franceses. Son demasiado distinguidos para ser británicos, demasiado elegantes para ser estadounidenses o alemanes, pero no lo bastante para ser holandeses o nórdicos. Me acerco y los oigo hablar. Son franceses.

Resulta un poco embarazoso acercarse a unos desconocidos en el aeropuerto internacional de Delhi, a cientos de kilómetros del oscuro destino de Naggar, para preguntarles, de entre todos los cientos de posibles destinos a los que podrían volar hoy, de entre todos los posibles lugares a los que podrían ir, aunque estuvieran en el mismo vuelo que nosotros, si por casualidad están pensando en tomar un taxi para ir al hotel Naggar Castle. Pero opto por intentarlo. Por eso decidí en mi adolescencia que la vida sería más fácil como extrovertida desinhibida. El eterno lema de la magia es: «Quien no arriesga, no gana».

—*Excusez-moi.*

El hombre no parece impresionado por que se lo diga en francés.

—¿Sí?

—¿Vais a Kullu?

Asiente con la cabeza, ligeramente sorprendido.

—¿A visitar la casa de Nikolái Roerich?

Entonces empieza a parecer un poco alarmado.

Es mejor avanzar rápido en estas situaciones, para que la gente no tenga tiempo de empezar a pensar que todo esto es un poco raro.

—¿Podríamos compartir un taxi para ir?

No parece muy dispuesto.

—Si solo queda una habitación en el hotel, podéis quedárosla, por supuesto.

El ceño fruncido desaparece.

Aterrizamos en el aeropuerto de Kullu y nuestros nuevos amigos franceses resultan ser expertos negociadores. Pronto nos encontramos en un desvencijado taxi que sube por las estrechas carreteras de montaña hasta el hotel, donde, por suerte, quedan dos habitaciones.

Naggar es ahora un popular destino turístico con múltiples opciones de alojamiento, y el renovado hotel Naggar Castle recibe muy buenas críticas, pero todavía queda mucho para eso. Cuando Chris y yo lo visitamos, descubrimos que el hotel no es tan romántico como imaginábamos. De hecho, es muy excéntrico y tiene más de fortaleza que de castillo, más de Fawlty Towers que de Gran Hotel Budapest. Nuestra habitación es grande pero decadente. Deshacemos la cama y las sábanas están manchadas de orina y excrementos de ratón. El menú de cuarenta páginas que nos dan para que podamos elegir nuestra cena nos hace la boca agua al leerlo, pero cuando pedimos descubrimos que solo hay un plato y una opción de tres bebidas. Podemos tomar *dhal* con arroz o *dhal* sin arroz y limonada, cerveza o té. La comida es justita para quitarnos el hambre. La pagamos enseguida para que el personal tenga suficiente dinero para comprar más comida para mañana. Por la noche los lobos aúllan, pero están fuera y nosotros estamos a salvo dentro. Ignoramos el correteo y el roer de la fauna interior que parece compartir nuestra habitación. Las vistas merecen la pena.

Visitamos la casa de los Roerich, ahora convertida en museo, para ver pinturas que solo he visto en libros y como reproducciones. Nikolái y Helena Roerich se inspiraron en el culto a las diosas de la India y del budismo tibetano. Creían que el siglo XX estaba marcando el comienzo de una nueva era, un renacimiento de la mujer que estaba inspirando a los movimientos femeninos de todo el mundo[1]. Hace tiempo que me encanta la pintura de Nikolái Roerich de la diosa entronizada como *Madre del mundo* en sus azules y violetas profundos, pero los cuadros que veo aquí son algunos de su serie del Himalaya. Al igual que los impresionistas franceses, le fascinaba pintar la luz, pero eligió lugares más salvajes y crudos para experimentar. Se trasladó al Himalaya, se comunicó psíquicamente con maestros espirituales desencarnados y pintó las mismas escenas de montaña una y otra vez, pero siempre diferentes por la luz en constante cambio que lo rodeaba.

Nikolái Roerich se dio cuenta, a través de sus cuadros, de que su estado de ánimo cambiaba en respuesta a los cambios de luz y colores. Ahora estamos mirando por encima de las cumbres, experimentando por nosotros mismos lo que él pintaba. Vemos cómo, a lo largo del día, los colores cambian. A medida que las nubes barren las cimas, los tonos verdes se vuelven púrpuras, los grises se convierten en azules. Las sombras cambian y aparecen rocas y grietas en las montañas que antes parecían lisas. El cielo cambia y aparecen abismos profundos, oscuros y dentados que desaparecen cuando pasan las nubes y de nuevo cambia la luz. En los cielos, los azules, violetas, grises, rosas, naranjas y dorados aparecen y desaparecen con la mudanza de las estaciones, el clima y el paso de las horas. Es realmente maravilloso. ¿Cómo podría alguien dejar de ser místico aquí?

¿Y qué percibo en este lugar donde mis predecesores esotéricos creían poder comunicarse con los Bodhisattvas y los maestros ocultos? ¿Qué creo sobre estos seres míticos de la tradición budista y esotérica? Las montañas siempre han sido para los seres humanos lugares de misterio. ¿Cómo no iban a serlo, si solo en los últimos siglos hemos podido subir a sus cimas y adentrarnos en sus secretos? Nuestros antepasados creían que los dioses vivían en las cumbres de las montañas. Ahora, puede que no pensemos en estas como los hogares de los dioses sagrados, pero siguen evocando una respuesta emocional en nosotros como símbolos arquetípicos de aspiración. Resuenan en nosotros cuando nuestras vidas atraviesan periodos de transición para afrontar nuevos retos.

¿Has sentido alguna vez que estás en el umbral de una transición, que algo te está impulsando hacia delante de una manera que cambiará la dirección de tu vida? En esos momentos, podemos encontrar paz y valor en los lugares indómitos, en los que podemos tocar nuestro yo más profundo y nuestras fuentes de inspiración internas. Las montañas, los lagos y los mares, los bosques y los páramos salvajes son los lugares que nos atraen cuando necesitamos tiempo para prepararnos para abrazar el futuro y lo que pueda traernos.

En nuestra última noche, mientras Chris y yo miramos desde la terraza hacia las montañas y las sombras que se alargan más allá, sé que este lugar ha sido un punto de inflexión. Siento que se ha producido una transformación interior. Dentro de mí se está tejiendo y entrelazando todo lo que he aprendido hasta ahora. Mi formación terapéutica en el Centro de Psicología Transpersonal me ayudó a ver cómo la wicca y otras prácticas mágicas pueden llevarnos a la unidad con el yo más profundo, pero esta surgió primero de un impulso diferente: el impulso de sanar.

12

Sanación mágica

Somos ochenta personas en una carpa con suelo de madera, del tipo que suele utilizarse para las bodas. La lluvia de verano tamborilea sobre el techo de lona. La lluvia tiene su propio ritmo, pero pronto se verá ahogada por el nuestro. La publicación de mi libro *La antigua religión en la nueva era. La brujería a examen* nos ha llevado a Chris y a mí de ser practicantes de tradiciones mágicas en Reino Unido a enseñar a nivel internacional, y estamos trabajando en la creación de redes de apoyo de personas con ideas afines que puedan compartir conocimientos y técnicas más allá de las barreras culturales y lingüísticas. Ahora nos hemos reunido en Alemania con maestros y otras personas de toda Europa para una semana de eventos mágicos. Estamos a punto de comenzar una ceremonia de curación. El rito fue creado por nuestros amigos Julia, Rufus y Paul. Sabemos que puede ser poderoso en un grupo pequeño en el que todos se conocen, pero Paul, Chris y yo nunca habíamos reunido a un grupo dispar de este tamaño. Esperamos que la ceremonia funcione.

Tengo mi *bodhrán* preparado. Los músicos suelen tocar el *bodhrán* con una baqueta de madera. Yo prefiero usar las manos.

Necesito sentir la piel del tambor. Pregunto si alguien quiere curarse. Un joven habla. Tiene una grave dolencia en el pecho. Este no es el rito ideal para su condición. Tendrá que tumbarse en el centro de una espiral de personas, mientras lo perfumamos con dos inciensos distintos que nuestro experto en la materia, Paul, ha creado. Un incienso tiene hierbas y resinas para ahuyentar la enfermedad. El otro es curativo y calmante.

Estar tumbado mientras se le perfuma con incienso parece tan probable que le produzca un ataque de tos como una cura, pero ahora que el joven lo ha pedido me parece mal negárselo. Con delicadeza, le tumbamos sobre mantas con un cojín bajo la cabeza. Nos colocamos en círculo tomados de la mano y empezamos a entonar un cántico. Nos lo enseñó una mujer que lo aprendió en el campamento de protesta antinuclear de mujeres de Greenham Common, en Berkshire, Inglaterra. Ella, a su vez, lo aprendió de mujeres que habían participado en protestas medioambientales con la bruja y activista estadounidense Starhawk. Este tipo de cánticos se utilizan como lo hacían nuestros antepasados. Son sencillos y repetitivos, el ritmo lo marca un tambor. Las mujeres de Greenham utilizaban el cántico para darse fuerza y solidaridad durante su larga protesta. Su ritmo era alegre y rápido. Para el ritual, utilizamos un ritmo mucho más lento. Queremos aquietar la mente hasta un punto en el que podamos alcanzar la empatía para irradiar curación y amor.

«Ella cambia todo lo que toca». Los que conocemos el cántico cantamos despacio, de manera hipnótica. Otros se unen. «Y todo lo que toca cambia». El «ella» es ambiguo y puede tener muchos niveles de significado. Puede ser una mujer, una diosa o nuestro planeta Gaia. Podríamos cantárselo a una mujer que necesita cambiar algo en su vida. Podríamos estar cantando a la capacidad de Gaia de regenerarse a sí misma o podría ser que estuviéramos dando poder a una sola mujer para que actúe como sacerdotisa, un canal para que la energía divina manifieste el cambio en el mundo. Las líneas se repiten una y otra vez, hasta que nos unimos al cántico, balanceándonos al ritmo del tambor, hasta que nuestros cuerpos quieren moverse; el balanceo se convierte en una danza. Suelto a la persona que está a mi izquierda y bailo hacia el interior y alrededor del círculo; luego hacia el interior y alrededor de nuevo, hasta que nuestro círculo de personas se ha convertido en una espiral danzante, mientras hacemos bucles en arcos decrecientes hasta que llego al joven que necesita nuestra curación. Me arrodillo junto a él y los que están detrás de mí se sientan o se arrodillan también. Los que estamos más cerca del joven estiramos las manos hasta el borde de su aura. Es brillante y resplandeciente ahora que él es el centro de nuestra atención, pero esta no es el aura completa y simétrica de alguien con buena salud. Es irregular, más fuerte en algunos lugares que en otros, el contorno no está claramente definido. Parece como si tuviera una fuga de energía.

Desde el borde exterior de la espiral, la gente va pasando el incienso purificador hacia el centro, cada uno de nosotros concentrándonos al recibir el incensario en nuestra intención colectiva: que su cuerpo se libere de la enfermedad. Alguien comienza el cántico de nuevo, en voz baja, más suave. El penetrante aroma del incienso se intensifica a medida que se acerca al centro; las notas mezcladas de mirra y ajenjo. Cuando me acerco a tomar el incensario, el cántico cesa de forma espontánea.

Hay una pausa, un silencio. Todos sentimos que hemos llegado al momento de la transición, cuando todo lo que puede ser cambiado puede cambiar. Hemos creado una pequeña transformación en el multiverso de posibilidades, un espacio, una brecha, una potencialidad cuando por voluntad y por elección alguien puede optar por abrazar la curación que desencadena el sistema autoinmune. Los que estamos cerca de él nos centramos ahora en sacar la enfermedad de su cuerpo. La visualizamos como una bruma oscura y humeante. El carbón encendido en el incensario consume la neblina oscura, la descompone y la disuelve. Sorprendentemente, nuestro paciente recostado aún no ha tosido, pero presiento que es el momento de retirarse de su aura. Vuelvo a pasar el incienso a la persona que está detrás de mí. El cántico comienza de nuevo, esta vez más bien un susurro, suave para no perturbar la paz del momento, luego se desvanece y se detiene. Siento que el incienso ha abandonado la espiral.

Volvemos a empezar el cántico. El incienso curativo, con su embriagadora dulzura, pasa ahora alrededor de la espiral hacia el centro. Cada uno de nosotros se concentra en pensamientos amorosos y curativos para el joven mientras llega nuestro turno con el incienso. Nuestro cántico se desplaza un poco más alto, más rápido, más ligero. De repente, la carpa se ilumina. Deja de llover. La luz del sol baña la lona. Esta se llena de luz dorada mientras aumenta el intenso olor a incienso. Paso el incensario por encima de su cuerpo, por el borde de su aura. Está más brillante, más blanca, resplandeciendo entera, sin nada de su anterior desgarro. Doy las gracias a la diosa y concluimos el rito. Todavía no tose. Nos sentamos un rato bañados por la energía curativa y la luz del sol sincrónica que se filtra por la carpa. Nos turnamos para abrazarle a él y a los demás. Algo ha sucedido, algo de amor y belleza, una manifestación de algún poder más profundo en la psique humana.

La gente se ha reunido para llevar a cabo ceremonias de sanación similares durante milenios, y todavía se encuentran en las comunidades indígenas. Los cánticos serán diferentes, así como los nombres de los dioses o espíritus a los que se recurre, pero los ritmos de los tambores serán similares. Los seres humanos han aprendido por experiencia qué ritmos provocan excitación, cuáles calman y cuáles pueden llevarnos a un estado de trance en el que se produce un cambio de conciencia y el sistema inmunitario se reinicia. A veces, en las ceremonias de curación se utilizan medicinas a base de plantas, otras veces no. En la nuestra empleamos un incensario con incienso, que es conocido por reducir las sibilancias y la falta de aliento. Es un elemento básico de la medicina tradicional india, árabe y china. Las investigaciones han demostrado su potencial terapéutico para tratar el dolor, el asma, la psoriasis y el eczema eritematoso, la esclerosis múltiple, la osteoartritis y la gingivitis, y potencialmente también el cáncer[1].

Sin embargo, lo más importante es el efecto de las ceremonias de curación y de otras acciones curativas similares, como las oraciones y los hechizos, sobre la psique. En los últimos siglos, a los occidentales se nos enseñó a considerar la mente como una sustancia abstracta e invisible separada del cuerpo físico. Al separar la mente de la materia, la ciencia médica subestimó hasta qué punto nuestro estado psicológico y espiritual afecta a nuestra salud. Ahora, la ciencia de la psiconeuroinmunología crea puentes para comprender las interacciones del cuerpo, la mente y el espíritu.

Sabemos que el estrés daña el sistema inmunitario y nos hace más susceptibles a las enfermedades. Por el contrario, sabemos que el apoyo psicológico y social puede reforzar el sistema inmunitario y favorecer la curación[2]. Parte del proceso que tuvo lugar en nuestra ceremonia de curación en Alemania fue que alguien que luchaba solo contra su enfermedad se vio rodeado de apoyo amoroso, pero el efecto no fue solo psicológico.

Ceremonias como la nuestra hacen que el cerebro libere oxitocina, conocida como la «hormona del amor», y endorfinas, los opioides endógenos del propio cuerpo[3].

En algunos países, la medicina convencional se está abriendo más a los métodos de curación tradicionales, como los tambores chamánicos y las ceremonias comunitarias. En Estados Unidos, gran parte de este trabajo se llevó a cabo al principio con pacientes de comunidades nativas americanas y de otro tipo en las que las ceremonias de curación forman parte de la cultura tradicional. Ahora se utilizan más ampliamente en entornos clínicos. Un uso probado es el tratamiento del trastorno de estrés postraumático (TEPT) que sufren los soldados de combate, los bomberos, los policías y otras personas que se ven abocadas a situaciones violentas y traumáticas. Incluso cuando las prácticas chamánicas se llevan a cabo en entornos clínicos y no espirituales, las personas tienen experiencias de curación que suponen un impacto positivo en su vida diaria, aportándoles paz, calma, seguridad y la capacidad de pensar con claridad, sin preocuparse ya por su trauma pasado[4].

Las emociones son para los magos lo que los colores son para los pintores. Los magos deben tener una paleta emocional, una gama de formas de expresar los sentimientos y de *sentir* las mentes, los corazones y las experiencias de los demás. Esto requiere empatía, algo que las personas con una fuerte función sentimental pueden hacer de manera más fácil que aquellos de nosotros que somos principalmente pensadores analíticos. La empatía significa entender cómo se sienten los demás. Lo que ocurre en una ceremonia de sanación es que cambiamos el cerebro a un estado de mayor empatía y transmitimos pensamientos amorosos y curativos a alguien con quien establecemos una conexión empática, una conexión de amor. Los vínculos más fuertes en la conciencia se dan entre gemelos y la mayoría de las personas solo tienen vínculos fuertes con sus familiares o parejas. Los sanadores son individuos que pueden crear estos vínculos empáticos con personas que acaban de conocer. Esto no es exclusivo de los sanadores espirituales, también es una habilidad importante para los psicoterapeutas.

Uno de los tabús de la consulta, del que rara vez se habla abiertamente en los entornos profesionales, es la medida en que los terapeutas experimentan conexiones telepáticas o eventos sincrónicos con sus pacientes. Investigaciones recientes demuestran que casi el 50% de los terapeutas tiene este tipo de experiencias[5]. *Star Trek: La nueva generación* recoge este tema en el personaje de Deanna Troi, que está a medio camino entre consejera y clarividente. Su personaje ejemplifica la investigación científica que demuestra que la empatía y la telepatía están estrechamente relacionadas.

La empatía es una base a partir de la cual los sanadores espirituales van un paso más allá: de percibir los pensamientos y sentimientos de los pacientes a dirigir las intenciones de curación. Los sanadores espirituales parecen entrar de forma consciente en un estado de conciencia cambiado, por el que encienden el circuito cerebral que les permite conectar con los cerebros de los demás. Una ceremonia de sanación es un acto de empatía mejorado. Cuando la gente está dispuesta a reunirse para crear una ceremonia elaborada para nosotros, nos sentimos queridos y valorados. La depresión que puede acompañar a la enfermedad en sí misma nos hace más susceptibles a ella. Cuando nos sentimos queridos, nos ayuda a aprovechar nuestros propios procesos internos de curación y refuerza nuestro sistema inmunitario. Nos curamos más rápidamente. Una ceremonia de curación es un regalo de amor. Y es el amor (el acercamiento entre lo que sentimos como *yo* y lo que sentimos como *no-yo*) lo que está en el corazón de la magia.

En nuestro rito, honramos a la diosa, el principio divino femenino, una energía que forma parte de cada uno de nosotros, pero que trasciende nuestra conciencia ordinaria y cotidiana. No necesitamos creer en un ser sobrenatural para invocar a la diosa. Para mí, ella es un sentimiento de profunda interconectividad que nace en el corazón, no en la cabeza; que nace del amor, no de la creencia.

Cada uno de nosotros tendrá sus propios momentos en los que ha sentido este amor trascendente. Podemos sentir esa presencia en la naturaleza o cuando hacemos el amor con alguien a quien queremos profundamente. Puede que lo experimentemos cuando en un rito matrimonial decimos «Sí, quiero» a la persona a la que amamos. Para algunos, puede llegar al sostener a un hijo o a un nieto recién nacido. Para otros, es cuando una persona moribunda con la que nos hemos sentado muere de forma pacífica. Puede ser un momento especial en un encuentro psicoterapéutico, un punto crítico de transición en el proceso de curación. Experimentamos una presencia, otra conciencia por encima y más allá de las personas en la sala. Es en esos momentos cuando sabemos que el todo es realmente mayor que la suma de sus partes.

Estar en el centro de una ceremonia de curación despierta sentimientos profundos que son difíciles de expresar con palabras. Algunas personas lo describen como una sensación de amor y paz, como si volvieran al útero. A mí me parece más parecido a un orgasmo, pero en lugar de aumentar la intensidad en el cuerpo, lo hace en la psique y el espíritu: una explosión espiritual de amor y conexión con las personas que participan en el rito y con el universo más allá. Se manifiesta como un sonido chispeante y una luz dorada, en flujos y ondas, una energía sin forma fija que nos envuelve en su abrazo. En esos momentos, experimentamos el universo como puro amor divino.

13
Invocación a la luz de la luna

El cielo se convierte en noche sobre nosotros. La luna llena ya se ha elevado sobre el horizonte. Es una luna llena de julio del color dorado intenso del trigo maduro. A medida que se eleva en el cielo, el orbe dorado se vuelve blanco. La luz plateada baña los altos pinos oscuros. El fuego en el centro del claro comienza a crepitar y a encenderse. Las llamas y las chispas saltan en el aire. Por encima, se oye el sonido de un helicóptero de la policía. En Alemania es ilegal encender fuegos en el bosque en verano, pero los alemanes están familiarizados con las costumbres del bosque. El pozo de tierra y el círculo de rocas que lo rodea mantendrán el fuego seguro. Una de las brujas alemanas es policía. Comprueba que tiene a mano su placa por si acaso sus compañeros deciden investigar más, pero el helicóptero se aleja.

Nos sentamos en un círculo silencioso alrededor del fuego; ochenta personas, expectantes, esperando. Hemos venido de toda Europa para intercambiar enseñanzas mágicas y ahora vamos a celebrar juntos el poder de la naturaleza. Los crujidos de los arbustos rompen el silencio cuando los animales del bosque se acercan, atraídos por la curiosidad, el calor y la luz del fuego. Comienzan los tambores, antiguos y profundos, cuya vibración reverbera en nuestros cuerpos; se nos sincronizan los pulsos y los corazones con su ritmo y nos unen como si fuéramos uno solo.

Calentamos las pieles de los tambores sobre el fuego para secar la humedad y tensarlas. Nuestros tambores fusionan culturas: un *yembé* de África occidental con un *dumbek* marroquí muy estropeado, tambores de los nativos americanos y su equivalente europeo de tambor de marco, el *bodhrán* irlandés. Comenzamos, al principio tímidos y luego con más seguridad, a adaptarnos al ritmo del otro. Pronto ya no pienso en él. Fluye directamente hacia mis manos. El tamborileo se hace más intenso. Habla de algo mucho más antiguo que todas las culturas dispares que nos han inspirado. Habla de la época más arcaica, cuando empezó toda la música, y más antigua aún, quizás. Nuestros antepasados prehumanos habrían zapateado el suelo y tamborileado los árboles como lo hacen hoy los simios y los gorilas. Los ritmos despiertan emoción y miedo. Siento el miedo de cientos de generaciones: el miedo a las sombras, a los poderes desconocidos, a las nieblas que ocultan, a los caminos cubiertos de maleza, a las huellas de los depredadores en el rocío de la mañana, al gruñido que se acerca, al batir de las alas de los pájaros en pánico que se dispersan entre los árboles.

Alrededor del círculo comienza un cántico; un cántico para el antiguo dios del bosque, el señor de los animales, el rey ciervo. Lo invocamos como el dios astado, honrándolo con todos sus nombres. Mi corazón late cada vez más fuerte. Un grito profundo y sin palabras me sale de la garganta. Me duelen las palmas de las manos y las muñecas por el tambor. Dejo el *bodhrán* y empiezo a bailar. Estoy cantando y bailando para el señor del bosque, el de los muchos nombres. Le llamamos para que salga de las sombras, del pasado, de las cavernas ocultas, de lo más profundo de nosotros mismos.

Los antiguos dioses que son animales, humanos y divinos nos conectan con la realidad del mundo natural que nos rodea. No están ahí arriba, sino aquí abajo; no están apartados, sino que forman parte de la naturaleza y de lo que somos y podemos ser. Durante miles de años, los chamanes se vestían con tocados de cuernos y se convertían en el dios astado, el señor de los animales, para asegurarse de que su pueblo tuviera una relación armoniosa con los espíritus de los animales que pretendían cazar. Estas relaciones son importantes, tanto psicológica como ecológicamente. Cuando reconocemos que existimos en relación con otras especies y que dependemos de ellas, enseñamos a nuestros hijos los comportamientos necesarios para nuestra supervivencia y la suya. Aprendemos a no matar a las crías, a las madres lactantes y gestantes, a los mejores machos y los más viriles. Eliminamos de forma selectiva en lugar de matar para que tanto nosotros como nuestras presas prosperemos.

¿Estoy pensando en todo esto mientras bailo? No, el tamborileo se ha intensificado y alrededor del círculo muchos de nosotros hemos entrado en el trance que está más allá del pensamiento. Me quito la ropa y bailo desnuda, la luz de la luna se refleja en mis brazos blancos cuando los elevo hacia el orbe lunar. Estoy danzando con el dios ciervo hacia la existencia. El cántico se arremolina en cada célula de mi cuerpo, en sonido y vibración. Todo es él y él es todo. Y entonces llega, atravesando la maleza, con la silueta de sus cuernos contra la luna. Alto, extremadamente alto, viene con una máscara de cuero cubriendo su cara, su cuerpo desnudo bajo un manto marrón. Grita; un gran grito que se une a nuestros cánticos. Me tiro al suelo para honrarlo. Desde el círculo llega la voz de una mujer, sorprendida pero reverente, muy inglesa: «¡Dios mío!». Todos lo percibimos. El dios ha llegado. El cántico se convierte en un susurro. Los tambores se callan. El dios habla. Habla de su amor por toda la naturaleza y por toda la humanidad. Percibo un sentimiento de amor abrumador entre el animal y el hombre, entre el hombre y el mundo, entre cada uno de nosotros en el círculo silencioso que escucha sus palabras.

Conozco su voz. Es mi amigo noruego Stein. Con sus dos metros de altura, rematados por un tocado de cuernos, de verdad que es extremadamente alto. En este momento y lugar, en lo más profundo del bosque alemán, posee durante un tiempo la energía de un dios. En un acto de mediumnidad espiritual (algunos lo llamarían «canalización»), el dios astado habla a través de él al corazón y a los nervios, a la sangre y a los antepasados. Habla desde la época de los primeros humanos, desde el sueño más profundo de los inicios de nuestra especie.

En algún momento del camino hacia la civilización, hemos perdido muchas de las cualidades naturales que hicieron que nuestra especie tuviera éxito. Nos hemos separado unos de otros y hemos perdido la capacidad de conectar con los símbolos que podrían unirnos. Las religiones del mundo tienen mucha sabiduría en sus enseñanzas, pero con demasiada frecuencia nos alejan cada vez más de nosotros mismos y de lo natural, de lo más salvaje, de lo más simple, de nuestra conexión con nuestra naturaleza biológica. Los tambores y los cánticos nos devuelven a la primera espiritualidad de la humanidad, la de los lugares salvajes, la de nuestra naturaleza indómita. La música vibra a través de nosotros y produce una profunda resonancia emocional. Hay música que escuchamos y que no podemos evitar bailar. La danza es uno de los grandes misterios de la humanidad, una forma de mover el cuerpo de manera que perdemos por un tiempo nuestro sentido de separación y del yo individual. Conectamos una vez más con nuestro ser biológico más salvaje y preliterario: el que se encuentra en la naturaleza.

Durante miles de generaciones, nuestros antepasados crearon música. Mucho antes de que pusieran pintura en la pared de una cueva para crear una imagen, tocaban el tambor, danzaban y hacían flautas sencillas imitando el canto de los pájaros. Cuando respondemos al ritmo del tambor, volvemos a una parte antigua y arcaica de nuestro ser. Es como si todas esas generaciones pasadas nos hubieran legado en nuestro ADN el instinto de crear canciones y música que unen a los seres humanos. Danzamos en los bosques y oímos los débiles ecos, en lenguas que ya no entendemos, de las historias que se convirtieron en poesía y luego en mitos religiosos de nuestros pueblos, pronunciadas con ritmo y de forma reiterada para que todos pudieran recordar las enseñanzas. Cuando tocamos el tambor y bailamos, embelesados por el ritmo y la música, entramos en un estado colectivo de conciencia en el que nuestros ritmos corporales se sincronizan con los de aquellos con los que estamos y nuestros cerebros segregan *sustancias químicas de la felicidad* (endorfinas) y la *hormona del amor* (la oxitocina). En estos subidones corporales, experimentamos sentimientos de conexión y amor hacia los demás y hacia toda la creación que nos rodea[1].

Durante unas horas volvemos a tener una sensación de profunda conexión con los árboles del bosque protector. Nos deslizamos fuera del tiempo. Me invade una profunda sensación de paz, como si toda mi experiencia hasta ahora en esta encarnación se hubiera fundido en un todo mucho mayor: toda la memoria colectiva de la humanidad. Siento que mi individualidad se ha fusionado con algo mucho más grande: con los seres humanos del círculo que me rodea, con todos los que reconocen la necesidad del regreso de los antiguos dioses, con toda la humanidad en sus tropiezos y sufrimientos y con todos nuestros antepasados que nos vinculan con aquellas primeras personas de las que todos brotamos. El sentimiento me libera de las emociones conflictivas de la existencia cotidiana; de las dudas, las ansiedades, las heridas y el dolor del pasado; de los deseos insatisfechos y las carencias. Todo lo que necesito está aquí y ahora. Nada más es necesario.

Miro hacia arriba. La bóveda celeste se extiende en toda su belleza en este lugar alejado de la contaminación lumínica. Y mucho más allá de nuestro sistema solar, más allá de nuestra galaxia, tal vez algún otro ser consciente esté mirando hacia la inmensidad del espacio, igual que yo ahora, maravillado por la magnificencia que hay sobre nosotros.

Nos damos un festín alrededor del fuego y contemplo los rostros que me rodean. Los tambores vuelven a sonar, esta vez con dulces cánticos. El tiempo de lo salvaje da paso a un ritmo distinto, mientras el cielo se ilumina y la luna desciende por debajo de las copas de los árboles. Amanece y tenemos una profunda sensación de paz, pero la palabra «paz» no transmite del todo el efecto. Es mucho más: un sentimiento de gratitud por haber recibido un profundo regalo y una sensación de catarsis. Los viejos bloqueos, las heridas, las inhibiciones y los miedos ya no importan. Alcanzamos una perspectiva diferente. Salimos de los confines del ego y volvemos sintiéndonos más a gusto con nosotros mismos, más centrados y con control. Los seres humanos pasamos gran parte de la infancia y la adolescencia aprendiendo a ser individuales y estar apartados. Necesitamos desarrollar un fuerte sentido del *yo* para poder relacionarnos con el mundo de lo cotidiano. Cuando nos relacionamos con la magia salvaje, aprendemos a dejar de lado el yo. Dejamos de lado por un tiempo la separación entre el yo y el otro. Hay una interacción entre el sujeto y el objeto, una disolución de las barreras que nos separan del mundo de las energías interconectadas que nos rodean. El *yo* y el *otro* se convierten en uno. Vemos de forma distinta e, inspirados por esa diferencia, el yo cotidiano puede relacionarse con el mundo de nuevas formas.

En mi infancia experimenté la llamada del dios astado y no fui la única. ¿Por qué esta imagen resultó ser un arquetipo tan poderoso para tantas personas en los siglos XIX y XX? Cuando un arquetipo se reactiva en el inconsciente colectivo, quienes lo experimentan primero son los que están cerca del inconsciente, los que sueñan y sintonizan con su creatividad. Los poetas, escritores, artistas, músicos y bailarines, así como los hacedores de magia, han devuelto a nuestra psique cultural el arquetipo del dios astado de las colinas salvajes y las arboledas. Un arquetipo se despierta cuando hay algo que necesitamos saber, algo que debemos abordar; cuando algo falta en la vida de la mente consciente. El consumismo y la tecnología no alimentan el alma, nuestra imaginación o nuestro yo animal natural. Hay algo más que necesitamos, algo que proviene del pasado.

La imagen del dios astado procede del mundo natural, pero la realidad de nuestra vida cotidiana suele estar muy alejada de la naturaleza. La mayoría de nosotros vivimos en ciudades y pueblos. Nuestro entorno es de hormigón y asfalto. Por la noche, el alumbrado público apaga las estrellas. Una solución es volver a la naturaleza, volver una y otra vez al mundo fuera de la ciudad, reconectar con nuestro profundo anhelo de verdor. Lo antiguo y lo viejo nos inspira, pero no somos nuestros antepasados paganos. Sin embargo, en otro sentido, somos lo mismo. Los humanos modernos evolucionamos hasta nuestra forma actual hace unos trescientos mil años y hemos cambiado poco desde entonces. Estamos mejor alimentados y la medicina ha aumentado nuestra esperanza de vida. La lectura ha cambiado la forma en la que nuestros cerebros retienen y procesan la información y ahora las tecnologías de la información lo hacen aún más. Pero nuestros deseos y anhelos básicos (alimentación, sueño, seguridad, refugio, sexo, amor, ser valorados por los demás, tocar por un momento realidades más allá del mundo cotidiano, etc.) no han cambiado.

¿Qué experimentamos cuando recreamos de forma moderna antiguos ritos y prácticas que sustentaron a nuestros antepasados durante milenios? No somos ellos. No vivimos como ellos. Nuestra comprensión del mundo, y de los mundos más allá de este, es muy diferente a la de ellos, pero estos antiguos ritos y prácticas nos atraen a muchos niveles, porque nos abren a un estado de conciencia mejorado. Esto no significa necesariamente dejar el cuerpo o ver visiones; puede ser una conciencia elevada en la que vemos, oímos y experimentamos el mundo que nos rodea de forma distinta. Sé por experiencia propia que cuando participamos en estos ritos, los límites entre el yo y los demás, y entre el yo y el mundo natural, se disuelven y cambian durante un tiempo. Es difícil expresarlo con palabras, pero imagina un estado en el que tus pensamientos entran en mi conciencia y viceversa, o un estado en el que un grupo de nosotros tiene la misma visión. Quizás puedas imaginar un estado de conciencia en el que parezca que todo el universo que te rodea está formado por células de conciencia, todas interconectadas, todas comunicándose entre sí y formando parte de un todo mayor.

Antes teníamos que recurrir a las palabras para explicar esas experiencias a los demás. Ahora la ciencia puede ayudarnos a entenderlas de otra manera. Las imágenes por resonancia magnética (IRM) y la electroencefalografía (EEG) pueden demostrar exactamente lo que ocurre en nuestros cerebros y qué centros se activan e integran cuando entramos en un estado de conciencia alterado chamánico o similar[2]. ¿Comprender la ciencia de los estados alterados de conciencia nos ayuda a experimentar estos estados por nosotros mismos? Tal vez no, pero puede hacernos pensar que merece la pena explorarlos, puesto que en nuestra era culta y científica somos menos capaces de dar por sentadas las prácticas que para nuestros antepasados eran una parte poco llamativa de la vida cotidiana. La investigación científica puede ayudarnos a comprender mejor las experiencias espirituales fundamentales de la humanidad, las vivencias que compartimos y que trascienden las diferencias entre culturas y credos. Cuando percibimos lo que tenemos en común y la conexión con otros seres humanos, independientemente del color de la piel, el idioma, la edad, el género o la orientación sexual, cambian nuestras ideas sobre cómo debemos comportarnos unos con otros. Los rituales intensos, los viajes chamánicos, la meditación y otras prácticas nos llevan a estados de conciencia que pueden conducir a sentimientos profundos de amor y conexión. Lo que puede sorprenderte es lo similares que son estos estados en todas las tradiciones y culturas. Son una parte innata de nuestra biología. Los disfrazamos con el lenguaje y los símbolos culturales de nuestro tiempo y lugar, pero los sentimientos que evocan las experiencias son compartidos por todos los seres humanos.

En nuestras sociedades multiculturales, las tradiciones del mundo se arremolinan en nuestras conciencias y en nuestros fondos genéticos siempre mezclados. Volver a una simple espiritualidad mágica es reconectar con algo que todos podemos compartir, pero no es quedarse anclado en el pasado. Somos las personas del mañana, no las personas del ayer. No podemos volver a la mentalidad de nuestros antepasados, pero sí podemos tomar la sabiduría ancestral y combinarla con los conocimientos que nos ha aportado la ciencia para crear una nueva espiritualidad. Volviendo a las raíces compartidas de los inicios espirituales de la humanidad, podemos desarrollar nuevas formas para afrontar el futuro. Podemos aprender a comprender los poderes de la mente para dar forma a la realidad dentro de nosotros y a nuestro alrededor. Podemos embarcarnos en nuevas aventuras en la cultura y la conciencia, a fin de que las diversas corrientes culturales en las que ahora nadamos puedan fundirse en grandes ríos que alimenten el mar colectivo de la conciencia humana, para que podamos hacer el mundo de nuevo.

Nuestra reunión en un claro del bosque en Alemania llega a su fin. Con la primera luz, recogemos nuestros tambores y seguimos el camino que sale de los árboles. Es como si las estrellas hubieran caído sobre la hierba cubierta de rocío, pues nuestro camino está iluminado por luciérnagas, y tengo el corazón contento. Durante unas horas, hemos vuelto a conectar con nuestro yo biológico salvaje más profundo. Las técnicas de meditación pueden ayudarnos a transformar nuestro ser interior, pero por sí solas no nos llevan a la llama sagrada de nuestro espíritu, la fuente de nuestro ser, donde nuestro yo más salvaje todavía danza bajo la luna y las estrellas y tamborilea para nuestros dioses. La quietud debe encontrarse con el éxtasis, la ecuanimidad debe encontrarse con la pasión, si queremos estar del todo completos. Nuestro destino tiene alas, está destinado a remontar las alturas. Nuestros sueños acarician las estrellas, pero también debemos estar arraigados en el mundo natural de la tierra, para que en el centro del corazón arda una llama pura y cálida, una visión de nuestra vida y del mundo que nos lleve a través de los tiempos oscuros y de vuelta a la luz del sol.

Durante nuestro rito, mi amigo Stein se permitió alejarse de sí mismo durante un tiempo para que pudiera surgir un arquetipo en lo más profundo de su psique. Se convirtió por un tiempo en la figura arquetípica, el dios astado que aparece en mitos, pinturas rupestres, sueños y visiones de todo el mundo. Él proporcionó una puerta a través de la cual pudimos compartir y experimentar una visión, una idea, de cómo podría ser ese dios.

En estos ritos, tocamos la religión original de la humanidad, las prácticas chamánicas que nos unen con el mundo de la naturaleza, el reino de las estrellas sobre nosotros, las profundas cavernas del inconsciente debajo de nosotros. Hoy en día, en nuestro mundo de internet y teléfonos inteligentes, de modas que cambian en pocas semanas, de clima frágil y gobiernos aún más frágiles, sentimos una profunda necesidad de reconectar con el yo más salvaje.

Para mí, el yo más salvaje ha vuelto y me lleva de viaje. Este viaje comienza en Irlanda.

14
Despertar a la tierra y a la memoria

El sur de Irlanda está precioso a principios de noviembre. El otoño es tardío. Los árboles todavía están cubiertos de hojas rojas y doradas y bañados por el sol, con tan solo algunos chubascos ocasionales que una de mis tías llama «Dios regando las flores». Chris y yo estamos de vacaciones y estamos pensando en comprar una casa. Vivir en Londres es maravilloso. Nuestros trabajos están bien pagados. La ciudad es uno de los principales centros culturales e intelectuales de todo el mundo. También es un centro mágico y místico. Hay un sinfín de personas, organizaciones y eventos fascinantes para los que siguen un camino espiritual. Es un crisol apasionante de personas e ideas, pero ahora hemos bailado para el dios astado en un bosque alemán.

Nuestras experiencias han avivado de nuevo la conexión de mi infancia con la naturaleza. Ansiamos tener un mayor contacto con la tierra, el cielo y el viento, ver el amanecer y el atardecer sin que los edificios nos lo impidan, respirar aire limpio. Celebrar la naturaleza en ceremonias dentro de un edificio ya no nos es suficiente, pero todavía no podemos irnos de la ciudad. Es donde nos ganamos la vida, y como me dijo una vez un sabio mago: «Es muy difícil hacer la Gran Obra con la Seguridad Social». La cabeza debe estar en equilibrio con el corazón, pero ahora el mundo está cambiando. Todavía no estamos en la era de los nómadas digitales, pero somos los primeros en adoptar el teletrabajo. Gran parte de la investigación y la escritura que hacemos no tiene por qué llevarse a cabo en una ciudad.

Tenemos suficiente dinero ahorrado para buscar también otro lugar fuera de Londres, un lugar para la magia y la meditación. Irlanda nos llama la atención, pero tenemos reservas. La visión romántica de Irlanda que tienen los extranjeros dista mucho de la realidad de la vida rural de principios de los años noventa, cuando aún estaba dominada por la Iglesia católica. El catolicismo devoto de mis parientes, unido en algunos casos a un profundo odio republicano hacia los ingleses, significa que, como wiccana vegetariana con un marido inglés, podrían preferirme como visitante antes que como vecina.

Damos un paseo por el puerto de Cork, todavía decidiendo qué hacer, cuando vemos un barco zarpar. En un lateral tiene pintado «Brittany Ferries». Se dirige a la costa francesa y al puerto bretón de Roscoff. Sentimos un impulso al mismo tiempo: «Vámonos allí». No sabemos nada de Bretaña más que su papel en el ciclo artúrico y las leyendas de Merlín y la Dama del Lago, pero nos atrae.

Vamos. Caminamos por el bosque mágico de Brocéliande, donde al mago Merlín lo apresó para siempre el hada-bruja Viviane. Visitamos el castillo de Comper, lugar de nacimiento de Lancelot. Descubrimos que, para los bretones, es Britania (la pequeña Bretaña) y no la isla de Gran Bretaña el lugar de descanso final del santo grial. Visitamos los alineamientos de piedra neolíticos de Carnac y una cámara funeraria con cerca de siete mil años de antigüedad. Participamos en las extrañas ceremonias de los indultos, una fiesta de un día de duración para celebrar a los santos locales, muchos de ellos nunca reconocidos de manera oficial por la Iglesia católica. Hay santos para curar todo tipo de dolencias y santos cuyos orígenes como deidades paganas se ocultan solo un poco por debajo de la superficie. Descubrimos signos de folclore, brujería tradicional y curación por todas partes. Los terrores de las persecuciones de brujas nunca llegaron aquí, porque, como explicó un cronista del siglo XVII, «es imposible perseguir a las brujas en Bretaña porque todo el mundo lo es»[1]. Sentimos una profunda conexión con esta tierra mística.

En febrero de 1992, compramos la casa y nos mudamos a nuestro nuevo hogar, una granja de principios del siglo XVIII con una adición del siglo XIX, ampliada para dar cabida a una familia agrícola multigeneracional. Está rodeada por un terreno de unos cuatro mil metros cuadrados de zarzas, ortigas, retamas, aulagas y abandono. Siento como un regreso al mundo rural de mi infancia. Los habitantes de Bretaña han vivido como la familia de mi padre durante generaciones, con una profunda conexión con la tierra que cultivan. Hay otra fuente de familiaridad. Puede que sea un país diferente, pero la vegetación es muy parecida a la del sur de Irlanda. También hay una parte en común entre ambas culturas. Bretaña se enorgullece de ser una de las siete naciones celtas, junto con Irlanda, Escocia, Gales, Cornualles, la isla de Man y Galicia. La lengua local, el bretón, es parecida al galés y se habla con acento francés. La *fest noz* o 'fiesta nocturna' se parece mucho a un *ceilidh*, y el folclore bretón revela ese mismo velo fino entre lo natural y lo sobrenatural que existe en otras culturas celtas.

Comenzamos a hacer la casa habitable y a crear un jardín. La jardinería implica el uso de machetes. Cada día pasamos algunas horas en el exterior. Vemos el ciclo de la estación, algo nuevo cada día, algo que ocurre, los cambios graduales. Nos damos cuenta del día en el que las golondrinas vienen cada año a anidar en el granero. Movemos el tendedero desde principios de abril hasta septiembre, cuando está debajo de su trayectoria de vuelo para ir en busca de comida. Utilizamos leña para la calefacción procedente de los árboles de nuestra propia tierra. Trabajar el terreno y conectar con la tierra, la piedra y la madera es algo muy satisfactorio. Este es el mundo real. El mundo artificial de las oficinas, las salas de conferencias y las pantallas de ordenador no lo es.

Como recién llegados, queremos sentirnos arraigados en nuestra nueva tierra, conectar con las energías y los espíritus del lugar. Quizás sea la actitud irlandesa ante la muerte lo que me hace pensar que el lugar natural para hacerlo es una tumba. Allí donde están enterrados nuestros antepasados, nuestro ADN compartido forma parte de la tierra, es parte de lo que hace crecer la hierba y los árboles. Aquí en Francia no tenemos tumbas de padres o abuelos que visitar, así que vamos a una tumba neolítica. Mucho antes que el Newgrange irlandés o el Stonehenge inglés, los habitantes neolíticos de Bretaña comenzaron a levantar piedras en pie y cámaras funerarias para la creciente población atraída por las oportunidades de agricultura, pesca y comercio de lo que se convirtió en una importante ruta comercial neolítica desde la costa atlántica occidental hacia la Europa continental.

Tomamos la tumba de corredor más cercana como nuestro lugar de meditación. Nos sentamos cerca de la entrada, admirando el paisaje. Las personas neolíticas de la región tenían ideas muy definidas sobre la ubicación de las tumbas. Las construían en lugares altos y orientaban las puertas hacia el sol naciente. Los que trabajaban en el campo podían mirar hacia arriba para ver a sus antepasados velando por ellos. Los comerciantes y otros forasteros verían las tumbas que custodiaban la tierra. Nuestros predecesores tenían una estrecha conexión con sus muertos, que no estaban encerrados en un cielo lejano, sino que formaban parte de la comunidad viva. Podían pedirles a los difuntos ayuda, sabiduría y guía. Esto no implicaba que hicieran sesiones de espiritismo. Tan solo iban a la tumba y un chamán contactaba con los fallecidos para hablar con ellos. Nosotros no queremos hablar con estos antiguos muertos, pero queremos sentir sus bendiciones, su amabilidad hacia nosotros, los recién llegados a su tierra.

La tierra ácida de Bretaña hace que los huesos de los enterrados en las tumbas se hayan disuelto en la tierra que los rodea, pero aún se puede sentir su presencia espiritual en el lugar de la sepultura y, para conectar con ellos, Chris y yo hacemos ofrendas. El instinto humano cuando visitamos a los espíritus de un lugar sagrado o el santuario de una deidad o un santo es hacer una ofrenda. Queremos dejar algo de nosotros mismos en el lugar sagrado para conectarnos con su energía y recordar a los aliados sobrenaturales nuestra existencia. Puede que no lo etiquetemos como tal, pero es un pequeño acto de magia. En las iglesias, la gente enciende velas. En algunas tradiciones se hacen túmulos y ponen piedras en las tumbas de hombres y mujeres santos. En los pozos sagrados de curación de toda Europa, la gente ata pequeños trozos de tela desgarrados de la ropa a los arbustos o a los árboles de los alrededores. En los yacimientos neolíticos de Gran Bretaña, la gente deja todo tipo de cristales y velas que para ellos tienen un profundo significado, pero que para un amante de los lugares naturales o para un arqueólogo parecen baratijas de la Nueva Era.

No queremos estropear ni ensuciar la tumba, que la población local cuida, y los muertos de todas las culturas prefieren ofrendas de comida y bebida. Encontramos una cerveza elaborada de forma local que quizás no sea tan diferente de la que ellos bebiesen. Vertemos una pequeña libación en el suelo, cerca de la entrada de la tumba. «Antepasados desconocidos, bendecidnos», pido. «No conocemos vuestros nombres ni a vuestros dioses, pero os pedimos que aceptéis esta ofrenda que vertemos en la tierra para honraros. Ayudadnos en nuestra nueva vida aquí a conectar con las energías de la tierra y a honrar a vuestros dioses». Entonces, bebemos y libamos de nuevo. «Mientras bebemos, os honramos». Estos sencillos actos y ceremonias son la base de la religión, las formas de honrar el tiempo, el lugar y a los seres que nos rodean.

El sol de primavera nos da en la espalda mientras nos encontramos de frente a la entrada de la tumba. En lo alto del cielo, cantan las alondras. Hay casas a ambos lados del pequeño trozo de tierra que se ha dejado para la tumba, por lo que los actuales habitantes viven en compañía de los vecinos que ya no están. Chris y yo nos sentimos aquí como en casa, en paz, como si se hubiera establecido una conexión en lo más profundo de nuestra psique que nos uniera a esta tierra. Sentimos que los ancestros son conscientes de nosotros. Han aceptado nuestras ofrendas.

Hay algo en esta tierra que abre las puertas de la percepción. Vivimos en una casa con trescientos años de historia, en un lugar ocupado por los humanos desde quién sabe cuándo. Gran parte de la piedra de la casa y de los graneros se ha reutilizado. Tenemos una chimenea de piedra que fue arrancada de una casa señorial durante la Revolución francesa. Tenemos una piedra angular que podría haber sido una piedra de pie. Pronto descubrimos que no necesitamos ir a una cámara funeraria para encontrar a los muertos. Nos familiarizamos más con la casa y descubrimos que no estamos solos. La parte del siglo XIX es habitable. La parte del siglo XVIII está bien por fuera, pero por dentro está casi en ruinas. Nos encontramos compartiéndola con ratones, escarabajos, carcoma, avispas, arañas y muertos vivientes. Las puertas se abren, los pasos se amontonan en las escaleras (la gente mayor del pueblo aún lleva zuecos de madera) y, a veces, con el rabillo del ojo vemos una tenue presencia de alguien. Luego están las sutiles dislocaciones en el tiempo. Estamos sentados en el comedor y la escena cambia, los muebles cambian, aparecen cortinas y una gran radio de los años treinta pone música.

Mi madre, que era psíquica, me enseñó de niña que hay que lucir buenos modales en cualquier circunstancia, así que decimos *Noz vat* para desear buenas noches a los muertos. Su idioma sería el bretón, no el francés. Cuando el Ankou, el espíritu celta de la muerte, sube las escaleras una noche y llama a la puerta de una amiga que estaba de visita, le recomendamos que si vuelve le diga: «Buenas noches, entidad desencarnada, ¿puedo ayudarle en algo?». No sabemos cuál sería la traducción al bretón y dudamos que el Ankou hable francés moderno. Responder a cualquier persona con miedo y aversión es garantía de que una relación no comenzará con buen pie, y el Ankou, aunque es un presagio inquietante, es un ente educado. Hace notar su presencia ocho días antes de una muerte, por lo que hay tiempo de sobra para redactar el testamento y poner todo en orden. Se le ve como un esqueleto con sombrero y una capa larga, y el chirrido de las ruedas cuando su carro de caballos se detiene frente a una casa es una señal de que el tiempo de alguien se ha acabado. Estamos un poco preocupados por saber quién de nosotros morirá, pero resulta ser una tía anciana, así que en cierto modo nos sentimos bastante aliviados de que el presagio no señale nada completamente fuera de lo normal.

Intento mi rutina de «Buenas noches, entidad desencarnada» con otras manifestaciones que aparecen en la casa. En invierno, nuestra casa y las tierras son como una isla clara en medio de la niebla. En la parte superior del camino de entrada, la niebla algunas veces es impenetrable, y de vez en cuando un solo espectro alto se desprende, desciende por el camino y se cierne frente a la puerta principal. No sé qué quieren los espectros, pero mostramos un agradecimiento amable por su comportamiento.

Experimentamos otras visitas, *flashbacks* menos bienvenidos, lapsos de tiempo. A última hora de la tarde, un automóvil blindado pasa a veces por nuestra pequeña callejuela. Se mueve en silencio, no es algo de nuestro mundo cotidiano, es un recuerdo de la Segunda Guerra Mundial. Parece improbable, ya que nuestra calle es muy oscura, pero entonces descubro que, durante la ocupación, el castillo de la colina que tenemos más arriba era el cuartel de los oficiales alemanes. Nuestra zona fue destrozada durante esa época, no por las bombas, sino por las lealtades en conflicto. Los nacionalistas bretones colaboraron con los nazis, que les prometieron la independencia. Los grupos de resistencia rivales se traicionaron los unos a los otros durante la lucha de poder entre gaullistas y comunistas por el control de Francia tras la guerra. Este es un mundo que conozco, un mundo de lealtades varias y recuerdos terribles. Era el mundo de mi familia durante la Guerra de la Independencia irlandesa y la Guerra Civil que le siguió, un mundo que se filtró en mis recuerdos de la infancia a través de las canciones y las voces tranquilas y suaves de los hombres que jugaban a las cartas, mientras nosotros, los niños, nos sentábamos debajo de la mesa y jugábamos a nuestros propios juegos.

Descubrimos que las heridas siguen siendo aún profundas en nuestro pueblo bretón. Hay divisiones invisibles para los forasteros. Nos dijeron que había que tener cuidado con estas sensibilidades si contratamos obreros, pues si llamamos al techador católico, el fontanero comunista no vendrá.

Cuando veo pasar el fantasma de un automóvil blindado, siento el miedo de una mujer al verlo y el alivio cuando pasa sin detenerse. Cuando miro hacia abajo, hacia el valle arbolado que hay detrás de la casa, fijo los ojos en un punto entre los árboles. Me viene la idea de que hay armas enterradas en el bosque. Si fuera una aficionada a los detectores de metales, podría explorarlo, pero no lo soy. En 2014, con el septuagésimo aniversario del Día D, la revista parroquial publica un artículo de un veterano de la resistencia. Describe el salto en paracaídas de los oficiales británicos para dirigir la resistencia, el salto en paracaídas de las armas y el entierro de estas en el bosque detrás de nuestra casa que vi veinte años antes en mi visión.

Experimento un flujo entre el pasado y el presente, un vaivén provocado por la energía del lugar, de la tierra. ¿Guardan recuerdos las piedras y el barro? Parece que en algunos lugares, sí. Y me pregunto hasta qué punto nos afectan en el día a día las emociones que impregnan los edificios y el terreno donde vivimos y trabajamos. Tal vez, con el tiempo, la ciencia nos dé la respuesta, pero por ahora esto sigue siendo parte del misterio, algo que los humanos todavía no hemos entendido.

Mientras abordamos el jardín, descubrimos que, además de los viejos recuerdos, unos cuantos muertos vivientes, zarzas, aulagas y una plantación de árboles que no sabíamos que eran nuestros, hemos comprado un enorme montón de piedras: grandes rocas de cuarzo blanco, naranja y rosado, y bloques de granito semidesnudo que brillan con diminutos cristales blancos. ¿Qué se hace con un montón de piedras en una tierra de piedras en pie? Algunos amigos con mentalidad mágica nos visitan y, con palancas y esfuerzo, utilizamos algunas de las piedras para crear un círculo, un espacio ritual con una hoguera en el centro. Un bloque de cuarzo blanco rectangular se convierte en nuestro altar. Un círculo de piedras blancas en New Forest fue el primer espacio ritual que vi de niña. Ahora tengo uno propio.

Juntos, creamos un rito inaugural en el círculo de piedra. Purificamos el espacio con incienso y agua consagrada, nos giramos para mirar a las cuatro direcciones y pronunciamos una invocación al elemento asociado en la tradición mágica con cada una de ellas: aire en el este, fuego en el sur, agua en el oeste y tierra en el norte. Ahora centramos nuestra atención en el centro y en todo lo que ocurre allí.

Para crear un ritual, nos basamos en ritos y mitos antiguos. La forma en que respondemos a ellos (de forma visceral, emocional e intelectual) es muy personal. Sin embargo, existe un lenguaje no verbal que todos compartimos, sea cual sea nuestra cultura o credo. Es un lenguaje de imágenes y símbolos que inspira la imaginación, conmueve el corazón y estimula la psique. Estos simples símbolos tienen resonancia en todas las culturas. Aparecen en el arte desde las primeras pinturas rupestres y tallas en piedras sagradas hasta el arte contemporáneo. Nos resultan familiares, como si nuestro cerebro estuviera programado para ellos.

Hay nombres que Chris y yo hemos utilizado durante dos décadas para la diosa y el dios del ciclo estacional, pero aquí, en nuestra tierra, parecen artificiales y erróneos. No nos hablan en este terreno la tierra rica, el granito y el cuarzo; las brisas saladas y las lluvias suaves y nebulosas; el sol brillante y los claros cielos nocturnos con estrellas fugaces. Al no conocer los nombres correctos, invocamos a las energías divinas tan solo como diosas y dioses de esta tierra, y a la luz del fuego titilante, el silbido y el crepitar de la madera, nos sentamos en el círculo y meditamos para ver qué ocurre. Por encima de nosotros hay estrellas brillantes y una luna creciente. Escuchamos el viento en los árboles, el ulular de los búhos. Escuchamos con atención, con la conciencia concentrada. Entonces, en mi mente, llega un sonido, una palabra: *Ah-n* o *Ah-nah*. Me siento un rato a esperar a que los demás salgan de su meditación. Uno a uno, nuestros ojos comienzan a encontrarse con los del otro lado del fuego, hasta que todos están listos para comunicarse. Hacemos una puesta en común. Todos hemos oído *Ah-n*, *Ah-nah*.

La intuición ha encontrado un nombre y el pensamiento ahora toma el control. Compramos libros sobre la historia celta de Bretaña. Descubrimos las obras de la historiadora de la religión Françoise Le Roux y de su marido, el filólogo y lingüista Christian-Joseph Guyonvarc'h, profesor de Estudios Celtas en la Universidad regional de Rennes, además de las investigaciones del historiador bretón Gwenc'hlan Le Scouëzec[2]. Nos enteramos de que la diosa es *Ahn-ah*. En Bretaña, Ana es la madre tierra, una diosa madre, diosa de la tierra y del inframundo, la misma diosa que en Irlanda se conoce como D'Ana, Dana o Danu. Hemos encontrado nuestra primera deidad.

La magia de Bretaña sobrevivió a los protestantes del siglo XVI y a la Contrarreforma católica del siglo XVII mejor que muchas regiones de Europa occidental porque Bretaña tenía una ventaja. El pueblo hablaba bretón, mientras que los nobles y la jerarquía de la Iglesia hablaban francés. La barrera lingüística hizo que se conservaran las viejas costumbres y que el clero local mantuviera con sensatez lo que habían hecho sus predecesores, que era permitir que lo viejo se mezclara con lo nuevo. El resultado es que Bretaña tiene un catolicismo de pozos de curación y ceremonias con hogueras sagradas, de iglesias talladas con animales con cuernos y grifos fantásticos y a veces tantas estatuas femeninas que apenas hay imágenes masculinas. Aprendemos a mirar de cerca las estatuas. Lo que a primera vista parece una estatua católica convencional de la Virgen María y el niño Jesús suele ser la abuela de Jesús, Santa Ana, con su hija María.

Cuando los misioneros llegaron a Bretaña con la nueva religión cristiana, no fue fácil convencerlos. Tenían que presentar la nueva fe de una manera que fuera aceptable para la población. La deidad principal era la diosa Ana, que ejercía un poderoso control sobre su pueblo, así que alguien tuvo una idea ingeniosa. En el Evangelio apócrifo de Santiago están los nombres de los padres de María. Su madre se llamaba Ana. Así que los misioneros crearon nuevas narrativas. Le contaron a los bretones que Ana era una viuda bretona. Que unos piratas la capturaron y la llevaron a Palestina, donde la vendieron como esclava. Estos secuestros formaban parte de la vida cotidiana en la costa occidental de Europa, por lo que la historia era verosímil. En Palestina, compraron a Ana y luego se convirtió en la esposa de un nuevo marido judío, Joaquín. Tuvieron una hija, la Virgen María. Jesús era ahora un cuarto bretón, o tal vez incluso medio. En otra versión, Ana es una noble bretona que ya está embarazada de María cuando su marido maltratador la expulsa y un ángel la guía a un barco que la lleva a Judea. Al final, Ana regresa a Bretaña, donde el pueblo la recibe con alegría porque tiene el poder de controlar el clima y de curar. Como buen niño judeo-bretón, Jesús va a visitar a su abuela a Bretaña antes de comenzar a predicar, por lo que la conexión mitológica con Bretaña se hace aún más fuerte[3].

Sean cuales sean las variaciones del mito, el mensaje está claro. Vuestra diosa Ana ocupa un lugar de honor en nuestra religión. Ella es la abuela de Jesús y él es uno de vosotros. La nueva religión se injerta en la antigua. La diosa evoluciona, sobrevive y mantiene su lugar en el corazón de sus adoradores.

Ahora Ana vuelve sin el revestimiento cristiano. Se convierte en nuestra diosa local, cuyo nombre invocamos para que nos ayude, nos proteja y nos cuide en nuestra nueva vida.

Comenzamos a celebrar el ciclo estacional en ritos dentro del círculo de piedras, rituales que marcan el paso de las estaciones y reconocen nuestra dependencia de la naturaleza y de todo lo que nos proporciona. Chris y yo celebramos estos ciclos desde que empezamos a trabajar juntos en la magia, poco después de conocernos. Cuando compramos nuestra primera casa en Londres, reservamos una habitación como espacio mágico, como un templo. Pronto vinieron otros para unirse a nosotros en estos ritos estacionales.

Los rituales son honores bellos y simbólicos al ciclo natural. El solsticio de invierno, el día más corto del hemisferio norte, honra el alegre renacimiento del Sol. Sus festividades precristianas pasaron a formar parte de las celebraciones navideñas. La fiesta de Imbolc, o Candelaria, celebra la luz en la oscuridad del invierno y la nueva esperanza cuando la naturaleza comienza a despertar con las primeras campanillas de invierno y el nacimiento de los corderos. El equinoccio de primavera trae la época de siembra y una celebración de la nueva actividad creativa.

El día uno de mayo honra a la naturaleza en toda su belleza floreciente, una celebración de la alegría de la vida en el cuerpo. El solsticio de verano celebra el Sol en su máximo esplendor. Su imagen es de liderazgo; el mensaje es de asunción de las responsabilidades. Los resultados del trabajo del verano se celebran con la cosecha del grano en la víspera de agosto y la cosecha de la fruta en el equinoccio de otoño. A medida que las noches se alargan y los días se acortan, el énfasis del ciclo se desplaza hacia la reflexión y la contemplación, un giro hacia el interior que conduce a la celebración de Samhain o Halloween, la festividad de la muerte y los muertos, que anuncia un tiempo de oscuridad hasta que el ciclo comienza de nuevo en el solsticio de invierno y los días se alargan una vez más.

Los ritos son expresiones de gratitud por la fuerza vital siempre renovada, por la naturaleza que nos proporciona los medios para vivir, por estar vivos y por la alegría de la existencia humana. Celebran lo que está aquí, ahora, en este cuerpo, en este tiempo, en este lugar, con este grupo en concreto de personas. Son un recordatorio de que cada hilo del tejido de nuestra existencia tiene su tiempo, su lugar y su propósito. Hay altibajos, luz y oscuridad, pero los ritos nos enseñan a permanecer en el centro, en el lugar del equilibrio, y a aceptar la temporalidad y el cambio que nos rodea.

Cuando nos tomamos un tiempo para ser conscientes de los ciclos estacionales de la naturaleza, nos ponemos en sintonía para disfrutar del proceso continuo de la vida que nos rodea: los pájaros que construyen sus nidos, los topos que excavan, los zorros que llaman, las olas del mar que fluyen y los árboles que florecen. Nos alineamos con la fuerza vital que se manifiesta y que se extiende más allá de nuestras existencias únicas e individuales, y nos da un sentido de los ciclos cambiantes, pero siempre renovados de la vida. Hay una solidez y una continuidad en estas celebraciones. Tienen lugar cada año en la misma época, aunque cada año es diferente. Son un ciclo, pero también una espiral.

Llegamos a la celebración anual con otro año de experiencias vitales. Cada año tiene su propio ritmo, su propia búsqueda heroica de altibajos, de subidas y bajadas, pero visto en el contexto de un mensaje general, la oscuridad se convierte en luz y la desesperación en esperanza. El ciclo de las estaciones nos recuerda lo que permanece y lo que perdura. No es la moda, el éxito mundano o la belleza física. No son nuestros errores, nuestro dolor, nuestras deficiencias. Es lo que está más allá de esos polos de emociones positivas y negativas. Es la profunda alegría de estar vivo y la profunda sensación de paz de cara a la eternidad.

A medida que llevamos a cabo los ritos en nuestra tierra, nuestro conocimiento de las deidades de Bretaña evoluciona. Ana es una diosa de la tierra, una diosa de la tierra oscura y rica, la abuela que nutre y da sabiduría a las generaciones. Descubrimos que su energía es más fuerte en otoño e invierno, pero ¿qué pasa con la primavera y el verano en este lugar? Bretaña es una península. El mar trae consigo niebla, lluvia, viento y sol, pero en verano Bretaña es una tierra de largas y doradas tardes y noches. Es esta luz solar amarilla la que en el siglo XIX atrajo a artistas como Paul Gauguin, que pintó *El Cristo amarillo* y *Pajares en Bretaña*. Descubrimos que es Belisama la diosa del semestre caluroso del año, que comienza con la víspera de mayo y la fiesta celta de Beltane.

Algunos amigos nos visitan en nuestro primer Beltane en nuestra nueva casa. Cuando el sol se pone, encendemos un fuego nuevo en el círculo de piedra, ya que es una fiesta del fuego, que representa el poder del sol creciente del verano. Las llamas crepitan a nuestro alrededor como los cristales de cuarzo del granito de nuestra granja y los graneros brillan con los últimos rayos de la luz dorada del sol. Me pongo junto al cálido fuego e invoco por primera vez a Belisama, la portadora del verano. Sentimos su presencia en el círculo y a su alrededor.

—Suave brisa de verano, luz en las brillantes gotas del rocío sobre la hierba de la mañana de mayo, flor de espino, primera rosa silvestre de color rosa pálido del verano, Belisama de los pájaros cantores, que riega los campos con lluvias y verdea la tierra, diosa de Beltane, diosa de esta tierra, te damos la bienvenida.

Meditamos sobre Belisama y aparece como en la carta de la estrella del tarot, una preciosa mujer desnuda arrodillada junto a una corriente de agua que fluye. La vemos caminando junto a las orillas del río de juncos y lirios amarillos. La sentimos como energía y luz, alegre y creativa. Allí hay amor, risa y también fuerza.

En nuestra fiesta del verano, la invocamos de nuevo. En el hemisferio norte, el sol entra con toda su fuerza en el signo astrológico de agua de Cáncer. El solsticio de verano tiene las energías del agua y del fuego: el agua de las suaves lluvias de verano, así como el calor del sol. Probamos una práctica tradicional de las Tierras Altas de Escocia e inclinamos un caldero de agua para captar los rayos del sol. Agitamos el caldero y el sol baila sobre el agua, convirtiéndola en oro ondulante. Sentimos a Belisama como una diosa de la danza y el movimiento, portadora de bendiciones, iluminación y curación.

Honramos a Belisama como la diosa del verano y a Ana como la diosa del invierno, y nuestra relación con ellas crece. Sabemos poco sobre cómo las personas de hace siglos las entendían y experimentaban, pero para nosotros Belisama es como la luz del sol: cambia día a día. Ana es la estabilidad de la tierra. Las honramos tal y como ellas eligen manifestarse ante nosotros, con nuevas imágenes y emociones que se superponen a las antiguas en un despertar de la tradición ancestral. La semilla dormida durante mucho tiempo brota en una nueva creatividad espiritual, y en las dos diosas vemos, conocemos y recordamos los hermosos rostros del verano y del invierno de la naturaleza.

Nos visitan amigos y estudiantes de toda Europa y de más lejos. Nuestra casa se convierte en un lugar de curación y retiro; nuestro círculo de piedras, en un portal mágico. Llevamos a cabo ceremonias estacionales, iniciaciones a la tradición wiccana y ritos de unión de manos o *handfasting* para celebrar el matrimonio. Cada ritual tiene su propia resonancia y belleza, ya que cada año la energía del lugar aumenta. Algunos rituales son profundos: ritos de iniciación wiccana, ritos de curación, una celebración de Lughnasadh con estrellas fugaces sobre nosotros. Otro año, llegan las tormentas de verano y los relámpagos mientras invocamos a la diosa de la cosecha. Algunos ritos son festivos y provocan risas: una unión de manos en la que invitamos a veteranos de las fuerzas especiales a decorar el círculo para la pareja de novios. El novio vuelve desconcertado con un informe sobre el progreso: «Parece que ha habido una explosión en una lavandería». Lo añado a mi lista de cosas mágicamente útiles para recordar: los veteranos de las fuerzas especiales no saben decorar.

Hay amor y risas en el círculo, además de curaciones mágicas, mientras nos vinculamos a la tierra y despertamos a su poder. Pero cuando yo necesito curarme, no estoy en mi tierra.

15
Cuando la magia realmente importa

Hay una gran diferencia entre un Dios monoteísta, con «D» mayúscula, y la visión mágica de las diosas y los dioses. Terry Pratchett lo captó a la perfección en sus novelas de *Mundodisco*. Los dioses mágicos son poderosos pero peculiares. No son la creación antropocéntrica de profetas masculinos monoteístas, dioses cuyo único objetivo es la humanidad. Tienen sus propios planes y propósitos cósmicos que incluyen todo este planeta y más allá. Si experimentas con la magia, puede que también llegues a una conclusión: los dioses tienen sentido del humor, pero a los humanos no siempre les parece gracioso.

Esto es lo que me viene a la mente mientras me tumbo en el asiento trasero de un coche, quejumbrosa mientras avanzamos por un camino de tierra que nos lleva a Chris y a mí desde una granja de ovejas en el sur de Australia hasta el hospital más cercano. El auxiliar de primeros auxilios que conduce hace todo lo posible para que lleguemos lo más rápido posible, pero también para que el viaje sea soportable.

En la primera edición de mi libro *La antigua religión en la nueva era. La brujería a examen*, escribí que la autoiniciación en la tradición wiccana fue el último recurso, «un poco como extirparse uno mismo el apéndice». Puede ser necesario si te encuentras sola en el interior de Australia, a cientos de kilómetros del médico más cercano, pero está lleno de complicaciones[1]. Cuando llegó el momento de editar la segunda edición y volví a leer esa frase, me inquietó. La intuición me dijo que la eliminara. Y quité la oración.

Ahora, nuestra amiga Julia está en el comité organizador de este año para una reunión australiana de brujas y paganos. ¿Nos gustaría ir y formar parte de los ponentes principales? Las brujas de Oz parecen divertidas, pero no nos ha ido bien en los viajes que hemos hecho hace poco. El pasado septiembre, alrededor de las nueve de la mañana del 11 de septiembre de 2001, para ser más precisos, estábamos paseando por el centro de Manhattan, dirigiéndonos a las Torres Gemelas del World Trade Center de camino a una reunión con Penguin Books sobre el libro que yo estaba escribiendo en ese momento, *The Natural Magician*[2]. Nunca llegamos a la reunión y el resto, como se dice, es historia. Chris pensó que, después de esto, Australia parecía un destino agradable y seguro. Olvidamos que la última vez que estuvimos allí acabamos nadando con tiburones.

El evento se celebra en el maravillosamente llamado Kangaroobie, un rancho de ganado y centro educativo de vacaciones. Empiezo a sentirme algo mal poco después del vuelo a Melbourne, pero no pienso en ello. El desfase horario de Australia es abismal. Chris y yo superamos los primeros días de viaje convenciéndonos de que tengo un malestar estomacal. Llegamos al evento y conocemos a la estupenda comunidad mágica y pagana australiana. Son muy conscientes de la sensibilidad del espíritu del lugar e invitan a representantes de la Winda-Mara Aboriginal Corporation a inaugurar el evento. Envían a un equipo de jóvenes para que interpreten una danza de bienvenida.

La calidez y el entusiasmo del público van más allá de lo que están acostumbrados. Entendemos los principios de honrar a la gente y a los espíritus de la tierra, y esto crea una conexión entre sus prácticas y las nuestras. Los bailarines prolongan su visita para pasar más tiempo con nosotros.

Damos el primer y el segundo taller, pero durante el segundo día, por la tarde, es evidente que algo va muy mal. Tengo un dolor punzante en el cuadrante inferior derecho del abdomen. Estoy segura de que tengo apendicitis. Mel, la enfermera del centro, me lo confirma. Estamos muy lejos de un hospital y el médico aéreo no puede ayudarnos. Hay un accidente más importante en otro lugar y no hay helicópteros disponibles. Así que conducimos y me voy quejando, a veces gritando, cuando los baches son demasiado grandes. Es un alivio cuando llegamos a la suavidad de la carretera asfaltada. Llegamos a un pequeño hospital, donde ya nos estaban esperando. Me sientan de inmediato en una silla de ruedas y me llevan a una sala de exploración. Me recuesto, agradecida por encontrarme en una cama estable. Esperamos. Vuelve el médico que me examina. No hay cirujanos de guardia y no hay nadie disponible que pueda venir. Tendremos que conducir hasta la siguiente ciudad, Warrnambool, donde hay una unidad de urgencias más grande. Me pone una inyección con analgésicos y nos adentramos en la oscuridad.

—¿Cuánto falta para llegar?

Otros cincuenta kilómetros. Otros largos cincuenta kilómetros.

En Warrnambool, un joven y glamuroso médico llega con una bata blanca. «Hola, me llamo Julian». Incluso en la agonía puedo ver que es guapo a rabiar y que debería ser una estrella del *rock* o estar en una película de Hollywood. El efecto del analgésico está desapareciendo y comienzo a delirar: quiero reírme y gritar al mismo tiempo. Me dice que un cirujano estaba viendo la televisión y que viene en el coche de camino para aquí. Estaba en su casa viendo un partido muy importante de su equipo de fútbol australiano. Julian se inclina sobre mí. «Estás de suerte. Su equipo ha ganado. Está de buen humor». No me conforta esta forma masculina de tranquilizarme. Lo intenta de nuevo. «Es todo muy sencillo; una simple cirugía no invasiva. Ni siquiera te quedará una cicatriz. Tardará media hora. Saldrás de aquí en dos o tres días».

Al fin, me llevan en silla de ruedas por un pasillo a una pequeña sala de prequirófano. Ya es más de medianoche. Alguien me inyecta algo. Me deslizo hacia una inconsciencia bienvenida mientras Chris rompe a llorar.

Chris está sentado en un pasillo, cada vez más frenético. Pasa una hora, luego otra. Una enfermera viene a verlo. Hay complicaciones. El apéndice se ha roto, tengo peritonitis. Tengo los intestinos infectados y los tienen que extraer y lavar con suero fisiológico y extirpar alguna parte.

Me despierto gritando. Al menos, apenas soy consciente de un grito desgarrador. Creo que proviene de mí. Parece lo más lógico, pero las enfermeras entran corriendo y se detienen junto a mí asombradas. Al parecer, mi grito ha resonado de una punta a otra del hospital. Me piden que califique mi nivel de dolor en una escala del uno al diez. «¿Qué es un diez?», me pregunto. Supongo que no sería lo bastante coherente hacerme esta pregunta si fuera un diez. Pruebo con seis. Me dan morfina. El dolor se disipa y asimilo dónde estoy.

Chris está allí. Se ha negado a irse y ha dormido esta noche en una cama fuera de mi puerta. Con tiento, me acaricio el estómago. Está unido por grandes grapas metálicas. El dolor desaparece en el fondo de mi conciencia, pero unas criaturas grandes, como si hubieran salido de *Alien*, se arrastran por las paredes. Mi cerebro lucha contra la morfina. Me duermo. Me despierto de nuevo con un dolor terrible. Me doy cuenta de que me equivoqué al decir seis. Aprendo el lenguaje del dolor. Le explico a la siguiente enfermera que tengo un ocho. Me inyecta más morfina. Por desgracia, no es suficiente para pasar la noche. El personal de noche no me da morfina y las tres horas que transcurren entre el momento en que me despierto y la llegada del médico cada día son una agonía.

Estoy en una habitación propia, lo que es maravilloso, pero no es una buena señal en un hospital público. Sin embargo, hay pequeños indicios de que todo irá bien. Resulta extraño, pero las paredes del pasillo fuera de mi habitación están revestidas de imágenes familiares. Son fotografías impresionantes de los faros de Bretaña, de las que se venden en las galerías de arte de nuestras ciudades turísticas. No sé cómo han acabado en un hospital de una pequeña ciudad del sur de Australia, pero las imágenes son reconfortantes. De hecho, todo el montaje parece una pequeña broma sincrónica de Dios. Chris y yo hemos utilizado el nombre «Aurora» para muchos de nuestros grupos mágicos. La placa de la cabecera de mi cama dice: «Cama donada por los alumnos de la Aurora House». El número de teléfono del hospital termina en 666. Me reconfortan estas pequeñas bromas del universo.

Todas las técnicas que he aprendido ahora son fundamentales. Me adapto a la morfina. Veo las alucinaciones, pero puedo distanciarme de ellas. Los largos años de práctica de meditación ayudan. Una parte de mi cerebro las ve, la otra me observa a mí observándolas. Me concentro en mi respiración y las ignoro, dejando que suban y bajen por la pared a voluntad. Al cabo de un par de días desaparecen, dejando solo el dolor. Necesito un mantra, unas palabras con las que respirar para controlar el dolor. Busco en mi repertorio mental de textos mágicos, pero nada me parece adecuado. Esas palabras están diseñadas para una energía intensa y concentrada, para hechizos y rituales. Necesito algo repetitivo para tener el cerebro distraído.

Me vienen las palabras budistas para tomar refugio, las que he cantado en templos y salas de meditación:

Buddham saranam gacchami.
Dhammam saranam gacchami.
Sangham saranam gacchami.

Me refugio en el Buda.
Me refugio en el Dharma.
Me refugio en la Sangha.

Pero mi Sangha es la comunidad mágica, no la comunidad budista. Cambio las palabras: «Tomo mi refugio en la diosa. Me refugio en sus enseñanzas. Me refugio en su comunidad». No fluyen de la misma forma, pero, si repito las tres frases en mi mente cuando el dolor está en su punto más álgido, puedo controlar la respiración a un ritmo uniforme. Me resisto a los intentos de mi mente de luchar contra el dolor y, en cambio, le permito ser lo que es.

A medida que mi mente se tranquiliza, descubro que puedo trasladar el dolor a un lado de mi cerebro, liberando así el otro. Lo aparco en el hemisferio derecho y muevo mi foco de conciencia al lado izquierdo. Me centro en el aliento, en el eterno aliento de la vida, flotando en él como en un gran mar cósmico.

Una presencia se me acerca. Es un sentimiento, no un pensamiento (una conciencia, una empatía, un amor), como si el amor del universo estuviera flotando en el mar de la mente junto a mí. Me viene una imagen a la mente. Se trata de la historia finlandesa de la creación, en la que la madre del agua Ilmáter pone el huevo del universo en el gran mar cósmico. Luego, aparece una imagen de Guanyin, Bodhisattva y diosa de la compasión, que lleva un vial de la curación. Medito sobre Guanyin, permitiendo que su energía pura me llene, fluyendo a través de mis chakras y sobre mis heridas. Estas imágenes de la diosa disminuyen el fuego del dolor.

La gente de Warrnambool es muy amable con nosotros. El hostal del pueblo se ofrece a lavar la ropa de Chris. Una de las enfermeras le pide a su marido que saque a Chris por las tardes, para que pueda despejarse del hospital durante una o dos horas. Lleva a Chris a avistar ballenas en Logan's Beach, una reserva muy famosa de ballenas francas australes. La forma en la que Chris me describe a las crías jugando en las olas me entusiasma. Me da un objetivo. Estoy decidida a ponerme bien para poder ir a ver las ballenas.

Al principio, los antibióticos parecen funcionar. Estoy mejorando. Luego dejan de hacer efecto. La infección se extiende y yo recaigo. Intento visualizar y rezar a Sekhmet, la diosa sanadora con cabeza de león de Egipto. Tengo una estatua de ella en casa y para muchas mujeres mágicas es un icono feminista, una diosa de las batallas contra los enemigos y la enfermedad, pero noto que su energía es demasiado ardiente para mi dolor. La diosa con cabeza de gato Bast es más suave y visualizarla me ayuda. Su energía es más parecida al calor del sol. Su presencia me reconforta, pero los colores que más necesita mi mente son el azul, el blanco y el violeta, los colores de la carta de la gran sacerdotisa del tarot. Su imagen y la de Guanyin se superponen. La gran sacerdotisa sostiene el libro del conocimiento, no el vial de la curación. Aun así, las dos cosas convergen para mí, son imágenes diferentes de distintas tradiciones que se superponen en lo que representan.

Ya llevamos dos semanas aquí y todavía no he podido comer. Estoy empeorando y adelgazando, adelgazando mucho, y tengo frío, mucho frío. El gélido viento del sur sopla desde la Antártida hasta aquí a través de las puertas abiertas del hospital, a lo largo de los pasillos, por la escalera, en mi habitación, por mis venas. Mi brazo magullado es una maraña de goteros, con suero y antibióticos. Los huesos de mis nalgas sobresalen tanto que me resulta doloroso sentarme sobre ellos. La habitación no tiene cuarto de baño privado, así que me obligo a ir a los aseos, llevando el gotero conmigo como si fuera una muleta. Me miro al espejo. Estoy amarilla, esquelética y parezco una persona de setenta años. A medida que mi cuerpo se viene abajo, empiezo a viajar al más allá. El camino hacia la muerte que visualicé con mis pacientes de cáncer lo visualizo ahora para mí. Practico el abandono de mi cuerpo y el recorrido de la ruta. Quiero ser capaz de hacerlo con facilidad si mi cuerpo me falla de repente, ya que las cosas están tomando un cariz más oscuro.

Una noche me encuentro empujada en un carro por un túnel oscuro. Al final hay una luz cegadora. Los amigos y parientes muertos están esperando para recibirme. Atravieso la luz. Me siento eufórica. Floto fuera de mi cuerpo y me miro a mí misma. Me veo tranquila en la cama y la sensación de ligereza del ser es sensacional. Hacía mucho tiempo que no tenía una experiencia extracorpórea. Ahora estoy libre de dolor y tengo la sensación de que me espera otro mundo. Hay un sonido, un hermoso sonido. Anhelo avanzar hacia ese sonido, hacia el abrazo de las personas que están de pie en la luz blanca y dorada.

¿Qué viene a mí en la oscuridad de la noche, cuando me siento cerca de la muerte? Recuerdo las cosas que he hecho con y para los demás: mi matrimonio con Chris, mis amistades, la construcción de comunidades mágicas, la enseñanza, la escritura y las experiencias de trascendencia en la naturaleza y en los rituales. Lo que parece importante es vivir mi verdad; los momentos de pura alegría, no las posesiones materiales; los libros mágicos que he escrito, no mis informes de investigación. Las cosas que valoramos en última instancia son las que expresan nuestros valores fundamentales y comprometen todo nuestro ser, el auténtico yo. Nuestras experiencias son nuestras posesiones interiores, lo que llevamos dentro. Las posesiones externas no son más que un equipaje que debemos abandonar antes del viaje. Morir es un vuelo sin equipaje.

Y cuando la muerte se acerca, llega un momento en el que está bien que las cosas terminen. La vida sigue su curso y, aunque no queramos causar dolor a nuestros familiares y amigos al irnos, hemos completado nuestra tarea y sus vidas son ahora su responsabilidad. Hay una belleza en ese cierre, una paz, y cuanto más se acerca, menos deseo tenemos de aferrarnos. Tampoco tenemos ninguna preocupación por el futuro, ni desesperación por continuar. Como un buen libro o una película, es el momento de terminar la historia y de esperar cualquier secuela que pueda o no llegar.

Me encuentro al borde de la tentación. Tengo la sensación de que puedo soltar la carga del cuerpo y seguir adelante. Quiero avanzar, pero ¿y Chris? Me despierto en una conciencia dual. Está la luz y la visión tentadora, pero sé que no puedo dejar a Chris y que aún tengo trabajo que hacer aquí. Desciendo de nuevo a mi cuerpo y al dolor insoportable. Vuelvo en mí en la penumbra de diales y medidores de una habitación de hospital. Ahora tengo miedo, mucho miedo. Todavía no estoy preparada para morir. Me duermo pensando que hay que hacer algo pronto.

Chris ha pasado todo el día junto a mi cama, volviendo cada noche al hostal que le ha buscado el hospital. Me despierto cuando entra en la habitación. Es por la mañana. «Tenemos que conseguir ayuda mágica», le digo, «y un kit para poder hacer el testamento». Se me ocurre que morir intestada en Australia podría acarrear un sinfín de complicaciones.

Chris va a un cibercafé y empieza a ponerse en contacto con amigos mágicos de todo el mundo, pidiéndoles que me visualicen a una hora determinada levantándome de la cama fuerte y bien. Cientos de personas responden. Estoy asombrada por la avalancha de amor, empatía y conexión. Chris calcula la mejor hora para la curación, dadas las complicaciones de los husos horarios, así que, bañada por el sol, me tumbo en la cama mientras Chris me toma de la mano. Me siento extraña, vulnerable. Normalmente yo soy la sanadora, la fuerte que hace magia para los demás. Ahora soy yo la que debe curarse.

Abrimos nuestras psiques. No tengo expectativas, me quedo en blanco y espero. Entonces, llega un cosquilleo de luz dorada, como si la energía estuviese fluyendo por mi cuerpo. La bebo a través de cada célula, de cada poro, absorbiendo y absorbiendo hasta que ya no puedo más. Pierdo la conciencia y me quedo dormida.

Me despierto por la tarde. Chris está allí. Estoy relajada, pero me muero por un zumo de zanahoria. No me gusta mucho el zumo de zanahoria, pero tengo mucho antojo. «¿Podrías traerme un zumo de zanahoria?», le pregunto a Chris. «¿Que esté recién exprimido?». Parece dudar, pero se pone a buscar un bar de zumos en Warrnambool y, para nuestra sorpresa, encuentra uno. Me bebo el zumo hasta la última gota, por fin algo que puedo comer. Hay algo en él que mi cuerpo necesita: ¿vitamina A? No lo sé. Chris vuelve a por más.

Nos sentamos tranquilos en la noche. Hay cierta calma en la habitación, una quietud, una energía dorada, paz. Consigo sentarme. Las enfermeras dejan la puerta de mi habitación abierta para poder entrar y salir. Un hombre demacrado vestido de calle se acerca a la puerta. Nunca lo había visto antes. Está a punto de llorar, diciendo lo terrible que es que nos pase esto en nuestras vacaciones, pero intuimos que no es eso lo que le angustia. Se siente atraído por la energía curativa que todavía hay en la habitación. Le invito a pasar y sentarse. «¿Qué te ocurre a ti?», le pregunto. Tiene un linfoma de Hodgkin. Acaba de recibir un segundo tratamiento y hoy le han descubierto un nuevo bulto. Ya ha perdido más de veinticinco kilos y está muy asustado. Hablamos con él, dándole tiempo y espacio. Viene una enfermera y se rompe el momento. Él se marcha. Espero que le haya venido bien.

Me despierto a la mañana siguiente. Por primera vez, he dormido toda la noche. Chris aún no ha venido del hostal. Sin pensarlo, me levanto de la cama y me desengancho el gotero. Voy al baño. Me miro en el espejo, estoy menos amarilla. Me ducho y me pongo ropa. Me pongo joyas: pendientes y un collar de ámbar. Cuando estaba más enferma, el color me habría parecido abrumador, pero ahora la resina dorada es suave, cálida y reconfortante. Me aporta una energía solar curativa. Me siento en el sillón donde Chris ha pasado cada día desde que empezó todo. El médico entra en su ronda matutina y mira la cama vacía.

—¿Dónde está la paciente? —pregunta.

—Soy yo.

Se queda mirándome fijamente.

—No te he reconocido.

¿Habría muerto sin la curación mágica? Quién sabe, pero el impacto fue inmediato. Un día me sentí cerca de la muerte. A la mañana siguiente, me levanté de la cama y viví. Estoy volviendo a tener salud.

Al cabo de unos días, Chris me lleva a ver las ballenas. Los ballenatos saltan, juguetean y se alzan sobre sus colas, como elegantes acróbatas acuáticos. Parecen estar enloquecidos por la alegría de hacer cosas de ballenas, simplemente por ser una ballena viva en las olas centelleantes y bajo el cálido sol. Observarlas es curativo.

Cuando me encuentro lo bastante bien como para leer el correo electrónico, descubro que los rumores se han extendido por internet. Me encuentro con cientos de felicitaciones y una pregunta educada de un amigo de Estados Unidos: «Es una pregunta un poco extraña, pero ¿estás muerta? Alguien ha publicado que ha asistido a tu funeral y ha pronunciado una oración fúnebre». Le aseguro que estoy viva y reflexiono sobre las ventajas de pasar desapercibida durante un tiempo. Si estuviese muerta, no necesitaría responder a todos estos correos electrónicos. Musito que quizás necesite una camiseta en la que ponga: «Vivianne Crowley aún no está muerta».

A veces nuestra creencia en la intervención mágica se desvanece. En ocasiones la magia no funciona, nuestra visión nos falla y nuestros poderes se debilitan. Creo que existe un ciclo de edad con la magia. A medida que pasa el tiempo, la brujería adolescente de los primeros años da paso a una práctica más meditada. Pero hay ocasiones en las que las cosas se complican.

Cuando necesitamos a nuestros dioses y nuestros poderes, cuando necesitamos a nuestros aliados mágicos. Cuando ya no podemos luchar solos. Es en ese momento en el que recurrimos a lo que sabemos, acudimos a las reservas de poder y conocimiento que siempre están ahí, si sabemos cómo pedirlas. Nos hacemos vulnerables a nosotros mismos. Buscamos la ayuda de los demás. Nos abrimos a lo que no podemos imaginar. Nos abrimos al poder.

Y si el amor es lo bastante fuerte, si la intención es verdadera, entonces, llega la curación como una flecha, el poder de la transmutación de una cosa en otra, una apertura en el tejido del universo a través de la cual puede fluir el cambio.

Chris y yo nos abrimos. Nos convertimos en un recipiente, en un grial, en la copa del corazón que esperaba ser llenada, y el poder de la curación llenó ese vacío y me hizo estar completa.

16
Viajar al más allá

Viajar tan cerca de la muerte en Australia me hace recordar una visión de mi infancia: nuestras vidas, aunque nos parezcan largas, no son más que un grano de tiempo. El tiempo es corto, la vida es frágil y puede suceder cualquier cosa inesperada, y sucede. ¿Qué es lo que no he hecho y quiero hacer? Sé que me gustaría escribir un libro sobre espiritualidad y transformación mágica, pero todavía no. Primero tengo que ocuparme de las cosas de este mundo.

Chris y yo volvemos a Inglaterra. Nuestro vuelo aterriza en Bangkok de camino a recoger a los traumatizados supervivientes de los atentados de Bali. Me desmayo en el vuelo y en Heathrow una ambulancia me lleva de vuelta a nuestra casa de Londres. Tardo bastante tiempo en recuperarme. Hay complicaciones tras la operación y en algún momento del tratamiento he sufrido daños en el hígado. Padezco un cansancio extremo. Me duermo sin previo aviso, a veces, incluso cuando estoy sentada con tazas de té llenas en las manos, lo que no es una buena idea. Nuestra vida de consultoría autónoma, investigación, escritura, enseñanza y viajes extensos ya no nos es práctica.

Chris acepta un trabajo en la ciudad una vez más. Cuando llega la primavera, tengo la energía suficiente como para trabajar en un empleo a tiempo completo, pero para nada más. Necesito un trabajo a poca distancia, uno con seguro médico, que pague por enfermedad para las complicaciones que surjan, y una pensión. Lo pienso durante un tiempo y luego, cuando parece que es el momento adecuado, leo los anuncios de empleo. Los dioses tienen la amabilidad de proveerme. Solicito el primer puesto que me parece adecuado y lo consigo. Es un puesto de investigación de alto nivel en el sector público. Es difícil. Algunos días, incluso los diez minutos de camino a casa son demasiado y necesito un taxi, pero poco a poco, y tras una última temporada en el hospital, mi cuerpo se repara a sí mismo. Me recupero.

Nos alejamos de la enseñanza pública y pasamos a desempeñar el papel de abuelos espirituales, con el objetivo de apoyar a los que enseñan a otros. Ahora tenemos tiempo para estudiar, experimentar y hacer evolucionar nuestra práctica personal. Exploramos nuevos caminos y nuevas técnicas. Y ahora estamos en Noruega. Estamos en nuestras vacaciones de verano y aprovechamos la oportunidad para hacer un viaje chamánico.

Chris nos lleva a las afueras de Lillehammer, quizás más conocida por ser la sede de los Juegos Olímpicos de Invierno de 1994 en Noruega y por la serie homónima de Netflix protagonizada por Steven van Zandt en homenaje a su papel de Silvio Dante en *Los Soprano*. Nos dirigimos al norte, hacia el Peer Gynt Vegen, la ruta Peer Gynt, una carretera de tierra abierta solo a partir de junio, una vez que las nieves del invierno han desaparecido. Busco las coronas para pagar el peaje y atravesamos la barrera. La carretera sube hacia arriba. Frente a la línea del horizonte aparecen las montañas del parque nacional de Jotunheimen, que significa 'hogar gigante', los picos más altos de Noruega, donde la nieve nunca se derrite. Ahora nos alegramos de haber alquilado un coche con mayor potencia en el aeropuerto de Oslo.

Estamos en el país de los troles. Más adelante está Vinstra, sede del festival Peer Gynt, donde se representa la obra de Henrik Ibsen al aire libre con la música de la *suite Peer Gynt* de Edvard Grieg. *Peer Gynt* de Ibsen es un viaje mágico a la imaginación humana en el que el héroe se encuentra con los troles. A estos les gusta comerse a los humanos, lo que supone un problema de imagen que requiere algo más que un abogado que les gestione esa reputación para solucionarlo. También les gusta destruir casas y pueblos bombardeándolos con piedras. Por fortuna, al igual que los vampiros, solo pueden salir de noche. Los troles se convierten en piedra a la luz del día, así que en Noruega son criaturas del invierno. Estamos en pleno verano, donde la luz del día se convierte en crepúsculo y luego vuelve a ser de día. Hoy no hay troles para nosotros.

Ahora estamos a mil metros sobre el nivel del mar y, a medida que la carretera se alza por encima de la línea de árboles, el paisaje se abre a unas altas colinas cubiertas de hierba y rocas. Algunas de las casas de madera tienen tejados de hierba. El paisaje se parece más a la tierra de los hobbits que a villa trol, pero los picos en la distancia me recuerdan que estas faldas conducen a los lugares altos del más allá. Es fácil entender por qué se pensaba que las montañas que había más adelante eran el hogar de los gigantes. Los folletos turísticos están llenos de fotografías de senderismo y ciclismo para experimentar la naturaleza más salvaje de Europa, pero, por muy impresionante que sea el paisaje, no estamos aquí para hacer turismo. Vamos a reunirnos con un chamán noruego para emprender otro tipo de viaje.

El chamanismo es la principal práctica religiosa y mágica de la humanidad. Es posible que ya existiera antes de las primeras migraciones fuera de África, hace unos setenta mil años. La práctica del chamán se centra en la capacidad de entrar en trance, de abandonar el cuerpo físico, viajar al más allá y regresar con nuevos conocimientos. La palabra «chamán» deriva de una palabra siberiana y significa 'el que sabe'. Los chamanes son los guardianes del conocimiento: de las hierbas y las palabras curativas; de las formas de predecir el futuro; de las ceremonias que facilitan el proceso del nacimiento, del matrimonio y de la muerte y las que marcan el cambio de las estaciones. En una cultura oral, serían la memoria de su pueblo, un depósito de mitos, tradiciones, magia y canciones.

Nuestros antepasados consideraban el más allá como un lugar geográfico. Estaba allí arriba, en los cielos estrellados, y allí abajo, en las cavernas más profundas de la tierra. Era el hogar de los seres del más allá, algunos más amistosos y otros no tanto, como los troles. Hoy en día, podríamos pensar en el más allá no como un lugar, sino como un estado. Cuando entramos en el más allá, nuestros cerebros hacen un cambio, nuestro estado de conciencia se modifica. El lenguaje de este mundo es visual y simbólico. Se necesita entrenamiento y práctica para entender lo que vemos. Los chamanes son aquellos a los que se les ha entrenado para viajar al más allá y para ayudar a que otros también lo hagan.

Podemos pensar que el chamanismo pertenece tan solo a las comunidades indígenas que viven un estilo de vida tradicional en lugares remotos, pero, si sabemos dónde buscar, está en todas partes. En cualquier gran ciudad hay chamanes en activo. Algunos serán personas formadas en prácticas chamánicas contemporáneas procedentes de distintas tradiciones indígenas. Otros serán chamanes cuyos linajes se remontarán siglos en el pasado, si no más. Algunos serán hombres, otras, mujeres y otres, no. En Corea del Sur, casi todos los chamanes son mujeres. En algunas sociedades, las personas transgénero e intersexuales se consideran especialmente aptas para viajar entre los mundos.

Podemos consultar a los chamanes sobre todo tipo de cuestiones: salud, fertilidad, problemas matrimoniales y familiares, decisiones empresariales…; todas las preocupaciones cotidianas de la gente de todo el mundo. Los negocios de los chamanes prosperan porque sus clientes suelen quedar satisfechos. Los investigadores académicos se han esforzado por entender cómo han sobrevivido estas prácticas arcaicas, pero la respuesta es muy sencilla: el chamanismo persiste porque funciona.

En todo el mundo ha habido un resurgimiento del chamanismo, alimentado por nuestro deseo de reconectar con antiguas prácticas espirituales. Los antropólogos han contribuido a este renacimiento al tratar de comprender las culturas amenazadas y en vías de desaparición. En 1951, el historiador de la religión Mircea Eliade publicó su famoso libro *El chamanismo y las técnicas arcaicas del éxtasis*[1]. Desde entonces, muchos han cuestionado sus teorías, pero el libro inspiró a una nueva generación de investigadores académicos, de buscadores espirituales y a algunos que eran ambas cosas.

Uno de los más influyentes fue un estudiante de Antropología de la Universidad de California, el peruano-estadounidense Carlos Castaneda, que afirmaba que había aprendido chamanismo de un chamán yaqui, don Juan Matus[2]. Los relatos de Carlos Castaneda sobre sus experiencias dieron lugar a una serie de doce libros de los que se vendieron más de veintiocho millones de ejemplares y se convirtieron en el trampolín de todo un movimiento internacional de renacimiento chamánico, pero muchos dudan de que don Juan haya existido alguna vez. Puede que fuera una figura compuesta basada en chamanes que Carlos Castaneda había conocido o alguna figura que se le habría aparecido en sus viajes psicodélicos con peyote. Pero sea cual sea el origen de don Juan, se convirtió en su gurú interior, alguien con quien podía hablar, como si fuera una persona física que estuviese sentada a su lado. Al crear una figura así, seguía un camino mágico que bien ya se había transitado con anterioridad, como no es de extrañar, por el mago Aleister Crowley y su ángel de la guarda Aiwass, pero también por el psicólogo Carl Jung y su gurú interior Filemón.

Las experiencias de Carlos Castaneda tocaron la fibra sensible de una generación de buscadores espirituales que ya estaban familiarizados con los gurús orientales y los viajes psicodélicos. Ahora había una nueva fuente de inspiración para alimentar un hambre espiritual que ya no satisfacía el Occidente materialista. Los libros de Castaneda defendían una nueva forma de ver el mundo que nos rodea, una forma de entrar en la «realidad no ordinaria», es decir, en el mundo mágico, en el más allá.

Una de las vías de acceso a este mundo es la ingesta de plantas que alteran la conciencia, como el cactus peyote, la enredadera ayahuasca, la Datura y la seta *mágica* con psilocibina, sin embargo, estas plantas son en gran medida ilegales en los países occidentales. Una solución para los aventureros es el *turismo de la ayahuasca* en Centroamérica y América del Sur, pero las experiencias chamánicas comercializadas pueden ser peligrosas a nivel físico y psicológico, ya que todas las plantas que alteran la conciencia pueden tener efectos secundarios peligrosos cuando las toman los inexpertos. Los métodos como la percusión y el viaje interior guiado son menos problemáticos y se han convertido en las principales formas de compartir el chamanismo con el mundo.

Si queremos entrar en trance, podemos descargarnos pistas de percusión de internet o tocar el tambor nosotros mismos. Las investigaciones han demostrado que la mayoría de las personas pueden conseguirlo escuchando un tambor con un ritmo de cuatro golpes o cuatro golpes y medio por segundo durante al menos quince minutos[3]. Algunas personas entran en trance con más rapidez y, cuanta más práctica hayamos hecho, más rápido será. Yo puedo hacerlo con mi propio *bodhrán*, pero en Noruega hago mi primer viaje guiado por un chamán experto.

Lo primero que noté la noche anterior fue la forma en la que se movía. Bajaba de las verdes colinas redondeadas, a través del suelo cubierto de musgo y líquenes, hacia las cabañas que habíamos alquilado para nuestro evento durante una semana. Sus movimientos eran muy lentos, metódicos, cada paso que daba era como si fuese de importancia. Cuando, unos años más tarde, fuera con él a una reunión mágica en invierno, al norte del círculo polar ártico, entendería por qué. Así es como se mueve la gente cuando está acostumbrada a llevar raquetas de nieve.

Veinte personas nos sentamos en la hierba, bajo el sol, fuera de una cabaña de madera. Hablamos, intercambiando experiencias mientras esperamos a emprender el viaje chamánico.

Somos de diferentes países y orígenes, pero encontramos puntos en común. Todos estamos dispuestos a ir más allá del umbral de la conciencia cotidiana hacia esos otros estados del ser en los que experimentamos la intensa alegría de la existencia en toda su complejidad, belleza y profundidad. Algunos hablan de soledad, de ser un explorador espiritual cuando la familia y los amigos no comparten sus aspiraciones y valores. En momentos como este, cuando nos reunimos en retiros, seminarios, talleres, grupos informales o incluso en línea, podemos conectar con quienes comparten nuestras ideas y creencias. Estos son los recuerdos que pueden mantenernos a flote cuando las exigencias de la vida cotidiana parecen abrumadoras. Nos proporcionan un almacén de experiencias que nos recuerdan que no estamos solos en nuestra búsqueda. Son momentos de amistad y de compartir que pueden darnos el valor y la fuerza interior para seguir nuestro rumbo, nuestro viaje personal hacia los lugares salvajes del espíritu.

Entramos en la cabaña y corremos las cortinas para atenuar la luz. En silencio, colocamos mantas y cojines en el suelo y nos tumbamos. Tengo suerte y encuentro un sitio en un sofá. Nuestro líder del viaje no habla. A medida que lo voy conociendo, me percato de que apenas dialoga. Más tarde me doy cuenta de que es una característica del extremo norte. En los climas extremos, hablar en exceso es un desperdicio de energía, al igual que el exceso de movimiento. La gente del norte de Tromsø no hace ninguna de las dos cosas.

Durante un rato, permanecemos en silencio. Me levanto para observar lo que está pasando, pero él tan solo está sentado, esperando el momento adecuado para empezar. Me vuelvo a tumbar y me relajo. No estoy a cargo de este proceso. Tenemos todo el día, un largo día de verano noruego. No hay por qué tener prisa. Y entonces empieza a tocar el tambor. Este es un tambor de marco similar a un tambor nativo americano o un *bodhrán*. Su piel es más gruesa que la de mi tambor irlandés, el tono es más grave y tiene un ritmo rápido. Cierro los ojos y escucho. Supongo que lo está tocando a cuatro tiempos por segundo, pero parece más rápido, más fuerte y más insistente que cuando yo misma toco el mío. Nuestro calor corporal entremezclado está aumentando la temperatura y mi cabeza lucha contra el sonido que reverbera en mi cráneo. Estoy al límite de tener un dolor de cabeza. Algo en mí quiere resistirse a bajarme de este viaje. Me siento asfixiada, constreñida. Respiro profundamente, como si estuviera buceando bajo el agua. Sé que tengo que dejarme llevar. Las palabras del Colectivo Borg de *Star Trek* revolotean por mi mente: «La resistencia es inútil». Siento una risita nerviosa, pero la reprimo. Entonces, alguien empieza a roncar en mi oído derecho. Algunos de nosotros nos entusiasmamos demasiado durante la bienvenida con los tambores de anoche. Cuando las horas de luz son tan largas que bien podrían ser las tres de la tarde como las tres de la noche, puede ser difícil acordarse de irse a la cama.

Dejo pasar este pensamiento y me concentro en mi cuerpo. El picor de mi pie derecho, el olor a pino de los tablones de la cabaña, el ronquido que reverbera en mi oído, ahora cada vez de manera más suave. Estoy flotando lejos de los pensamientos. Flotando, flotando hacia fuera y hacia abajo, fuera de mi cuerpo y a través del suelo de la cabaña, hacia el espacio que hay debajo, donde los puntales de madera sostienen el suelo, hacia el polvo y los escombros, y luego hacia abajo, hacia la propia tierra. Siento que me muevo entre las rocas y el suelo. ¿Me he convertido en un topo? Dejo de pensar en ello, dejo de intentar analizar y etiquetar. Me siento en la tierra, pero no en las rocas.

Estoy blanda, no dura. Fluyo alrededor de las rocas y hacia fuera, hacia el suelo de las colinas que rodean la cabaña.

Entonces, percibo algo o a alguien más. Algo antiguo, otra conciencia, está pendiente de mí. Quiero huir, una reacción instintiva al miedo, pero me detengo. Me quedo al borde del miedo, consciente de la posibilidad, pero sin llegar a ella. Percibo algo extraterrestre, una especie de ser totalmente distinto. Entonces, lo entiendo todo. La huella humana en esta tierra es ligera. El suelo bajo y alrededor de las cabañas ha sido habitado por la humanidad, pero mientras fluyo hacia las colinas puedo sentir que hay algo más antiguo y profundo vivo, otro tipo de conciencia. Aquí, en el norte, puede sobrevivir. Esto no es Bretaña, ni Irlanda, ni Inglaterra, que llevan miles de años ocupados por los humanos. Aquí el arado no ha desgarrado la tierra. Los seres humanos han establecido pocos asentamientos permanentes y han vagado por la superficie como lo hacen los alces, yendo y viniendo con las estaciones, por lo que se han producido pocos cambios durante eones. ¿La presencia que percibo es la de las entidades que, según el folclore noruego, habitan las colinas y las montañas, las cuevas y las cavernas? ¿Es esto en lo que pensaba Henrik Ibsen cuando llevó a su defectuoso héroe de siempre, Peer Gynt, a conocer a los troles en el gran salón del rey de la montaña? Si es así, creo que los cuentos populares están equivocados. No percibo a estos seres de manera contraria a la humanidad, pero sus prioridades difieren de las nuestras. Para los que viven en el suelo y la roca, el tiempo pasa con lentitud. Nuestra vida humana es como la de una mariposa. Nosotros desapareceremos. Ellos perdurarán.

Tengo un silbido hueco en el oído. Me doy cuenta de que el tambor cambia de ritmo, el eco de la baqueta de madera sobre la piel. Me atrae de vuelta, pero yo no quiero volver. Soy libre de alguna manera en mi lugar dentro de la tierra, donde los gusanos y los insectos hacen de esta su hogar, donde el cielo y las nubes cambian sobre mí. Entonces lo oigo, un «pum, pum, pum, pum», un latido rápido que hace que mi corazón se acelere. Mi mente grita: «¡No quiero volver!». Luego, percibo el olor del suelo de pino, el movimiento de los cuerpos a mi alrededor. Un olor a sudor: algunos estamos alojándonos en tiendas de campaña y es difícil ducharse. Estoy de vuelta. Las cortinas se descorren y la luz del sol entra a raudales. Parpadeamos ante el brillo de la luz. No tengo ni idea de cuánto ha durado el viaje: ¿veinte minutos, una hora, dos? No ha sido corto, porque tengo mucha hambre.

Después, hablamos entre los que hemos hecho el viaje. Algunos vimos animales poderosos; otros, ancestros del pasado lejano. Algunos volaron como pájaros; otros, como yo, se adentraron en la tierra. Algunos recibieron mensajes, hicieron preguntas y escucharon respuestas. Para otros, el viaje consistió en ver el mundo de forma diferente, desde otras perspectivas. Algunos de nosotros tenemos preguntas que hacerle a nuestro líder de viaje. Otros sienten la necesidad de sentarse en silencio. El viaje de cada persona fue diferente, pero compartimos la sensación de que nuestra conciencia se separó de nuestro cuerpo físico humano y se fue a otro lugar. Para mí, el viaje me trajo la sensación de que otros seres habitan la tierra, los espíritus del suelo y la roca, de la montaña y el valle. Estos eran los espíritus que nuestros antepasados adoraban mucho antes de que inventáramos a los dioses que viven en los libros.

Para la mayoría de nosotros hoy en día, la naturaleza es bella pero impersonal. Sin embargo, esto no siempre ha sido así. Nuestros antepasados eran animistas, para quienes la naturaleza y todos los elementos importantes del paisaje que les rodeaba eran seres vivos que sentían y tenían una personalidad y una conciencia. Cuando somos niños, todavía podemos tener un agudo sentido de la *vivacidad* del mundo que nos rodea. Una educación convencional puede suprimirla en gran parte, pero nuestro instinto natural es tratar a otros seres vivos y objetos significativos como personalidades que tienen propósitos propios. En el trabajo podemos suprimir este instinto, pero en nuestra vida privada hablamos con nuestros gatos, perros, coches y ordenadores como si fueran personas.

Aunque esta visión animista del mundo parezca una mera ilusión, es un pensamiento que tiene sentido desde el punto de vista ecológico. Las investigaciones demuestran que si pensamos que lo que nos rodea tiene una personalidad y un propósito, nuestra interacción con ello cambia y aumenta los comportamientos de conservación[4]. ¿Qué ocurre si pensamos en un coche o en una bicicleta como un ser vivo? Pensamos en sus necesidades. Pensamos en mantenerlo limpio y en cuidarlo. Pensamos en su seguridad. De este modo, es probable que aumente su vida útil y tengamos menos necesidad de comprar uno nuevo. En otras palabras, una forma de animismo nos ayuda a tomar en serio lo que nos rodea y a tratarlo bien. Esta actitud puede llevarnos a comportamientos responsables que promuevan la sostenibilidad.

Si adoptamos una visión animista del mundo, tenemos un sentido diferente de este, uno en el que el planeta no está aquí para servir a nuestros propósitos. No es una roca inerte que se pueda explotar, sino un ser vivo que está poblado por otros seres vivos, todos ellos tan importantes como nosotros. Entendemos que los humanos no somos la cúspide de la creación, sino una parte integral de ella, una de las muchas especies que forman la biosfera. Viviendo, respirando e interactuando nos alimentamos unos a otros y juntos creamos la atmósfera de nuestro planeta, que nos protege de los rayos del sol y permite que la vida biológica florezca.

La ciencia revela cada vez más la interdependencia de las distintas especies. Uno de los muchos sistemas dentro del sistema más amplio de la biosfera es lo que se ha llamado en el periodismo científico *Wood Wide Web*, 'red de árboles' o 'red de madera'. Los árboles están conectados entre sí bajo la tierra a través de un complejo sistema de otros organismos, como los hongos. Estas diversas especies se apoyan las unas a las otras, formando una estructura que beneficia a todos los que participan en ella. Es un poco como una pequeña tribu, en la que los individuos tienen diferentes tareas y papeles y todos cooperan con un mismo fin: sobrevivir. Las plantas proporcionan alimento a los hongos, los hongos ayudan a las plantas a absorber agua y les proporcionan nutrientes como el fósforo y el nitrógeno. Los árboles más grandes ayudan a los más pequeños a crecer donándoles alimento a través de la red de hongos, pero no son altruistas por azar. Dan prioridad a las semillas de su propia descendencia antes que a otros árboles jóvenes, al igual que los humanos dan prioridad a sus hijos sobre los de los demás. Estos árboles *madre* son increíblemente importantes. Si los humanos matan a un árbol madre, todo el sistema se derrumba[5].

Esta *red de madera* es solo una de las muchas formas en las que la naturaleza crea sistemas interdependientes que sostienen la vida a través de un continuo equilibrio de energías, un dar y recibir, entre todos los organismos vivos de nuestra biosfera. El pensamiento indígena y mágico nos lleva un paso más allá, al igual que la ciencia cognitiva. Además de nuestras conexiones biológicas, también estamos profundamente interconectados a nivel psicológico y espiritual. Para ser felices de verdad en el mundo, necesitamos honrar nuestras conexiones con todos los seres humanos y no humanos que nos rodean. En esta visión del mundo, el intercambio continuo de energías no solo implica a las plantas y a los animales, sino también a los seres no físicos y a las características del paisaje, como las rocas, las montañas y los ríos. En lugar de mirar a través de un paisaje y ver objetos sólidos e inmóviles, podríamos ver una malla entrelazada de células, átomos y organismos, todos dando y recibiendo como parte de un todo mayor.

Si tratamos a otras especies y formas inorgánicas como objetos que podemos usar y eliminar a nuestro antojo, las usaremos, consumiremos y desecharemos sin ningún sentido de obligación hacia ellas. Si, por el contrario, pensamos que nuestras vidas guardan relación con todo lo demás, trataremos a la naturaleza con respeto, incluso con gratitud, por su existencia. Un término que se utiliza a menudo para esta relación es «reciprocidad sagrada», una traducción de *ayni*, una palabra de la lengua quechua de algunos pueblos de los Andes. La reciprocidad sagrada es más que una descripción del intercambio de energías. Consiste en una relación ética entre las partes y el todo que implica responsabilidades hacia toda la creación de nuestro planeta.

El viaje de los tambores en Noruega me deja un sentimiento de profunda gratitud. El alivio que percibo en la tierra y en la roca es una experiencia que me llena de esperanza por la Tierra, nuestro planeta y nuestro hogar. Tal vez lo que la humanidad está destruyendo pueda reponerse. Tal vez podamos aprender a vivir de otra manera, y, si no, hay conciencias más antiguas que la nuestra con sus propios propósitos y que pueden sobrevivir y resistir a nuestra nueva especie advenediza.

Estos pensamientos me dan esperanza, pero también una profunda sensación de paz. En los próximos siglos, quizás el conflicto de la humanidad con la naturaleza pueda resolverse o quizás no. Pero, sea cual sea el resultado, siento que la Tierra y su biosfera pueden aguantar. Espero que esto incluya a los seres humanos. Y si queremos perdurar, debemos encontrar el camino de vuelta a nuestra relación con la naturaleza, de vuelta a la reanimación del espíritu.

17
Aliados sobrenaturales

Lo mejor en la vida es viajar ligero. Atravieso los aeropuertos internacionales solo con el equipaje de mano, mientras otros se quedan frustrados cuando el carrusel de equipaje gira sin que haya rastro de sus maletas. Lo mismo ocurre con las creencias. Debemos viajar ligeros y confiar en nuestra propia experiencia. No acumular doctrinas. Confiar en el proceso, dejando atrás los contenidos obsoletos. Mirar las enseñanzas espirituales y mágicas que el mundo ofrece. Tomar sus marcos como sistemas de símbolos e hipótesis de trabajo que podemos utilizar para guiar nuestras vidas. Seleccionar con criterio los que representan nuestros valores más elevados, los que nos inspiran y nos dan nueva energía creativa y los que nos enseñan a amar y no a odiar.

Algunos de nosotros creemos en la realidad concreta de las divinidades, pero cada vez más, en Occidente, vivimos en un nuevo mundo solitario. Nuestro mundo interior y exterior se ha desantificado, desespiritualizado y despoblado. Nuestros antepasados vivían a poca distancia de la realidad no material, rodeados de un reino sobrenatural de ancestros, hadas, *leprechauns*, *kelpies*, muertos vivientes, troles, animales tótem y dioses grandes y pequeños a los que podían recurrir en caso de necesidad. Para algunos de nosotros, esto sigue siendo así, incluso aunque la forma en la que pensamos en los seres del otro mundo es bastante diferente de las opiniones de las generaciones de antaño. Puede haber dioses, ángeles o espíritus con los que sentimos una conexión especial, como con los dioses o los espíritus de nuestro pueblo o de nuestra tierra. Podemos venerar a una sola deidad o hablar con diferentes seres que pueden abarcar las innumerables cuestiones de la vida. Podemos sentir una profunda conexión con los padres o los abuelos, cuyo amor y sabiduría nos llegan desde detrás del velo. Estos son nuestros aliados sobrenaturales y podemos encontrarlos en los lugares más insospechados.

Cuando se publica la primera edición de mi libro *La antigua religión en la nueva era. La brujería a examen* en 1989, va en consonancia con el espíritu de la época. Cada uno de los que escribimos sobre la tradición mágica la vemos a través de la lente de nuestra propia personalidad y experiencias vitales. Mi libro es una visión de la wicca como un camino personal de transformación, una forma de reconectar con el yo más profundo.

Las brujas son un buen reclamo, y a los periódicos siempre les han gustado las historias de sorpresa, de horror y de «qué rara es esta gente», pero mi libro habla de una forma más amplia de las necesidades espirituales de la época. En una era del auge del feminismo, del ecologismo y del vacío espiritual del poscristianismo, se anhelan nuevas alternativas. *The Guardian* es el primero en pedirme una entrevista importante. Le siguen, por supuesto, *The Telegraph*, *The Spectator*, *Time Out* y las revistas femeninas. Los editores me desaconsejan poner una dirección de contacto en la parte posterior del libro, pero quiero abrir vías de comunicación para que los lectores busquen el contacto con la comunidad mágica. Me llegan miles de cartas de todo el mundo. Asumo el papel de coordinadora internacional de la Federación Pagana. Establezco una red internacional de contactos para aquellos que buscan la wicca y otros grupos mágicos y paganos. Con el tiempo, se convierte en una organización independiente: la Federación Pagana Internacional.

La mayoría de las cartas son fáciles de contestar: son de gente que quiere información. Algunas son entretenidas. Unos niños magos me escriben preguntando si me gustaría enfrentarme a ellos en una batalla mágica. Los sacerdotes dicen que han pedido a sus congregaciones que recen por mí. La esposa de un vicario me escribe para preguntarme si me parece bien que su parroquia siga teniendo una estrella de cinco puntas en la torre de su iglesia en Navidad. No sé por qué cree que soy la persona adecuada a la que preguntarle, pero le respondo que solo es un pentagrama si ellos lo consideran así, que la intención lo es todo. Si nunca han tenido problemas con las cinco puntas, ¿por qué la iban a cambiar?

Otras cartas me hacen reflexionar. Un anciano irlandés me escribe para decirme que ha visto mi fotografía en *The Guardian* y que algo le atrajo de ella. Ha recortado la fotografía, la ha puesto en un marco y ahora me reza a mí en lugar de rezar a la Virgen María, y con mejores resultados. Es un dilema ético que no tenía previsto. No estoy respondiendo a sus oraciones, así que ¿debería decirle que deje de hacerlo? Pero si le resulta reconfortante, y parece que se siente bastante solo, ¿quién soy yo para privarle de ello? Me viene a la mente algo que me dijo mi madre hace años: «Cada uno vive en su propia realidad, cariño, y es mucho más feliz así».

Intento pensar en lo que es cierto para mí sobre lo que está diciendo, y le escribo:

> Estimado Matthew:
> Me ha encantado recibir su carta. Me alegro de que encuentre respuesta a sus oraciones. Todas nuestras oraciones sinceras van en última instancia a la fuente divina de todas las cosas, y hay muchos caminos hacia lo divino...

Sigue escribiéndome de vez en cuando, pero luego deja de hacerlo. Tengo la sensación de que ha atravesado en paz el velo hacia lo que hay más allá. Me alegro de haber podido ser una fuente de consuelo para él, aunque responder a sus oraciones estuviera más bien fuera de mi alcance. Prefiero dejárselo a los muertos.

Chris y yo conocemos todo tipo de lugares de peregrinación: cristianos, paganos, hindúes, judíos, musulmanes, etc. Muchos de los más poderosos existen desde hace miles de años. Un lugar evocador atrae a los fieles generación tras generación. La marca puede cambiar, las piedras en pie pueden dar paso a capillas o mezquitas, pero el sentimiento de devoción que evoca el lugar, no. Otros santuarios, sin embargo, no son tan antiguos. Se convierten en lugares de peregrinación casi de la noche a la mañana.

Uno de los lugares más conmovedores que vemos está en Chile. Allí nos invitan a impartir talleres para personas interesadas en explorar las tradiciones mágicas occidentales. Entre talleres y ceremonias, nuestros anfitriones, Madelaine y Felipe, nos llevan a un santuario, el Santuario del Viento, a la entrada de un túnel ferroviario abandonado en el Cajón del Maipo, un cañón en los Andes al sureste de la capital chilena, Santiago. Allí, en julio de 1998, Guillermo Antonio Rojas Reyes, Willy, de dieciocho años, fue a suicidarse. En una nota de despedida, pidió a su familia que le visitara en este solitario lugar de las montañas. Su familia cumplió su deseo y construyó un pequeño santuario conmemorativo en la boca del túnel. Cada mes, cuando lo visitaban, dejaban un molino de viento de papel en el santuario. Pronto, otros visitantes comenzaron a llevar más cosas al monumento conmemorativo: osos de peluche, juguetes, flores, poemas, rosarios, monedas... Dejaron todo tipo de objetos, al principio con la intención de honrar la memoria de Willy. Pero, más tarde, el santuario se transformó. En algún momento de la cadena de acciones devocionales, el énfasis cambió.

Ahora la gente le reza a Willy, Willito o el pequeño Willy, como se le conoce de forma cariñosa, y él responde a sus plegarias. Molinos de viento de juguete y pequeñas veletas impulsan las oraciones por el túnel para que Willito las escuche. Era aficionado al fútbol, por lo que las bufandas y camisetas de fútbol de aquellos que buscan su ayuda en los encuentros deportivos adornan el santuario. Los visitantes dejan cartas con peticiones y placas votivas en agradecimiento a la ayuda de Willito. Como ocurre con las trágicas muertes de muchos jóvenes, nadie sabe exactamente por qué se quitó la vida este estudiante tan querido, talentoso y amante del fútbol, pero mediante una transformación imaginativa, cada año más impactante gracias a los miles de visitantes que recibe el santuario, Willy ha pasado de víctima a casi santo.

Nunca había sentido la necesidad de reunir un equipo de apoyo de intermediarios sobrenaturales. La magia contemporánea se basa mucho más en la mente humana, pero a medida que pasan las décadas encuentro que mi visión del mundo cambia.

Se vuelve más animista, influida por poderosas experiencias de fantasmas y espíritus del lugar. Si los sitios tienen presencia y personalidad, si los muertos aún permanecen y deambulan, si los árboles, los animales e incluso las rocas tienen conciencia, quizás debería explorar cómo hacer más amigos no humanos.

Chris y yo siempre hemos venerado a las deidades, pero son dioses grandes, que no se preocupan por asuntos triviales humanos. A lo largo de la historia de los anhelos espirituales del ser humano, hemos llenado nuestra imaginación con capas intermedias de hadas, ángeles, demonios y otros seres. No siento una gran conexión emocional con ninguno de ellos, pero entonces descubro a los espíritus olímpicos. Ahora mis aliados sobrenaturales para los asuntos mundanos son estos dioses casi olvidados que han sobrevivido en los oscuros libros de magia ritual. Los espíritus olímpicos se convierten para mí en lo que los orishas son para un practicante de vudú. Son amigos y aliados a los que puedo recurrir cuando los necesito.

En la saga *Mundodisco* de Terry Pratchett hay una maravillosa novela llamada *Dioses menores*. La premisa subyacente era bien conocida por nuestros antepasados y tiene un perfecto sentido mágico. Los dioses necesitan nuestras energías para seguir *vivos*. Cuanto más creemos en ellos, más poderosos se vuelven. «En el mundo hay billones de dioses», escribe Terry. «La inmensa mayoría de ellos son demasiado pequeños para verlos y nunca llegan a ser adorados»[1]. Podría hacerme eco de Terry Pratchett y llamar a los espíritus olímpicos «pequeños dioses», pero nunca parecen pequeños, sino todo lo contrario. Cuando empiezo a conectar de manera tímida con ellos, es como despertar a un gigante dormido que lleva en ese estado un largo periodo de tiempo porque no hay mucha gente que llame a su puerta.

Para nuestros antepasados, el cielo era un lugar misterioso y los movimientos de los planetas y las estrellas se interpretaban mediante la astrología y los mitos para explicar el mundo que nos rodea. La astrología se basa en una visión del cosmos centrada en el ser humano, en la que este es la cumbre de la creación, la Tierra es el centro del universo y los siete *planetas* giran a nuestro alrededor. Hoy en día ya sabemos que algunos de ellos no son planetas, pero el Sol, la Luna, Mercurio, Venus, Marte, Júpiter y Saturno se siguen conociendo como «planetas» a efectos de la astrología y la magia. Estos siete cuerpos celestes eran algunos de los objetos más brillantes que podían verse en el cielo antes de la invención del telescopio, por lo que nuestros antepasados consideraron que debían de tener un significado especial. Se convirtieron en diosas y dioses en muchas religiones antiguas.

Una de las ideas más antiguas de la tradición mágica occidental es que algunas energías en particular están asociadas a planetas determinados. Se idearon sistemas mágicos completos para crear talismanes que atrajeran las energías planetarias. En el pensamiento dualista de la era monoteísta, la energía de los planetas se dividía entre buena y mala. En lugar de un universo en armonía, en el que el objetivo es lograr un equilibrio de energías, el foco está ahora en acentuar lo bueno y expulsar lo malo. Entrar en contacto con el aspecto *bueno* de la energía planetaria era angelical y estaba permitido, pero entrar en contacto con el *malo* era demoníaco, de no ser porque, por supuesto, no es así como funciona. Si pensamos en las energías planetarias como características psicológicas que podríamos querer potenciar en nuestras vidas, ¿qué podría ocurrir si decidimos identificarnos con la energía de Marte, dios del atletismo y de la guerra? En un principio, nos volvemos más enérgicos, más asertivos, más activos, tendríamos más éxito. Si seguimos acentuando la energía de Marte más allá de este punto, el caldero se inclinaría y nos quemaríamos. Tendríamos un exceso de energía (la asertividad se volvería agresiva, la energía se volvería frenética) y el caldero se derramaría y vertería ira y dolor. La energía de Marte no es buena o mala de por sí, sino que la cantidad puede serlo. Si es escasa, somos débiles e ineficaces; si es excesiva, somos agresivos y violentos. Así es como funciona la energía planetaria.

No mucha gente conoce los espíritus olímpicos. Hay que ser el tipo de persona friki que disfruta hojeando grimorios. El obsesivo personaje de Johnny Depp, Dean Corso, en la película de Roman Polanski *La novena puerta*, está muy alejado de la realidad, pero hoy en día la mayoría de esos oscuros manuscritos que los magos ansían ya no tienen que ser arrancados de los dedos de los locos acaparadores de libros que matarían por ver un grimorio que se hubiese perdido hace tiempo. Los manuscritos mágicos de la Biblioteca Británica, la Wellcome Library, la colección de alquimia de la Universidad de Edimburgo, la colección de magia y ciencia del Instituto Warburg, la Biblioteca Nacional de París, la Bibliotheca Philosophica Hermetica de Ámsterdam, también conocida como la Biblioteca Ritman (cortesía de una donación del autor de *El Código Da Vinci*[2], Dan Brown), y de decenas de otras bibliotecas pueden consultarse en línea. Incluso la Biblioteca Apostólica Vaticana está publicando de forma digital algunos de sus manuscritos más preciados.

Los espíritus olímpicos aparecen por primera vez en *La magia de Arbatel*, un pequeño libro que aparece también en *La filosofía oculta o las ceremonias mágicas. Libro cuarto: apócrifo*, atribuido al famoso abogado y mago alemán Cornelius Agrippa[3]. Se desconoce la autoría de *La magia de Arbatel*, y la autoría del propio cuarto libro de Agrippa no se reivindicó hasta un par de décadas después de su muerte. En el mundo espiritual y mágico, es perfectamente habitual encontrar a personas fallecidas hace mucho tiempo que han escrito libros. Los lamas tibetanos muertos lo hacen de forma constante. O, a falta de difuntos, los libros los dictan dioses o ángeles, preferentemente en las cimas de las montañas. Un libro sagrado es mucho más venerado bajo el nombre de una autoridad reconocida o una fuente sobrenatural, y hay otra ventaja más allá del respaldo de las celebridades. En algunas épocas y culturas, es mucho más seguro que el autor de los libros mágicos esté convenientemente muerto.

La magia de Arbatel da los nombres de los siete espíritus olímpicos y sus atributos[4]. Phul es conocido como el señor de los poderes de la Luna y el señor supremo de las aguas. Phaleg es el señor de la guerra y su planeta es Marte. Ophiel transmite la energía de Mercurio, el planeta de las transacciones y de los viajes, y se le describe de una multiplicidad de formas que incluyen un rey montado en un oso, un joven justo, un perro, una urraca, y con ropas de colores cambiantes. La energía de Bethor es la de Júpiter y puede transportar piedras preciosas por el aire. Hagith porta la energía de Venus y convierte el cobre en oro. Los poderes de Aratron son los asociados al planeta Saturno y confieren el don de la invisibilidad. Se manifiesta de manera exótica disfrazado de rey barbudo montado en un dragón y de forma más mundana como un búho. Och está relacionado con el Sol y, al parecer, tiene el poder de prolongar la vida humana hasta seiscientos años, manteniendo a la persona afortunada en un estado de salud óptimo. Esto suena particularmente improbable, pero tiene las características más mundanas de otorgar salud, curación y carisma, todos los atributos solares tradicionales de la astrología. Me he dado cuenta de que todos son hombres. Sin lugar a dudas, es un club de varones. Sus descripciones son arcaicas y extrañas; sus atributos, poco convincentes. Sin embargo, hay algo en ellos que me gusta. Decido hacerme su amiga.

Si retrocedo en el extraño lenguaje simbólico de la magia para analizar los atributos de los espíritus olímpicos, puedo encontrarles sentido, pero se trata de un lenguaje simbólico de hace medio milenio o más. No es el mío. En su lugar, medito sobre los sigilos o signos de llamada simbólicos de los siete espíritus olímpicos para ver qué sucede. Para las meditaciones, enciendo una vela de un color asociado a la energía planetaria del espíritu y dejo que se forme un espacio en mi psique. Es como una esfera en mi conciencia, un vacío que no contiene ningún pensamiento. En este estado de no pensamiento, aguardo y escucho. Le doy el tiempo necesario para que se forme un sonido, una imagen u otra sensación. Empiezo con Ophiel.

Al cabo de un rato, percibo un movimiento en mi psique: una fragancia, el soplo de un aroma algo floral. Espero, entonces oigo un sonido como el de una campana clara, plateada, alta. Luego, percibo un movimiento y un color, como el batir de unas alas iridiscentes, una brisa en la cara de aire en movimiento. Comienza a aparecer una forma, enormemente alta, que brilla con la luz del arcoíris, como la luz del sol que se refleja en el cristal o en el agua clara. La forma se mueve hacia arriba, despegando, volando, como si las paredes y el techo de la habitación se hubieran disuelto. Ahora estamos en el exterior, en algún lugar por encima de la capa de nubes, riendo, jugando y volando bajo la luz del sol y la iridiscencia del arcoíris. Hay algo ligero, puro y maravilloso en esta visión, una extraña claridad que no esperaba. Vuelvo a la tierra en mi habitación. Las paredes vuelven a ser sólidas. Estoy intrigada, sorprendida al ver que meditar sobre estos oscuros espíritus es tan intenso.

Planeta a planeta, me abro camino a través de encuentros de meditación con los espíritus olímpicos. Las imágenes que me llegan no se parecen a las del grimorio arcaico. No hay reyes barbudos montados en dragones, aunque, pensándolo bien, eso no es del todo cierto. A veces aparece la imagen tradicional, pero casi como una broma. Se disuelve y la energía que hay detrás crea una forma que me habla a mí, una mujer de mi época y cultura. Las imágenes siguen siendo masculinas en su mayoría. La imagen del espíritu venusino Hagith se manifiesta como una reina con una túnica verde y joyas de cobre con alguna esmeralda. Un intenso olor a incienso y rosas la precede. Es un espíritu de la sensualidad erótica. Ophiel se sitúa en un punto intermedio, sin ser realmente de un solo género. Aratron, el espíritu olímpico de Saturno, aparece como una figura masculina de edad avanzada, pero de forma ocasional también como una mujer mayor. Sea cual sea el género, las imágenes saturnianas transmiten sabiduría, profundidad, una conexión con los asuntos terrenales.

Cuando permitimos que las imágenes visuales se asocien ellas mismas con un concepto, este se vuelve más real para nosotros. Cuando meditamos durante un tiempo sobre la imagen, esta se vuelve más sólida, tridimensional. Es como pulsar un botón en la psique y que aparezca un holograma, uno que puede hablar e interactuar con nosotros.

Adopto a los espíritus olímpicos y, con el tiempo, nuestra relación se profundiza. Sus formas se vuelven más estables y se manifiestan con más rapidez. A pesar de su tamaño, hay algo acogedor en ellos. Cuando medito sobre ellos, es como retomar una conversación donde la dejé antes. Es como si se alegrasen de que se les despierte, de que los humanos se interesen por ellos. Se siente bien charlar con ellos sobre las preocupaciones cotidianas y pedirles ayuda. Hace siglos que casi nadie les habla. Ahora alguien lo hace, y eso les divierte. Me parece que son un estímulo para la vida, incluso un entretenimiento. Phaleg, el espíritu olímpico de Marte, se arrastra por la casa sin apenas poder reducir su forma a un tamaño que se ajuste a la altura del techo. Es como tener un perro enorme que se golpea con los muebles. Me siento hiperalerta en el borde de mi asiento, por si golpea algo.

Tras unos meses, hago mi primera petición. A veces sentimos que necesitamos un impulso mágico para empezar una nueva actividad o para dejar ir y terminar algo. Otras veces, sentimos que hemos llegado al punto crítico en el que una intervención mágica nos dará el impulso para llevar algo a un nuevo nivel. A menudo, la magia es tan solo cuestión de ponernos en la mentalidad adecuada para prestar atención a los detalles y concentrarnos en lo que estamos haciendo. Es como engrasar las ruedas de la vida cotidiana. A veces solo necesitamos algo de magia para allanar el camino.

Después de nuestra experiencia en Nueva York el 11 de septiembre, de la apendicitis en Australia, de casi tener un accidente con una bomba del IRA, de que la carretera de montaña por la que viajábamos en la India durante la estación de los monzones desapareciera ante nosotros en un abismo bajo un bombardeo de barro y rocas que caían y de otros peligros diversos, me siguen encantando los viajes, pero empiezo a preguntarme cuántas de mis siete vidas he agotado. Chris también se lo pregunta, sobre todo porque voy a volver a viajar a Estados Unidos, esta vez sola. Tenemos un seguro de viaje anual para asuntos mundanos, pero un seguro astral adicional también es bueno. Necesito un talismán de viaje. ¿A quién llamamos? ¡A Ophiel!

La magia siempre ha sido una cuestión de tiempo. Tradicionalmente hay fechas, fases lunares y momentos del día particulares en los que es apropiado contactar con cada energía planetaria. Si llevamos a cabo nuestros actos mágicos en estos momentos señalados, les damos un mayor impulso y tendremos más confianza en que funcionarán. Si tenemos más confianza, es más probable que nos lo creamos. Si creemos en ello, nos abriremos a las experiencias que pueden hacerlo realidad.

Un miércoles, el día de Mercurio, Chris hace un talismán naranja de ocho lados con el símbolo de Mercurio en una cara y el sello de Ophiel en la otra. Encendemos ocho velas naranjas, ya que el ocho y el naranja son el número y el color de Mercurio en la tradición mágica. Quemamos un incienso que contiene ingredientes asociados a Mercurio y, en el cálido aroma y el brillo naranja de las velas, pedimos a Ophiel protección. Mi viaje transcurre con tranquilidad y seguridad.

Este tipo de magia es transaccional. A los amigos sobrenaturales les gustan los regalos, las ofrendas de agradecimiento, ¿y a quién no? Pero ¿qué se le compra o se le hace a un espíritu aéreo iridiscente? Me viene una imagen a la mente. Es la hermosa estatua de Mercurio alado de Juan de Bolonia de 1580. Está desnudo, solo lleva un casco alado y unas sandalias. En una mano sostiene su varita de caduceo y, con la otra, señala el cielo. Siempre listo para el despegue, se alza sobre un pie en un arabesco sostenido por una columna de aire que sale de la boca del dios del viento Céfiro. El Mercurio de Juan de Bolonia adornaba los jardines de la Villa Médici de Roma, pero ahora se encuentra en el Museo Nacional del Bargello de Florencia en la divina compañía del Baco y el Apolo de Miguel Ángel. El original, de un valor incalculable, mide 1,80 metros de altura. Quizás una copia más pequeña sería aceptable, pero ¿dónde puedo conseguir una copia de un Juan de Bolonia? La respuesta me viene a la cabeza, quizás por cortesía de Ophiel. En Amazon. Lo compruebo. No había pensado en Amazon como un proveedor de obras de arte, pero, efectivamente, Amazon puede conseguirnos una, no de Italia, sino de España.

Chris y yo seguimos su envío de tres días por los Pirineos y luego hacia el norte y el oeste de Francia a través de varios centros logísticos hasta la Bretaña rural. La copia es perfecta y una sexta parte de su tamaño. Se la ofrecemos a Ophiel con incienso y agradecimiento y la exponemos. Ophiel se siente ahora como una presencia en nuestras vidas. Nos aporta una cierta cualidad de ligereza y de risa, de fluidez y de cambio de forma, un sentimiento de alegría.

Todas las diferentes deidades y seres sobrenaturales que la imaginación humana ha creado a lo largo de los eones viven dentro del inconsciente colectivo de la humanidad. Los antiguos dioses duermen en nuestro interior y se despertarán si nos dirigimos a ellos. Representan realidades que van más allá de los límites del conocimiento actual o de la imaginación del ser humano; son compañeros en nuestros viajes por el mar de la conciencia, nuestros vuelos a los reinos de la psique y del espíritu. Facebook está repleto de grupos mágicos donde la gente intercambia sus opiniones sobre la magia y, como en todos los grupos en línea, aparecen los mismos debates una y otra vez. La pregunta «¿Son los dioses reales?» es una de las favoritas, una que no tiene ningún sentido. Pensar en los dioses y los espíritus como energías en la psique deja nuestras opciones abiertas. Podemos disfrutar de su presencia en nuestras vidas, manteniendo un alegre agnosticismo sobre su realidad metafísica última. Y la pregunta más importante no es si los dioses son reales, sino: ¿Tus interacciones con tus dioses, aliados sobrenaturales, o dios o diosa, si prefieres uno solo, mejoran tu calidad de vida y te llenan el alma? Si no es así, tal vez debas olvidarte de ello o cambiar de aliados sobrenaturales.

18

Volar con el fénix

Hace falta una amiga bruja polaca muy persuasiva para convencernos a Chris y a mí de tomar un vuelo nocturno desde Londres Stansted en agosto, en plenas vacaciones escolares inglesas. Nuestro vuelo está lleno de familias polacas que van a casa para ver a los abuelos, además de cochecitos plegables, bebés gritones, niños inquietos y grandes cantidades de equipaje. No es el mejor comienzo para una conferencia mágica. No mucha gente suele juntar las palabras «magia» y «conferencia». Desde luego, está muy lejos de cómo empecé mi vida mágica. Era más probable que estuviéramos bailando desnudos en el bosque a la luz de la luna que sentados en sillas en salas de conferencias.

Chris y yo vamos a Cracovia, que en el pasado era la capital del reino de Polonia. Cuenta la leyenda que se construyó sobre la cueva de un dragón que escupía fuego y ha sido durante mucho tiempo un imán para los practicantes de la magia. Cabalistas, alquimistas y astrólogos han llegado a Cracovia, pero no en Ryanair. Sin embargo, Agni y su equipo organizador nos han convencido de que un encuentro en verano con expertos internacionales es justo lo que necesitan los jóvenes polacos que tienen interés en la magia y la brujería.

La mayoría de los ponentes vienen de Inglaterra, pues Gran Bretaña es el centro del renacimiento mágico europeo. Aunque los accidentes geográficos y una Guerra Civil que sucedió en el siglo XVII alejaron a la gente del extremismo religioso, en Inglaterra la magia ha florecido. Pero, como todas las corrientes de pensamiento, hay flujos y reflujos. Después de nuestras experiencias en Australia y de la necesidad de atender las prioridades mundanas, Chris y yo hemos estado explorando y evolucionando nuestra práctica personal, trabajando con amigos en privado y dejando de enseñar al público. Pero ahora hay un cambio, un cambio en la corriente. Algo se está agitando en la psique colectiva. La magia se está convirtiendo en la corriente principal. La librería Treadwell's Bookshop de Bloomsbury, en el centro de Londres, se ha convertido en un imán esotérico, un centro presidido con cariño por la exacadémica Dra. Christina Oakley Harrington. Las nuevas generaciones de adolescentes brujos están descubriendo la ropa negra, los tatuajes y los *piercings*, el tarot y los hechizos, pero la magia también está atrayendo a otros. En nuestro mundo multicultural posmoderno, las antiguas certezas racionales se disuelven. Hay una apertura a visiones alternativas de la realidad que no se limita a unos pocos esotéricos. Treadwell's es un punto de encuentro entre los practicantes de la magia contemporánea y los académicos que investigan la historia de la magia, el equivalente en el siglo XXI a un salón literario y ocultista del siglo XIX. Los hacedores y pensadores se reúnen en un menú de charlas, talleres y encuentros en constante expansión. La estética es #darkacademic, el ambiente se ve reforzado por un cómodo sofá y una *chaise longue*. La zona de lectura de la planta baja recuerda a los magos del pasado, con una chimenea rescatada de Parc Garland, la casa en Cornualles de la artista Pamela (Pixie) Colman Smith, ilustradora del icónico tarot Waite-Smith y miembro de la Orden Hermética de la Aurora Dorada, el grupo mágico del siglo XIX.

La llama de la corriente mágica arde con fuerza, y lo brujo, lo oculto, lo académico, todo tiene sus maestros y alumnos. Pero Chris y yo sentimos que hace falta algo más: momentos de reflexión en calma, contemplación y meditación. Empezamos a ofrecer tardes de meditación en Treadwell's con una mezcla ecléctica de técnicas: visualización mágica y viajes, meditación concentrativa y de atención plena en el contexto de una visión mágica y pagana del mundo. Esto abre una nueva vía a nuestro trabajo mágico. Nos sentimos atraídos por la enseñanza mágica pública. Hacer malabares con nuestros compromisos es cada vez más difícil. Ahora tenemos una economía más estable. Hemos pagado las hipotecas y ahorrado algo de dinero. Decidimos dejar nuestros trabajos diarios.

No me desprendo completamente del mundo del pensamiento analítico. Mi necesidad de equilibrar la intuición y el intelecto sigue siendo fuerte. Vuelvo a tiempo parcial al mundo académico y me encuentro asistiendo a conferencias en universidades de Estocolmo a Cambridge, de Cork a Los Ángeles. El mundo académico ha sufrido un gran cambio. Me asombra la cantidad de investigación académica sobre la espiritualidad mágica y pagana que existe. El estudio de la magia ya no es el oscuro interés de unos pocos profesores polvorientos en bibliotecas de libros encuadernados en cuero. Hay una nueva disposición de comprometerse con el reino donde la creatividad y la imaginación espiritual se encuentran.

La mayoría de los académicos son tímidos. Afirman que su interés por la magia es puramente intelectual. «Por supuesto que no practicamos magia», pero algunos de nosotros sí lo hacemos. La brecha entre la teoría y la práctica se está reduciendo. En 2014, asistí a la conferencia «Visions of Enchantment: Occultism, Spirituality and Visual Culture» ('Visiones de los encantamientos: ocultismo, espiritualidad y cultura visual'), una colaboración entre la Universidad de Cambridge y la Universidad de Artes de Bournemouth. Atrae a un público internacional que nunca habría pensado ver reunido en el recinto de una facultad de Cambridge. Hay profesores de las principales universidades, historiadores del arte de famosos museos, magos, brujos, artistas, cineastas y muchos que son dos o más cosas a la vez. Eruditos importantes, como Antoine Faivre de la Sorbona, Emilie Savage-Smith de la Universidad de Oxford, M. E. Warlick de la Universidad de Denver y Marco Pasi de la Universidad de Ámsterdam, hablan de arte, alquimia, esoterismo, brujería, magia ritual y paganismo. La hora de la comida está amenizada por profesores de mayor edad que deambulan por los alrededores del *alma mater* de Aleister Crowley con el libro *Aleister Crowley and the Temptation of Politics* de Marco Pasi metido bajo el brazo. Casi setenta años después de su muerte, la «Gran Bestia 666» se ha rehabilitado y se le respeta a nivel intelectual. ¿Le habría sorprendido? Tal vez no. Como saben los músicos y artistas, lo culturalmente escandaloso puede convertirse en la norma respetable en menos de un abrir y cerrar de ojos.

Con el tiempo, nuestras sesiones de meditación en Treadwell's evolucionan en su demografía. La wicca y la magia se extienden desde el mundo angloparlante a nuevos países. Con la llegada de los vuelos baratos y la política de fronteras abiertas de la Unión Europea, millones de europeos de los antiguos estados satélites soviéticos llegan a Inglaterra para trabajar y estudiar.

En una sesión de meditación tenemos veinticinco nacionalidades. La mayoría de nuestros asistentes han venido a Inglaterra sobre todo por trabajo, pero algunos han venido específicamente a estudiar magia. Una joven polaca me muestra su copia de mi libro *La antigua religión en la nueva era. La brujería a examen* y me dice que aprendió inglés para poder leerlo.

El tráfico no es solo de ida. El auge del interés por la wicca y otras tradiciones mágicas hace que nos inviten a enseñar en Europa Central y del Este y, por primera vez, vamos a Polonia. Una vez que recorremos las calles empedradas de Cracovia y la ciudadela amurallada de su castillo medieval, vemos por qué. La antigua capital del reino de Polonia es el escenario romántico perfecto para un evento mágico. También lo es nuestro hotel para las conferencias, con su aura decadente de fin de siglo, su decoración *art nouveau*, sus techos altos, sus espejos dorados deslustrados, sus candelabros y sus pasillos encantados.

En Estados Unidos e Inglaterra, la magia ha salido del armario desde hace un par de décadas y las reuniones mágicas en hoteles se han convertido en parte del calendario habitual de las brujas. No estoy muy segura de cómo se desarrollaría esto en la Polonia católica. El título de la conferencia es «Spiritual Alchemy» (Alquimia espiritual), pero el personal del hotel se está dando cuenta de que no es una conferencia típica. Se encuentran los elementos habituales, como el proyector, la pantalla y filas ordenadas de sillas para conferencias increíblemente incómodas, pero las brujas, los magos y los aficionados que se presentan el sábado por la mañana parecen más un público de un concierto de *rock* que investigadores académicos. Hay el mismo entusiasmo, porque lo que nuestros organizadores ofrecen es mucho más que un programa de conferencias. Más tarde, Chris y yo les conduciremos a una experiencia que muchos no han vivido nunca: un rito mágico a gran escala. Este es el primer encuentro de este tipo en Polonia. Parece que está a punto de comenzar una nueva era.

Esto es lo que espera nuestro público reunido en Cracovia: un cambio alquímico positivo. Como los jóvenes de todo el mundo, su futuro es incierto y potencialmente oscuro. En Polonia, la libertad embriagadora de la era poscomunista ha dado paso a una corriente política de derechas, antisemitismo, homofobia e intentos de suprimir los derechos de las mujeres. Es extraño si se tiene en cuenta la historia de Polonia, pero algunos jóvenes incluso se etiquetan como nazis; aunque los jóvenes radicales atraídos por nuestra conferencia tienen una visión diferente. A lo largo de la historia, los magos idealistas han tenido problemas con reyes, dictadores, nazis, comunistas y fundamentalistas de todo tipo. En la época actual, la visión mágica de querer un futuro más limpio, más verde y más sostenible es menos un ideal utópico que una necesidad urgente. Al recurrir a la magia, los jóvenes polacos (como sus homólogos de todo el planeta) están desarrollando un conjunto de valores y objetivos que van más allá de las aspiraciones materiales, hacia una visión diferente de lo que quieren que sea su futuro. Chris y yo queremos apoyarlos. Son artistas, escritores, frikis de la informática, emprendedores, innovadores, veganos, activistas de los derechos de los animales, feministas, miembros de la comunidad LGBTQIA+ y más, y sabemos que para resistir las corrientes hostiles que los rodean, necesitarán ser fuertes y sentirse capacitados para crear el cambio.

Siempre hay un momento de nerviosismo antes de hablar ante un público nuevo. ¿Entenderán lo que estoy contando? No voy a darles una charla sobre cómo hacer hechizos o pócimas, algo bastante sencillo en el mundo de la brujería, sino una conferencia sobre algo que se basa en la historia mágica de Polonia: la alquimia espiritual. Cracovia está impregnada de alquimia. Nuestro hotel se encuentra frente a la antigua residencia real del castillo de Wawel, donde el alquimista de Cracovia de los siglos XVI y XVII, Michael Sendivogius, convenció al rey polaco Esteban Báthory para que construyera un laboratorio alquímico. La generación de magos de Michael Sendivogius consideraba la alquimia como una ciencia, pero que solo funcionaba si el mago se encontraba en un estado particular de conciencia espiritual. Esto implicaba la oración meditativa y el ayuno. Con la evolución del conocimiento científico, la mayoría de los alquimistas abandonaron la ciencia mágica por la química secular, pero algunos continuaron con las prácticas espirituales. La alquimia evolucionó de la transmutación de un metal en otro a algo más sutil: la transformación del alquimista.

Para sus practicantes, la alquimia espiritual era poderosa pero peligrosa. Su visión del mundo los llevaba más allá de los confines de la ortodoxia cristiana, a las herejías que podían conducir a la tortura y la muerte. Para divulgar sus prácticas, los alquimistas crearon libros con bellas imágenes simbólicas que solo podían entender aquellos a quienes otro alquimista enseñaba. Con el paso de los siglos, su significado se perdió, pero los símbolos aún perduran en lo más profundo del inconsciente colectivo humano.

Fue Carl Jung quien, a principios del siglo XX, redescubrió la clave de las imágenes alquímicas a través de una serie de sueños. Soñó que junto a su casa había otra ala o anexo. Allí encontró una maravillosa biblioteca con libros de los siglos XVI y XVII llenos de curiosos grabados e ilustraciones con símbolos extraños[1]. Más tarde, los identificó como símbolos alquímicos y descubrió que muchos de sus pacientes soñaban con símbolos parecidos. Entonces tuvo una idea. Las etapas del proceso alquímico (la descomposición de la materia básica en las partes que la componen, su limpieza y su reconstitución en el preciado oro) reflejaban el proceso de transformación interior de la psique humana para llegar a ser lo que realmente somos; en otras palabras, el proceso de individuación que conduce al auténtico yo.

Los magos trabajan con imágenes arquetípicas porque estimulan la psique. Son conceptos con una gran resonancia emocional que toman su estado y forma de la cultura en la que se manifiestan. En la alquimia medieval y renacentista, había aves diferentes que simbolizaban las etapas del proceso de transformación alquímica de la materia básica en oro. Una de las aves más importantes de la alquimia es el fénix.

El simbolismo del ave fénix me ha inspirado desde que leí el libro infantil *The Phoenix and the Carpet*[2], en el que una alfombra mágica lleva a los niños protagonistas a otras dimensiones. De niña no creía en las alfombras mágicas, pero el libro se me quedó grabado en la mente. Este libro y otros parecidos insinuaban esos avances en la conciencia que nos llevan a través del velo a otros reinos. Parecía haber mucho más en la historia de lo que se veía a simple vista. Dado que la autora, Edith Nesbit, era miembro de la Orden Hermética de la Aurora Dorada, lo más probable es que las pistas sobre la magia fueran más que intencionadas.

En la alquimia espiritual, el fénix representa la culminación del propósito de la gran obra, que es la transformación de la conciencia y la personalidad del mago y el nacimiento del auténtico yo. El fénix también puede simbolizar la transformación de las sociedades y de los grupos. Por eso titulé mi libro sobre el renacimiento pagano del siglo XX *Phoenix from the Flame*[3].

El fénix y otras aves mágicas parecidas se pueden encontrar en muchas culturas diferentes. Para nosotros, los pájaros pueden parecer comunes, corrientes, pero para nuestros antepasados las migraciones de estos hacia lugares desconocidos y su vuelta, su capacidad de volar hacia los reinos de los dioses y sus cantos celestiales los convirtieron en criaturas de mito y misterio. Los mitos sobre el fénix varían según sus orígenes, pero todos coinciden en que el fénix es un portento raro, maravilloso y poderoso. Para los antiguos griegos, el fénix es un ave de bello plumaje ardiente cuya llegada predecía grandes acontecimientos. Vive en Arabia y todas las mañanas, cuando amanece y sale el sol, se baña en el agua fresca y clara de un pozo y luego entona un canto tan dulce y delicioso que el dios del Sol se detiene a escucharlo. El fénix vive quinientos años y, cuando siente que su vida está llegando a su fin, construye un nido de corteza de canela aromática muy inflamable. Esta corteza se enciende ella misma en llamas que fluyen como alas. El fuego consume al fénix hasta convertirlo en cenizas, pero de ellas surge uno nuevo. El fénix recién reencarnado envuelve las cenizas de su antiguo cuerpo en un huevo de mirra y vuela con él hasta la ciudad de Heliópolis, en Egipto, la Ciudad del Sol. Allí deposita el huevo de cenizas en el altar del dios del Sol, Ra, y el ciclo que siempre se renueva comienza una vez más.

La historia del ave fénix es un mito mágico, un imaginario colectivo que expresa verdades y mensajes importantes que pueden entenderse a muchos niveles. Para los niños pequeños que escuchan a los más mayores contar los antiguos mitos de su pueblo, son unos emocionantes cuentos para dormir. A medida que crecemos, comprendemos que hay mensajes en esos mitos sobre la visión del mundo de nuestra cultura y sobre la relación con sus dioses. También puede que descubramos otra capa de significado: que los mitos transmiten verdades eternas sobre el crecimiento y el cambio psicológico. El fénix es un símbolo del poder creativo. Se renueva a partir del fuego y nace de nuevo. El mensaje que transmite es acerca de la madurez espiritual. Ningún maestro, gurú, sacerdotisa o sacerdote puede llevar a cabo esta transformación por nosotros. Es algo que podemos y debemos hacer nosotros mismos. Pero esta transformación no se consigue si no se está dispuesto a dejar atrás el antiguo yo, liberando así lo viejo para dar paso a lo nuevo.

Nuestro público de Cracovia ha aguantado bastante bien las incómodas sillas y el esfuerzo de escucharme pronunciar cada frase en inglés seguida de una interpretación al polaco. Es hora de un cambio de energía, de mover el cuerpo y la mente; de interiorizar las ideas para crear algo nuevo. Esparcimos bolígrafos de colores y pinturas sobre una mesa. A continuación, desenrollamos la imagen de un fénix que Chris ha dibujado en un papel de tamaño póster. Este será el centro de nuestro ritual de esta tarde. Juntos, nosotros y nuestro público, crearemos un rito que les sirva de inspiración espiritual para su trabajo de revivir las tradiciones mágicas de Polonia. Cada uno de ellos tendrá su propia visión de lo que podría significar, pero la imagen del fénix servirá para entrelazar esas visiones.

Pedimos a todos que dediquen un tiempo de ese día a contribuir a darle color al fénix. Mientras coloreamos, nos centraremos en nuestra intención mágica: lo que queremos para la comunidad pagana y espiritual polaca. Pedimos a la gente que incorpore símbolos personales, runas, intenciones mágicas en escrituras esotéricas…; lo que sea que se vean impulsados a hacer para sentirse dueños de la imagen. El fénix representará la combinación de todas las ideas dispares en algo nuevo, una visión grupal que es más que la suma de las partes individuales.

Aquí es donde convergen lo creativo y lo mágico. Excavamos en lo más profundo de nuestro ser hasta llegar a la fuente de nuestra creatividad y la aprovechamos para crear imágenes arquetípicas que hablan de las profundidades y las capas de la psique que van más allá de la conciencia cotidiana. Hablamos del reino de los sueños y de la visión, del mundo chamánico de los símbolos y de las imágenes. Hablamos con un yo arcaico más profundo, con el ADN que llevamos dentro y que aún conserva la huella de la primera pintura rupestre, del primer petroglifo y del primer mapa tosco dibujado con un palo en la tierra.

Ponemos el ave fénix sobre la mesa e invitamos a la gente a que venga a trabajar en él mientras medita. ¿Qué les gustaría ver crecer en la nueva espiritualidad de Polonia? El público está en silencio. No estoy segura de que hayan captado la idea. ¿Estará transmitiendo la interpretación bien lo que queremos decir? Entonces, algunos de los más ariscos se dirigen a la imagen. Otros son más tímidos, más dudosos (seguramente esto se parezca un poco a la escuela primaria). Algunos tienen hambre y van directos a comer. Algunos empiezan a trabajar en la imagen con atención. Otros que se habían ido vuelven y esperan su turno. Hay una concentración silenciosa, un ir y venir en torno a la imagen, un ir y venir en la sala, unos que se van, otros que llegan. Poco a poco, la imagen en blanco y negro cobra vida. Algunos comienzan a crear un fondo. Las llamas rodean ahora al fénix, así como los símbolos y las letras. Yo añado algo de color. Chris añade más llamas. Los organizadores y otros oradores contribuyen. Poco a poco nace algo bello.

Por la tarde, retiramos las sillas y la parafernalia de la conferencia. En el exterior, ha comenzado a llover y está oscuro con nubes. Crear una atmósfera mágica en las habitaciones de los hoteles no es fácil. Las alarmas de incendio impiden el uso de incienso y una reunión de desconocidos no es la base habitual para un rito de transformación. El color nos ayuda a crear la energía adecuada. Chris y yo nos hemos puesto túnicas rojas y muchos de los participantes han traído algo rojo, naranja o dorado para llevar puesto durante el rito, creando un color flamígero en la sala que se oscurece.

Nos situamos en un círculo con la imagen del fénix ardiente en un lugar destacado, en un caballete dorado. En el centro del pecho hay un águila blanca sobre un campo rojo, el escudo de Polonia. Unas velas doradas parpadean en un altar cubierto de rojo en el centro de la sala y sus llamas se reflejan como una luz centelleante en las lámparas de araña y los espejos de las paredes. Enseño la letra de un cántico que cantaremos durante el rito. El cántico repetitivo nos lleva a profundizar en nosotros mismos, a percibir lo que más necesitamos transformar en nuestras propias vidas y a identificarnos con el poder transformador del fénix. Luego, en un estado de conciencia energizado en esta ciudad tan mágica, potenciaremos el símbolo colectivo del fénix.

Hay un cambio en la energía y en la atmósfera. Los ritualistas experimentados entre nosotros están tranquilos, pero para algunos hay una expectación emocionante ante su primera experiencia de un gran ritual comunitario. El rito empieza a tomar una forma y figura que creará su propia dinámica. No hay que forzar nada. Saldrá de las energías colectivas de todos nosotros. Me viene un pensamiento a la mente: «Confía en el proceso». Cuando hacemos magia, hay una vieja idea de que no debe haber «deseo de que dé resultado». Hacemos el trabajo mágico y luego nos apartamos. Los acontecimientos ya no están en nuestras manos y aguardamos, sin esperar ni temer el resultado. Esto es lo contrario de lo que la gente suele pensar de la magia, que es un medio para imponer nuestra voluntad a los acontecimientos externos. Esta magia es diferente. Es un acto creativo. Se trata de estar dispuesto a viajar a lo desconocido, sin saber muy bien cómo será el rito para cada uno de los presentes, pero confiando en que los participantes encontrarán en él su propio significado personal.

Chris siempre viaja con un gong de templo, el instrumento perfecto para silenciar a una multitud y para los momentos dramáticos del ritual. Cuando el gong resuena, las voces se apagan y las reemplaza un silencio expectante. Me dirijo al centro del círculo de personas y me sitúo junto al altar. No sé lo que voy a decir. Nunca lo sé a estas alturas. No es algo que pueda planificarse de antemano. Tiene que surgir del inconsciente, de la suma total de las imágenes, pensamientos, emociones, deseos, aspiraciones y anhelos de los que estamos reunidos para hacer el rito.

Me viene a la mente la imagen de una esfera de luz dorada. La visualizo, describiendo que toma forma alrededor de nosotros para que estemos dentro de ella. Entonces, empieza a cambiar de forma. La esfera es ahora más parecida a un huevo, un símbolo de la creación en muchas tradiciones espirituales. La imagen del huevo protector crea una barrera psicológica entre nosotros y el mundo, pero también un espacio sagrado, un campo de conciencia compartido en el que puede nacer un nuevo pensamiento-sentimiento-visión-idea. El huevo de luz dorado crea un espacio que se siente privado y contenido, pero no nos olvidamos de lo práctico. Hemos colocado a alguien en la puerta. No sería el mejor momento para que el personal del hotel decidiera rellenar la nevera con agua.

Invoco la energía del dragón de Cracovia que escupe fuego e invito a todos los de nuestro rito a viajar hacia abajo, abajo, muy abajo, a través de los edificios, a través de los cimientos, a través de las capas de civilización hasta el suelo y la roca; descendiendo no como lo hice en Noruega para llegar a ser uno con la tierra, sino más profundo. Bajamos al corazón ardiente de la Tierra, al núcleo, al centro. Visualizamos el fuego subiendo hacia nosotros, a través de los pies y la columna vertebral hasta el chakra del plexo solar, hasta el corazón, hasta el cerebro. Estamos encendidos, somos uno con el fuego de la Tierra.

Vuelvo a mi lugar en el círculo. Chris toma el relevo y nos guía en una visualización. Estamos en una meseta rocosa con vistas a un paisaje desértico. Los halcones se elevan en las térmicas del suelo del desierto. El sol está bajo y rojo en el cielo. Sus rayos son deslumbrantes. Brillan a través de un arbusto en el borde de la meseta y parece que el arbusto está en llamas. Sentimos una presencia que se manifiesta en las llamas parpadeantes. Se oye un revoloteo de alas ardientes; luego, en el centro del fuego, aparecen un pico y una cabeza. El ave fénix emerge flotando sobre el fuego, resplandeciente bajo los deslumbrantes rayos del sol.

Entramos en comunión con el espíritu del poder del fénix, contemplando lo que podríamos necesitar cambiar en nuestras vidas y en el mundo que nos rodea. ¿Qué es lo más importante que hay que cambiar ahora? Cada uno de nosotros se concentra en cuál podría ser nuestra respuesta a esta pregunta. Entonces, caminamos, corremos, volamos, atraídos sin poder resistirnos hacia arriba, hasta que nos elevamos con el fénix. Nos elevamos más y más hacia el cielo, hacia el Sol. El orbe comienza a llenar nuestra visión. Volamos hacia las llamas del Sol, el fuego consume nuestros cuerpos. Nos quemamos, pero no hay dolor, porque ahora somos el fénix, ardiente pero siempre renovado, con el poder de la transformación dentro de nosotros.

Fuera, las nubes se despejan de repente. Los intensos rayos de sol de la tarde entran por las ventanas, bañándonos en una luz dorada, y empezamos a entonar un cántico para identificarnos con el fénix:

> «Soy el fénix, la llama viva, surjo de las cenizas del pasado...».

Estas palabras las he adaptado del *Libro de los muertos de los antiguos egipcios*, que ahora renacen con una melodía creada para el cántico por músicos austriacos y checos con los que Chris y yo hemos trabajado[4]. Fluido y alegre, el cántico aumenta de intensidad. Comenzamos a movernos a su ritmo. El movimiento se convierte en una danza de trance en honor al fénix. Nuestra conciencia se sincroniza. El cántico culmina y nos detenemos al mismo tiempo. Hay un profundo silencio y la sensación de que ha ocurrido algo trascendental, un cambio en la conciencia. El fénix ha volado hacia el mundo. Me invaden sentimientos de alegría y gratitud por haber formado parte de ello.

Ha ocurrido algo hermoso que es difícil de explicar con palabras. Deambulamos por la sala hablando en voz baja y yendo a contemplar una vez más el fénix, reacios a abandonar el espacio santificado del ritual para volver a formar parte del mundo exterior. Este instante es especial, sagrado, un momento en el que salimos del reino de lo ordinario y entramos en uno en el que ocurre algo que no podemos describir del todo, pero que sabemos en lo más profundo de nuestro ser que nos ha cambiado la vida. Estos ritos son una fusión creativa, alimentada por antiguos símbolos, arquetipos y mitos. Abren un lugar en la psique humana donde la magia y la creatividad se encuentran para enriquecer el espíritu e inspirar el corazón. Estos ritos nos dan un sentido de lo eterno, el reino más allá de los límites del yo. Hacen que nazca una nueva esperanza, una nueva visión.

El domingo por la tarde se clausura la conferencia. Los ponentes, los expertos internacionales, los invitados y los organizadores nos reunimos para un ritual final y, luego, termina nuestro trabajo. Los invitados se marchan y los trabajadores salimos a las calles adoquinadas y peatonales de Cracovia. Las calles tienen su propia magia. Unos hermosos carruajes tirados por parejas de caballos arreglados de manera inmaculada recorren la arquitectura renacentista, pasando por los restaurantes de las aceras, las tiendas de licores que exhiben botellas de todos los tonos exóticos y las joyerías que brillan con ámbar. Vemos por qué los turistas acuden en masa a este lugar declarado Patrimonio de la Humanidad por la Unesco, pero aún no es la hora de hacer turismo. Primero, tenemos una aventura mágica más antes de dejar Cracovia.

Antes de que el *enfant terrible* del mundo mágico Aleister Crowley irrumpiera en escena, el mago más famoso de Gran Bretaña era el Dr. John Dee, matemático, criptógrafo, navegante, astrólogo de la corte y alquimista de la reina Isabel I, además de inspirar los personajes de Próspero en *La tempestad* de Shakespeare y del doctor Fausto en la obra de Christopher Marlowe. Su vida aventurera lo ha convertido en objeto de un sinfín de biografías, novelas y exposiciones en museos.

La imagen popular del alquimista intentando fabricar oro es solo una parte de la historia. Los alquimistas también aspiraban a fabricar otras sustancias muy deseadas por los clientes ricos, como el *elixir vitae*, el elixir de la juventud, la salud, la longevidad e incluso la inmortalidad. Alrededor de 1582, el Dr. Dee afirmó haber encontrado el famoso elixir en el místico lugar de Glastonbury. El conde polaco Albert Laski convenció al médico erudito de que, con su elixir, sería muy bien recibido en las cortes de Europa Central y del Este.

El 21 de septiembre de 1583, John Dee se embarcó a bordo de un barco de madera chirriante para emprender un viaje que lo llevaría a Cracovia. El propósito completo del viaje ha sido objeto de especulación durante siglos, pero se dedicó a firmar sus cartas privadas a la reina Isabel como «007». Los ceros representaban los ojos y el siete era un número de la suerte que ofrecía protección. Él le decía que era su vigilante protector. Casi con toda seguridad, el jefe de espionaje de Isabel, sir Francis Walsingham, le había encargado que le enviara información de las cortes de Europa, pero en lo que a él respectaba, esto no era más que una actividad secundaria para subvencionar sus viajes mágicos.

John Dee tenía suficientes cartas de presentación, amigos bien relacionados como Michael Sendivogius, un latín fluido y conocimientos enciclopédicos para impresionar a los reyes y nobles con los que pensaba relacionarse en su viaje. Por desgracia, también tenía un impulso irrefrenable de enfrentarse a gobernantes despóticos con verdades inoportunas. Todo iba bien durante una visita a Praga, capital del rico reino de Bohemia, hasta que ofendió al rey Rodolfo II diciéndole que los reinos espirituales querían que reformara su vida decadente. Se apresuró a regresar a Cracovia, una ciudad que un espíritu servicial ya había identificado como favorable para su trabajo mágico. Al igual que el otro excéntrico místico inglés William Blake, la especialidad de John Dee eran los ángeles. Comunicarse con entidades que no tienen ni cuerpo ni voz es complicado, así que adoptó la misma solución que hicieron otros magos a lo largo de los siglos: contrató a un médium; un antiguo falsificador muy astuto llamado Edward Kelley.

El motivo por el que John Dee confió en Kelley para entregar mensajes angélicos precisos es desconcertante. Kelley debió de ser muy persuasivo. En cualquier caso, la asociación mágica floreció lo suficiente como para convertirse en una de las más influyentes en las artes mágicas. El potencial de Cracovia le fue revelado al Dr. Dee el 28 de febrero de 1584, cuando un espíritu femenino llamado Madimi se manifestó y le aconsejó que trasladara allí sus operaciones mágicas. Una vez que encontró una casa adecuada para él, Edward Kelley, sus esposas, su biblioteca mágica y otros artículos necesarios para un mago viajero, comenzaron las actividades mágicas. El 12 de abril de 1584, un ángel llamado Nalvage comenzó a dictar una serie de versos en un lenguaje mágico que llamaron «enoquiano» y que se conocieron como las «llamadas enoquianas»[5]. Las llamadas eran tan poderosas que Nalvage insistió en dictar las frases al revés para no activar de forma accidental sus energías.

Por desgracia, la casa original alquilada por John Dee para su estancia mágica en Cracovia ya no existe, pero la calle sí, al igual que también lo está una casa parecida de un mercader del siglo xv, a pocas puertas del antiguo alojamiento del mago. Aparte de la proximidad al lugar original, tiene la ventaja añadida de que ahora es el Hotel Stary, de cinco estrellas, que cuenta con una lujosa decoración gótica con metales preciosos, cuero, maderas exóticas, alfombras orientales, seda y mármol, además de un bar en la azotea. Es un mundo más allá de la decadente grandeza de nuestro hotel para las conferencias, pero un entorno adecuado para una aventura mágica.

Gracias a unas cuantas consultas y a la promesa de comprar grandes cantidades de champán, financiadas con generosidad por el mago sueco que hay entre nosotros y por el asombroso y favorable cambio monetario entre las coronas y los eslotis, nos aseguramos el uso exclusivo del bar de la azotea durante dos horas. Nuestra intención es rendir homenaje a nuestro famoso predecesor reproduciendo algunas de las prácticas mágicas del Dr. Dee. Carecemos del equipo necesario para fabricar oro o el *elixir vitae*, pero contamos con magos expertos en algo que aún no he experimentado: la entonación de las llamadas enoquianas. Las llamadas están diseñadas para desencadenar el cambio de conciencia y abrir puertas a una serie de *aethyrs*, u otros mundos del más allá, concebidos como una expansión en círculos concéntricos desde el mundo cotidiano.

En la cálida tarde de agosto, un camarero sirve copas de champán mientras la dorada luz del sol se alarga y baña las piedras de ámbar, ocre y terracota pálida de Cracovia en un armonioso resplandor. El experto británico Dee y su compañero mago sueco comienzan a entonar las llamadas: *Ol sonf vorsg, goho Iad balt, lansh calz vonpho: sobra z-ol ror i ta...*

La charla distendida desaparece. No es que se nos pongan los vellos de punta, pero casi. Veo que todos empezamos a sentir esa energía que recorre el cuerpo cuando algo ocurre en algún nivel profundo de la psique. La entonación de los magos va en aumento y es cada vez más intensa. El camarero abandona su bandeja de bebidas y desaparece en la planta baja, dejando que nos sirvamos nosotros solos. Entonces, ocurre algo inesperado: el cielo cambia. La hermosa noche de verano se mantiene, pero ha aparecido un círculo de nubes oscuras que rodea la zona de la ciudad alrededor del hotel y se dirige de forma constante hacia el interior, hacia nosotros. Las llamadas se detienen y, luego las nubes, dejando un círculo claro de cielo por encima de nosotros. Lo observo como si fuera una película, sin poder creerme lo que estoy viendo. Es como si las llamadas estuvieran moviendo las nubes. No sé qué significa esto, pero es precioso. La gente, la luz, las llamadas, todo se funde en una sinfonía de sonido y color, un efecto especial perfecto. A Steven Spielberg le encantaría.

Casi siempre puedo racionalizar la magia. Como psicóloga, puedo hablar del contagio emocional, del poder de los cánticos rítmicos para cambiar los patrones cerebrales, del poder ancestral de los rituales para captar la imaginación humana, etc. Podemos explicar gran parte de la magia mediante las teorías de la psicología, la biología, la física, la neurociencia y otras ciencias, pero a veces no hay explicación. Solo de vez en cuando, muy de vez en cuando, la experiencia pasa a otro nivel. Esto no significa que nunca seamos capaces de entender y explicar lo que ocurre, pero es un importante recordatorio de que los humanos aún sabemos muy poco incluso de esta pequeña parte del cosmos en la que habitamos. Nos queda un largo camino por recorrer antes de comprender con plenitud nuestro universo sincrónico.

19
Bajo la pancarta verde

Los tambores ya han comenzado; los silbatos suenan en un ambiente carnavalesco de emoción y expectación. Chris y yo, junto con miles de personas, salimos de la estación de metro Embankment de Londres con nuestras pancartas enrolladas en la soleada mañana del equinoccio de otoño del domingo 21 de septiembre de 2014. Cientos de miles de personas de 150 países participan en la Marcha Popular por el Clima, el mayor llamamiento a la acción contra el cambio climático. Nos manifestamos en Londres, Nueva York, Río, Bogotá, Santiago, Ámsterdam, París, Madrid, Roma, Milán, Berlín, Varsovia, Delhi, Melbourne y en grandes ciudades y pequeños pueblos de todo el mundo. El problema es tan importante que me encuentro de nuevo en las calles marchando, algo que no me había sentido impulsada a hacer desde hace décadas. Estamos marchando por el planeta.

Chris vuelve a ser presidente de la Federación Pagana. La última vez fue en los años noventa. Ahora lo han llamado de nuevo. Nos dirigimos al punto de encuentro de los miembros y buscamos dónde unirnos a la multitud que espera para comenzar a marchar. Encontramos una sección de grupos espirituales: los druidas contra la fracturación hidráulica junto a los cuáqueros y algunos budistas. Desplegamos la pancarta de la Federación Pagana y luego nuestra propia pancarta verde, pintada con la imagen de una liebre saltando sobre la cara de una luna plateada. Ha asistido a muchos eventos mágicos, pero esta es su primera protesta política.

El símbolo de la liebre y la luna fue creado por la diseñadora de joyas Dawn Meadows en honor a Madge Worthington, la anciana inglesa que en 1974, junto con Arthur Eaglen, me inició en su aquelarre wiccano. Fue ella quien sufrió el vilipendio de una exposición instigada por el infame tabloide dominical *News of the World*[1], que en una de esas extrañas cadenas mágicas de la causalidad dio lugar al folleto *Witchcraft: A Warning* que me ayudó a mostrar mi camino espiritual. Madge fue una mujer increíble que nació en una familia colonial británica, se liberó de la clase y la casta y se convirtió en una pensadora radical. Marchó en los años cincuenta con la Campaña para el Desarme Nuclear y apoyó la protesta por la paz de los años ochenta en RAF Greenham Common. Defendió los derechos de los animales cuando pocos habían oído hablar de este concepto. Advirtió de los peligros de las radiaciones cuando era habitual radiografiar los pies de los niños para comprobar su talla de zapatos. A su muerte, en 2005, fue reconocida como una mujer que tenía las ideas correctas todo el tiempo.

Algunos de los últimos rituales que Chris y yo hicimos con Madge fueron para el Día de la Tierra, la iniciativa mundial iniciada en 1970 por el senador de Wisconsin y veterano de la Segunda Guerra Mundial Gaylord Nelson para educar a la gente sobre la protección del planeta. El evento de 1970 fue un éxito rotundo, pues participaron veinte millones de personas.

En diciembre del mismo año, el presidente Richard Nixon había creado la Agencia de Protección Ambiental. En esos días políticos más ilustrados, la acción medioambiental contaba con el apoyo de republicanos y demócratas.

En 1971 se fundó Greenpeace. En 1972, con algunos amigos *hippies*, me reuní en el jardín de nuestra casa compartida en el sureste de Londres para honrar a la Tierra. Mi amigo Bob, de pelo largo y barba, que a los veintiocho años era el más sabio de nosotros, habló con pasión sobre la violación de la madre tierra, la contaminación de su atmósfera y el envenenamiento de sus ríos. Nos había convencido. La mayoría de la generación de nuestros padres nos consideraba unos lunáticos.

En 1990, para el vigésimo Día de la Tierra, Chris y yo organizamos un evento interconfesional de la Federación Pagana en Horsenden Hill, al oeste de Londres, el yacimiento de un asentamiento de la Edad de Hierro de hace 2.500 años. Madge sube cojeando la colina con su bastón. Repartimos bolsas biodegradables y organizamos una limpieza de basura; después, nos colocamos en un círculo tomados de la mano. Pronunciamos una invocación para honrar a la Tierra, que va más allá de las tradiciones religiosas, para pedir a la fuente divina de toda la vida, «Jehová, la diosa, Alá, sea cual sea el nombre que le demos», que traiga la curación a nuestro planeta. Cantamos unos sencillos cánticos creados en su mayor parte por la comunidad feminista y ecologista de la diosa, el colectivo Reclaiming de California. Sencillos, rítmicos y acompañados de tambores, son fáciles de aprender para los recién llegados y pueden unirse a ellos.

Dirigimos una visualización, una que se está utilizando en eventos parecidos de la Federación Pagana en todo Reino Unido y más allá. Visualizamos una Tierra renovada formándose a nuestro alrededor. En el este, las altas chimeneas industriales con su denso humo oscuro y su olor a acre se desvanecen para dar paso a un cielo azul claro de primavera, nubes blancas y limpias y una brisa fresca y vigorizante. En el sur, un vasto desierto con misiles volando por encima del sonido de los disparos se desvanece en el silencio del desierto y el oasis. En el oeste, un río desemboca en el mar, con la superficie manchada de espuma amarilla y vetas de aguas residuales marrones y las orillas sembradas de peces muertos. La imagen se desvanece en un río claro y caudaloso, con plantas acuáticas verdes y peces, que desemboca en un mar limpio y azulado donde las aves marinas se reúnen en el estuario. En el norte, un enorme vertedero, con bolsas de plástico arrastradas por el viento y un árbol atrofiado que lucha por vivir, se convierte en una visión de verdes colinas cubiertas de árboles y praderas de hierba, con mariposas y abejas revoloteando entre las flores silvestres.

Al final del rito, repartimos folletos impresos en papel reciclado a las personas que se han acercado a ver y a las que han participado. Los folletos describen lo que la gente común puede hacer para reducir la contaminación y conservar los recursos. La visualización en sí no cambiará la Tierra. Es algo a lo que podemos aferrarnos, una imagen que nos inspira a actuar. Esperamos haber ganado algunos corazones y mentes.

En 1990, hubo actos del Día de la Tierra en más de 140 países. En el año 2000, participaron 184 países. En 2009, a instancias del presidente de Bolivia, Evo Morales, la Asamblea General de las Naciones Unidas reconoció la personificación del planeta, lo que supuso un triunfo para una cosmovisión animista.

Las acciones simbólicas, como las marchas y los rituales comunitarios, pueden ser formas poderosas de inspirar a otros. En 2014, Chris y yo no nos unimos a la Marcha Popular por el Clima porque esperamos que nuestras acciones tengan un efecto inmediato. Los políticos lo quieren todo a corto plazo. Quieren ser portadores de buenas noticias. «Las cosas están mejorando»; «Tú te estás haciendo más rico»: estos son los mensajes que creen que ganarán apoyo. Los mensajes duros sobre el cambio de comportamiento, el menor consumo y la reducción del uso de la energía no son lo que creen que les hará ser reelegidos.

Nuestro objetivo es concienciar a la sociedad hasta que llegue a un punto de inflexión. Solo cuando las demandas de acción aumenten por parte de la gente, de los votantes, de la mayoría y no de unos pocos radicales..., solo entonces nuestros políticos actuarán.

Mientras esperamos nuestro turno para salir, se filtran noticias. El secretario general de la ONU, Ban Ki-moon, va a unirse a la marcha en Nueva York junto con la activista Jane Goodall y el ecologista y ex vicepresidente estadounidense Al Gore. Algunos políticos han captado el mensaje. En Londres, la diseñadora de moda Vivienne Westwood y el músico Peter Gabriel también se unen a la multitud. La actriz Emma Thompson transmite el mensaje a los medios de comunicación de forma directa: «A menos que reduzcamos la huella de carbono antes de 2030, el mundo estará condenado»[2]. Cada uno de nosotros que se dé cuenta del peligro es un catalizador para los que nos rodean, pero el apoyo de los famosos no es suficiente. Tenemos que ver que las personas cercanas a nosotros, las personas con las que nos identificamos, ven la crisis climática como un problema que debemos abordar.

Las actitudes no cambian de manera gradual. Hay innovadores que se aprovechan de una idea nueva desde el principio. Puede que se les considere excéntricos, incluso locos. A principios de la década de los setenta, todos mis amigos *hippies* y mágicos estaban horrorizados con el cambio climático y eran defensores radicales de un estilo de vida diferente (del vegetarianismo, la agricultura ecológica, la energía solar, el uso de la bicicleta, etc.), pero pocas personas convencionales consideraban que estas cuestiones fueran importantes. Los primeros en adoptar el cambio son un segundo círculo más amplio, que escucha a los pioneros y les cree. Se convierten en catalizadores que crean puentes hacia el pensamiento dominante. Ahora veo que se está formando un tercer círculo: la gente corriente preocupada por el cambio climático.

La marcha se dirige hacia las Cámaras del Parlamento; algunas personas empujan carritos de bebé; otras, andadores. Nuestras edades van de los ochenta años a los ocho meses, desde señoras mayores que parecen no sobrevivir a la marcha hasta bebés en brazos. Somos hombres, mujeres, personas no binarias, blancos, negros y asiáticos. La marcha ha trascendido más allá de las clases y los credos. Cuando llegamos a nuestro destino, y nuestra pancarta con la luna y la liebre ondea con orgullo en Parliament Square, sentimos como si hubiese una transición hacia una nueva conciencia colectiva, un paso más a impulsar la acción. Unirnos a quienes piensan igual nos da fuerza y puede crear alianzas entre tradiciones espirituales, nacionalidades y etnias. Estas alianzas pueden llevarnos a los destinos más inesperados.

En 2015, un año después de la marcha contra el cambio climático, viajo a la capital mormona de Salt Lake City como delegada de la Federación Pagana en el sexto Parlamento de las Religiones del Mundo. El objetivo del Parlamento es abordar el cambio climático. No son eventos frecuentes. El primer Parlamento se celebró en 1893, para reunir a las religiones de Occidente y Oriente. Ahora, el abanico se ha ampliado. Las comunidades indígenas del mundo y sus espiritualidades son bienvenidas y gracias al trabajo de pioneros como Angie Buchanan, Andras Corban-Arthen y Deirdre Pulgram Arthen, Phyllis Curott, Olivia Durdin-Robertson y muchos más, las tradiciones mágicas y paganas también están representadas. La ironía de que diez mil personas vuelen para debatir sobre el desastre planetario es enorme y solo se puede mitigar con la compensación de carbono, pero la necesidad de un diálogo y una acción colectivos es grande. Las religiones del mundo han despertado. También ellas están haciendo campaña para salvar nuestro planeta. No todos sus miembros, por supuesto: las ramas fundamentalistas de todas las religiones están demasiado ocupadas luchando por su cuota de mercado para darse cuenta de que el mundo por el que luchan está a punto de desaparecer.

Visualiza ahora el escenario: un vasto espacio interior de 63.100 metros cuadrados, el Centro de Convenciones Salt Palace de Salt Lake City. En el exterior, los ancianos nativos americanos encienden un fuego sagrado y palos de salvia, cuyo humo da una bendición fragrante y purificadora al espacio. Tocan el tambor y ofrecen oraciones por la Tierra.

La multitud entra a raudales en el Salt Palace. Sus paredes de hormigón y su moqueta horriblemente psicodélica desaparecen cuando el edificio se llena de representantes de ochenta países y cincuenta tradiciones espirituales. Los monjes budistas tailandeses con túnicas naranjas y bandoleras de lona hacen cola para tomar un café frente a un jefe nativo americano con un gorro de guerra. Detrás de él hay una ministra cristiana con una falda gris y una camisa azul con cuello de clérigo y, a su derecha, hay un grupo de mujeres sijes vestidas de blanco, ancianos nativos americanos en sillas de ruedas decoradas para que parezcan tronos móviles, representantes de los pueblos del Amazonas con chales tejidos de colores brillantes, hombres judíos con kipás, una sacerdotisa zen afroamericana con una túnica marrón, monjas e imanes. El aire bulle de conversaciones. Pueblos indígenas de todo el planeta, desde los maoríes de Nueva Zelanda hasta los inuit del Ártico, discuten problemas comunes: el aumento del nivel del mar para algunos, las batallas por el control de los recursos hídricos que disminuyen para otros, la degradación de las tierras tribales por parte de las corporaciones mineras y la lucha por la educación, los servicios médicos y el acceso a la vida moderna a través de internet, conservando al mismo tiempo la identidad cultural y las tradiciones. El jefe espiritual lakota Arvol Looking Horse, de la reserva del río Cheyenne, guardián de la 19.ª generación de la Pipa Sagrada de Búfalo Blanco, habla de cómo debemos volver a ver a la madre tierra como una fuente de vida, no como un recurso. Su discurso procede de la espiritualidad de los pueblos lakota, pero podría haberlo pronunciado de igual forma cualquiera de las tradiciones mágicas.

En 1989, Chris y yo dirigimos una ceremonia interconfesional para honrar a la Tierra en Canterbury, sede del cristianismo de Inglaterra. No fue fácil. Los paganos no eran muy bienvenidos en realidad. La reunión fue en el recinto de la catedral. Escribí como secretaria de la Federación Pagana ofreciéndonos a hacer un rito en honor a la Tierra en los claustros de la catedral. En su lugar, se nos concedió un espacio en un parque local, alejado del lugar principal de la reunión. A pesar de esto, la

BBC pensó que era lo bastante importante como para traer un equipo de cámaras, así que grabaron la presencia pagana. Era la primera vez que se celebraba un rito abiertamente pagano en Canterbury desde hacía más de 1.300 años.

Ahora todo ha cambiado mucho. Al menos en el mundo interconfesional se reconoce lo que la espiritualidad pagana, de las diosas e indígena pueden ofrecer. Macha NightMare, la Dra. Candace Kant del Seminario Cherry Hill y yo vamos a dar voz a las diosas en *Goddess Alive!*, una representación teatral ritual creada por Macha y que cuenta con máscaras de diosas de una belleza impresionante, obras de la artista Lauren Raine[3]. La producción honra con mimo y danza a las diosas de las culturas del mundo, un reconocimiento a la divinidad femenina y su poder de unificación por encima de los credos, los colores y las castas.

Mi amiga Francesca Ciancimino Howell, de la Universidad de Naropa, la única universidad estadounidense con raíces budistas (también autora de *Making Magic with Gaia*[4]), y yo vamos a dirigir una ceremonia meditativa multiconfesional en honor a la Tierra. Hace casi treinta años, ella representó a la diosa en nuestro rito en Canterbury. Ahora, viajamos alrededor de la espiral para trabajar juntas y honrar de nuevo a la Tierra. Elegimos lecturas de las tradiciones espirituales del mundo e invitamos a sus representantes a leer un pasaje que nos lleve a meditar sobre lo que nuestras congregaciones, templos, iglesias, círculos, lugares de trabajo y de educación pueden hacer para abordar el cambio climático. Nuestras tradiciones puede que sean diferentes, pero podemos encontrar un terreno común en nuestra preocupación compartida por nuestro planeta y por el futuro de la humanidad.

Mirando después desde la galería a la multitud que había debajo de mí, pienso: «Ojalá pudiera ser siempre así». Ojalá pudiéramos dejar de lado las diferencias y unir a la humanidad por el amor a nuestro planeta. Llego a la conclusión de que el Parlamento es el acontecimiento más extraordinario al que he asistido, unos días en el paraíso en un mundo codicioso y hostil. Aporta esperanza a la humanidad, porque hay algo loco y a la vez glorioso en él, como una estación espacial de una película de ciencia ficción en la que, en un rincón lejano del universo, convergen en paz y armonía todos los distintos seres.

Hay nuevas señales de esperanza. En el Día de la Tierra de 2016, más de 120 países firmaron el histórico Acuerdo de París. Greta Thunberg, otra figura inspiradora, ha dado un paso al frente para difundir el mensaje. Las pequeñas decisiones pueden tener enormes consecuencias en esa cadena invisible de causalidad que nos lleva a donde nunca podemos predecir. Su trayectoria comenzó con un viaje que ella no hizo. El 20 de agosto de 2018, esta quinceañera sueca decidió no ir al colegio, sino iniciar una huelga escolar para concienciar sobre el cambio climático. Se sentó a las puertas del Parlamento sueco para exigir al Gobierno que tomara medidas para reducir las emisiones de carbono. Al principio de forma lenta y luego como una bola de nieve, la cobertura de los medios sociales[5] llevó a una gran cobertura mediática. La huelga se hizo mundial y el viernes 15 de marzo de 2019 participaron 1,4 millones de jóvenes en 128 países. En abril de 2019, activistas de 80 países y ciudades participaron en protestas, marchas y ocupaciones de los principales lugares de interés. En respuesta a las protestas, los gobiernos de Reino Unido, Irlanda, Canadá y Francia y las autoridades municipales de Ámsterdam, Milán, Nueva York, San Francisco y Sídney declararon emergencias climáticas y se comprometieron a tomar medidas. Una encuesta de YouGov llevada a cabo en septiembre de 2019 mostró que la mayoría de las personas ahora cree que las acciones humanas están causando un cambio climático que está provocando graves daños al planeta y a la economía mundial, y que sus países podrían hacer más para abordar el problema[6].

El impulso para el cambio es cada vez mayor, pero también lo son los problemas. Los mares son más altos; los vientos, más salvajes; las sequías, más largas; los incendios forestales, más intensos y los huracanes, más devastadores. Vivimos con una creciente sensación de urgencia de que hay que hacer algo. El problema es enorme, pero cada uno de nosotros puede contribuir un poco en su propia vida. Podemos cambiar las mentes y los corazones, crear un movimiento en las corrientes de la psique humana, un movimiento que pueda convertirse en una marea, una marea de cambio. Porque lo que estamos haciendo es un cambio radical en la conciencia humana. La degradación de nuestro planeta es un síntoma y la causa subyacente es nuestro estado de conciencia.

Podemos impulsarnos a la acción por nuestra percepción de lo que está mal en nuestro planeta, pero nuestra pasión se hará aún más fuerte si experimentamos nuestra verdadera relación con lo que nos rodea, una visión del ser que comparten las tradiciones indígenas y mágicas. En los últimos dos milenios, hemos llegado a considerar a los seres humanos como la cumbre de la creación biológica y a las demás especies como meros objetos para nuestra explotación. Si nos damos cuenta de lo abismal que es nuestra conexión con todos los seres, esta visión se vuelve insostenible. Cuando nuestro sentido del yo se expande y lo que antes era *otro* y *no-yo* se convierte en una parte más profunda del *yo*, esta realización espiritual y filosófica puede tener un fuerte impacto en nuestra forma de vivir. Tiene sentido proteger el planeta cuando nos sentimos nosotros mismos como él.

Si podemos desarrollar un sentido del yo ecológico, los comportamientos sostenibles serán mucho más fáciles. No tenemos que convencernos intelectualmente. Podemos experimentar la necesidad de cambio a un nivel mucho más profundo. Estos sentimientos pueden ser la base de la ética medioambiental. Podemos ver un crecimiento de la empatía hacia la naturaleza en el auge del vegetarianismo y el veganismo. En parte, esta preocupación está relacionada con la salud y con nuestras inquietudes por la calidad de los alimentos, pero también refleja un profundo malestar por la ética del trato que damos a los animales en las granjas industriales.

En las últimas décadas, cada vez más personas se sienten atraídas por la comodidad de las ciudades, pero incluso los más urbanizados conservan una fuerte afinidad con el mundo natural. Algo dentro de nosotros quiere establecer una conexión de conciencia que el lenguaje y las religiones de la sociedad occidental no reconocen ni acogen. El psicoanalista Erich Fromm creó la palabra griega *biophilia*, de *bio*, que significa 'vida', y *philia*, una 'forma de amor', para describir nuestro amor apasionado por la vida y por todo lo que está vivo[7]. La biofilia nos da un impulso innato para formar conexiones afectivas con otros organismos vivos. Internet está lleno de fotografías y vídeos de amistades entre especies (gatos con perros, perros con caballos, caballos con cabras) porque estas conexiones nos tocan la fibra sensible. La biofilia ayuda a nuestra especie a sobrevivir y vemos sus manifestaciones todo el tiempo. Por ejemplo, estamos programados para morirnos de amor con las pequeñas y achuchables crías de otros animales, porque tiene sentido proteger a la siguiente generación de especies que son esenciales para nuestra biosfera. Nuestra naturaleza salvaje vivía muy cerca de los animales que cazábamos y domesticábamos. Dependíamos de los árboles para el combustible y de las estaciones para nuestros cultivos. Ahora, las relaciones están más ocultas. La mayor parte del tiempo, nunca tenemos que pensar en nuestra dependencia de la naturaleza, sin embargo, seguimos sintiéndonos atraídos por las plantas, los árboles, los pájaros y otros animales. Sentimos a un nivel inconsciente nuestra interconectividad con otras especies y anhelamos renovarla.

Nuestros antepasados sabían de manera instintiva que nuestra biosfera era una conciencia interconectada y entrelazada, pero de alguna forma, a medida que desarrollamos la ciencia y la tecnología, nos resultó más fácil fingir que el planeta era una materia insensible para que la usáramos y explotáramos. Estas actitudes nos han proporcionado un alto nivel de vida, inimaginable para las generaciones anteriores, pero a un terrible precio. Hemos creado una explosión demográfica que ahora amenaza con destruir los mismos recursos que le dio origen.

En la clasificación oficial de la Unión Internacional de Ciencias Geológicas, esta fase actual de la existencia de la Tierra es la época del Holoceno, que comenzó hace 11.700 años, tras la última gran glaciación. Sin embargo, el químico atmosférico y Premio Nobel Paul Crutzen sostiene que estamos experimentando cambios ambientales rápidos y catastróficos que están dando paso a una nueva época[8]. Esta es la época del Antropoceno, del griego *anthropos*, que significa 'humano', y *ceno*, derivado del griego *kairos* que significa 'momento crucial en el que la psique colectiva humana pasa por una enorme agitación'. En ese momento, las estatuas de los antiguos dioses se derriban y nuevos dioses, o ninguno, ocupan sus lugares. Las viejas barreras desaparecen, los antiguos prejuicios se revalorizan. Se han encontrado soluciones a los problemas del mañana en los conocimientos indígenas y mágicos que antes se dejaban de lado.

El ser humano es una de las especies más nuevas del planeta, pero nuestra posición se ha vuelto tan dominante que estamos provocando la extinción masiva de millones de otras formas de vida. Somos los niños nuevos del barrio, los niños nuevos de la guardería que acaban de aprender a atarse los cordones de los zapatos. Si miramos esto de forma positiva, significa que todos los errores que nuestra especie está cometiendo son solo una parte inevitable del crecimiento y podemos aprender a hacerlo mejor. Mientras tanto, los niños pequeños están a cargo del planeta y están desatando el caos.

Los seres humanos han avanzado intelectualmente, pero en términos de inteligencia emocional y madurez, en realidad somos como niños pequeños. El problema es que todo gira en torno al *yo* y a lo *mío*. Incluso tenemos eslóganes políticos que glorifican esta disfuncionalidad: «America First» («Estados Unidos primero»); «Britain First» («Gran Bretaña primero»). En otras palabras: «Voy a darme privilegio a mí mismo y a los que son como yo y a olvidar que vivo en un planeta». Este tipo de pensamiento es erróneo a muchos niveles. Podríamos explicar el problema en términos económicos o políticos. Podríamos recurrir a las ciencias sociales. Pero hay otra forma de verlo, que es decir que es defectuoso a un nivel mucho más profundo porque no comprende la verdadera naturaleza de la realidad. La verdad sobre las formas de vida biológica, humanos incluidos, no es la separación, el aislamiento y la independencia, sino la simbiosis, la interconectividad y la dependencia mutua. Cuando nuestro pensamiento se vuelve global, nos damos cuenta de lo evidente: que la naturaleza no tiene en cuenta las fronteras nacionales, y tampoco las pandemias, los tornados, las sequías o la contaminación. Los verdaderos problemas de nuestro planeta solo pueden resolverse si la humanidad se une para trabajar de manera conjunta para solucionarlo.

Los que vivimos en países donde se permiten las manifestaciones públicas estamos en una posición envidiable. Muchos otros no pueden protestar, no pueden hacer presión, así que los que podemos debemos actuar por el resto. Pero no basta con marchar y hacer rituales a Gaia. La forma más fácil de sanar la Tierra es cambiar el comportamiento humano. El lugar más fácil por el que empezar es por nosotros mismos. Cuando los problemas son tan grandes, podemos sentirnos abrumados. Si sucumbimos a la magnitud del problema, podemos reaccionar con negación o desesperación. Incluso podemos llegar a odiar y despreciar a nuestra propia especie y olvidar que tenemos poderes de creatividad e ingenio, además de los de destrucción.

Cuando los problemas parecen abrumadores, hay un hexagrama en el I Ching que siempre viene a la mente: el 9, *Hsiao Ch'u*, la fuerza domesticadora de lo pequeño. «La fuerza domesticadora de lo pequeño tiene éxito. Densas nubes, ninguna lluvia de nuestra región del oeste», nos dice el texto[9]. El hexagrama suele aparecer cuando nos encontramos en una posición de debilidad y necesitamos centrarnos en pequeños cambios acumulativos para lograr el objetivo que buscamos. Cuando se trata de lograr la sostenibilidad de nuestro planeta, si muchos de nosotros hacemos pequeños cambios, estos se acumulan. Las pequeñas acciones se convierten en grandes cuando hay muchas personas que hacen algo. También podríamos decir que, cuando el viaje es largo, puede ser difícil comenzar, así que empezamos con pequeños pasos y seguimos adelante.

20
Tocar la piedra

El camino menos transitado siempre me atrae, mucho más que la autovía de cuatro carriles. Me ha llevado a rituales mágicos, viajes chamánicos y encuentros con mujeres y hombres extraordinarios en muchos países del mundo. Las rutas ocultas de la psique y el territorio inexplorado me atraen mucho más que el camino ya recorrido. Esto también es cierto en el plano mundano, donde Chris y yo nos especializamos en conducir por el tipo de carreteras en las que se necesita un Land Rover con tracción a las cuatro ruedas. Por desgracia, no tenemos uno. Dado nuestro amor por ir por el *camino bonito*, a menudo por las montañas, deberíamos hacerlo. Los Pirineos occidentales, donde la carretera se acababa en lo alto del lado francés de la frontera; esa terrorífica ruta alpina, una trampa mortal en la oscuridad, donde Aníbal llevó a sus elefantes para atacar Roma; varias rutas *de las más cortas* del GPS que se convertían en senderos de tierra y atravesaban directamente granjas de ovejas galesas y subían más y más: hemos pasado por todas ellas.

Pero este viaje no es por gusto, sino por necesidad. Vamos a una boda.

La invitación suena maravillosa, la boda en pleno verano de dos amigos brujos italianos homosexuales en una mansión de campo convertida en un hotel por encima de las espumosas aguas del lago Mayor. Lo buscamos en TripAdvisor. El consejo que dan está claro: no intentes llegar después de que anochezca. Miramos un mapa y vemos los contornos y la forma de una serpiente retorcida de una carretera. Captamos el mensaje. Atravesamos el túnel desde Francia para poder iniciar la ascensión por la tarde. Nuestro GPS nos dice que hay tres kilómetros y medio hasta el hotel. El trayecto es aterrador. Nuestro largo coche británico con volante a la derecha no puede tomar las pronunciadas curvas de una sola vez, así que subimos por la carretera de un solo carril en una serie de giros de tres puntos que implican retroceder de forma peligrosa cerca del vacío, muchas marchas cortas y algunos puntos en los que parece que el motor se va a apagar. Tras quince minutos y tres kilómetros y medio, descubrimos que estamos en la parte baja del recinto. El hotel está a otros dos kilómetros y medio más arriba. Rezamos a los dioses del lugar para que nadie decida bajar y seguimos adelante, dándoles las gracias de nuevo cuando llegamos a la cima sin haber tenido que encontrar la forma de adelantar a otro coche.

Nuestro viaje a Italia es uno de muchos. Comienza con una invitación para hablar en el espectáculo mágico anual, el Witchfest en Fairfield Halls, en Croydon, un prosaico escenario al sur de Londres para un evento seriamente brujeril. Más tarde, un grupo de italianos se pone en contacto con nosotros. Están organizando un evento parecido, más pequeño, en Italia. ¿Nos gustaría ir? Vamos y presentamos nuestra visión de las tradiciones mágicas. Nos piden que volvamos. Se convierte en un programa regular de eventos y la comunidad wiccana italiana crece. Al igual que la Polonia católica, la escena mágica italiana despega de repente, alimentada por el compromiso de nuestros amigos Davide y Maurizia y por la energía y la pasión de quienes los rodean.

La boda es romántica; la comida y la música, maravillosas y es una reunión de amigos de toda la vida. Con el acontecimiento y las hermosas vistas del lago Mayor nos recuperamos del trauma del viaje y, dos días después, llega el momento de descender. En esta ocasión es un poco menos aterrador, y al menos esta vez tenemos las vistas. Llegamos a la carretera que bordea el lago y giramos a la izquierda, hacia Suiza. El trayecto por la estrecha carretera es menos espeluznantemente empinado, pero tiene el peligro añadido de los autobuses turísticos que circulan a gran velocidad. Sin embargo, estamos entusiasmados. El lugar de la boda está cerca de la frontera suiza, así que hemos podido organizar algo que quería hacer desde hace mucho tiempo. Parece una peregrinación.

Ciertos lugares evocan sentimientos en nuestra imaginación aunque nunca hayamos estado allí. Están asociados a personas, acontecimientos e ideas que son especiales para nosotros. Tienen una resonancia mágica. Para un católico puede ser Roma; para un musulmán, La Meca; para un americano, las tierras de sus antepasados; para un exiliado irlandés, la calle O'Connell o los acantilados de Moher y para un pagano moderno, Stonehenge. Cuando empecé mi búsqueda del santo grial cuando era adolescente, no sabía a dónde me llevaría, pero sabía que los escritos de Carl Jung fueron un detonante. Me hicieron darme cuenta de la conexión entre la conciencia mágica y la búsqueda del auténtico yo interior. También para él la búsqueda del grial era un viaje interior, un símbolo del viaje espiritual de la individuación y la reunificación con el auténtico yo. Como amante de la obra de Jung, uno de mis lugares de peregrinaje favoritos es Eranos.

Hace tiempo que me fascina la comunidad que se formó en torno a las reuniones de Eranos celebradas en la finca de la teósofa y espiritista Olga Fröbe-Kapteyn en el pueblo de Moscia, a orillas del lago Mayor, debajo de Ascona, en la Suiza italiana. A principios del siglo XX, Ascona era un lugar como Sedona (Arizona) o Glastonbury (Inglaterra). Era un paraíso de la Nueva Era con un estilo *hippie*, donde la gente se instalaba en casas, disfrutaba del buen clima, practicaba el naturismo y la liberación sexual, probaba nuevas formas de arte, creaba rituales y experimentaba con la magia.

En este ambiente embriagador, Olga Fröbe-Kapteyn se sintió inspirada en 1928 y construyó una sala de conferencias de doscientos asientos junto a la villa de su propiedad. Alguien la describió una vez como «una de esas personas que flotan por la vida a uno o dos centímetros del suelo»[1]. Decidió seguir su intuición y empezar a construir la sala, aunque no tenía ni idea de por qué la estaba construyendo. Un viaje a Connecticut y una conversación con la esoterista Alice Bailey le dieron la clave. Crearía una reunión de pensadores destacados de las ciencias y las humanidades. El principio rector sería un *eranos*, una palabra griega que hace referencia a un banquete en el que cada invitado contribuye con un plato de comida, pero aquí las contribuciones serían comida para la mente.

Eranos se convirtió en un célebre acontecimiento anual. Las invitaciones se enviaron y Carl Jung respondió, al igual que Erich Neumann, el hijo de Richard Wilhelm, Hellmut (también un destacado sinólogo), Mircea Eliade, Joseph Campbell, Daisetz Teitaro Suzuki, Erwin Schrödinger, Marie-Louise von Franz, Emma Jung, Aniela Jaffé, Laurens van der

Post, Kathleen Raine y Gershom Scholem. Muchas personas a las que he leído y cuyo trabajo he admirado. La reunión se convirtió en un «Quién es quién» del pensamiento orientado a la espiritualidad.

Ahora Chris y yo estamos aquí. Aparcamos por encima de la finca y bajamos por el sinuoso sendero a través de los jardines exóticos hasta los edificios y el lago que hay debajo. La maravillosa gerente, Gisela, nos hace pasar a la biblioteca, el apartamento donde nos quedaremos durante nuestra estancia, y allí estamos, rodeados de volúmenes de los anuarios de Eranos y fotografías de los participantes. Admiramos los muebles pintados y la estufa de leña. Examinamos las pequeñas estatuas de dioses antiguos. Por la noche, dormimos bajo una romántica mosquitera blanca. Durante el día, caminamos descalzos por el suelo de madera. Por la noche, nos sentamos junto a una ventana que da al lago, bebiendo vino blanco y contemplando Italia, mientras las aguas del lago bañan las rocas. Comemos fuera, en el jardín, en la mesa redonda de piedra que he visto en las fotografías en blanco y negro de Carl Jung y los demás participantes de Eranos, comiendo y bebiendo en las largas noches de verano, después de la fiesta intelectual del día. Exploramos los caminos del jardín que unen los edificios de la finca. Caminamos por donde ellos caminaban, nadamos por donde ellos nadaban y buceamos en el muelle por donde ellos buceaban. La continuidad con el pasado es fuerte. Un día nos topamos con los nietos de Olga Fröbe-Kapteyn en la playa privada.

Trazamos con los dedos la inscripción que Carl Jung eligió para el altar de piedra del jardín. Dice en latín: «Al espíritu desconocido de este lugar». Aquí percibimos la energía que se encuentra en los lugares en los que la gente se ha comprometido durante largos años en un esfuerzo espiritual. Es la energía pacífica que se encuentra en los jardines de los monasterios y templos. El espíritu de este lugar es *desconocido* porque no podemos darle ningún nombre humano. Sale de los elementos, de la roca y el lago, del cielo y los árboles y de los profundos vínculos armoniosos entre el hombre y la naturaleza. Para nosotros, como para otros de los que se han alojado aquí, este lugar de paz por encima de las aguas del lago Mayor, consagrado al conocimiento alcanzado no solo a través del intelecto, sino también a través de la experiencia directa y la contemplación, se siente como un espacio sagrado.

Un día, Gisela nos enseña los dormitorios donde dormían Carl y Emma Jung y Joseph Campbell y su esposa, la bailarina Jean Erdman. Cuando un biógrafo describe a Jean Erdman zambulléndose en las aguas del lago[2], yo conozco ahora su frialdad y la euforia de lanzarme a la gran extensión de agua. Leemos y tomamos notas en la biblioteca. Leo el libro de conferencias de Marie-Louise von Franz sobre la alquimia espiritual en este lugar donde los espíritus de Carl Jung y de todos los que vinieron aquí parecen impregnar las propias paredes[3].

El tiempo pasa a toda velocidad. Me gustaría quedarme aquí durante semanas, tan solo escribiendo y contemplando, pero llega la mañana en la que hay que salir para volver a casa, a Bretaña. Hemos planeado la ruta, pero, una vez que hemos subido las maletas por las escaleras del jardín hasta el coche, me viene a la cabeza una idea de repente. Le pido a Chris que nos desviemos para ver el lugar donde comenzó todo para Marie-Louise von Franz: la torre que Carl Jung construyó en Bollingen, junto al lago de Zúrich, como su retiro espiritual. Sabemos que la torre es una casa de vacaciones privada de la familia Jung. Solo podremos ver lo que se pueda atisbar desde el camino junto al lago. Sin embargo, siento una necesidad imperiosa de ver esta mágica torre, que fue construida en gran parte por Carl Jung, aprendiendo a colocar una piedra sobre otra, aplicando mortero con una paleta de yesero. Bollingen fue para él lo que Bretaña es para nosotros: un lugar para reconectar con la naturaleza y el mundo físico. Allí restauró sus energías interiores antes de volver a su vida orientada a las personas, a los pacientes, a los estudiantes y a la enseñanza. En soledad, escuchando el canto de los pájaros y el chapoteo de las aguas del lago, tenía tiempo para incubar sus ideas, ideas que han influido durante mucho tiempo en mi vida.

Marie-Louise von Franz fue allí, superando su introversión. A los dieciocho años recibió una invitación sorpresa de un estudiante que apenas conocía, un sobrino de la amante de Carl Jung, Toni Wolff, para ir con él y un grupo de jóvenes a comer con Jung a la torre. El sobrino la invitó porque se había fijado en ella en las conferencias. Aunque era introvertida, tenía una gran curiosidad intelectual. Era la que hacía preguntas desafiantes a sus profesores. El sobrino pensó que ella sería menos aburrida para Carl Jung que sus amigos menos seguros intelectualmente.

Su instinto fue rechazar la invitación. La idea de viajar con un grupo de jóvenes estudiantes alborotados para almorzar con una persona famosa a la que nunca había conocido no era muy alentadora, pero algo la impulsó a aceptar. Esa aceptación le cambió la vida. El sobrino tenía razón: Carl Jung no la encontraba aburrida. Se convirtió en su investigadora, confidente intelectual y colaboradora en el desarrollo de sus ideas más importantes sobre la sincronicidad y la alquimia. Fue una relación que duró hasta que él murió.

Examinamos el mapa. Suiza es pequeña. Si viajamos hacia el norte antes de girar hacia el oeste, hacia Francia, podríamos ir en coche hasta la Suiza alemana y parar en Bollingen de camino. Ajustamos el GPS para ir a Bretaña pasando por Bollingen, pero nos defrauda. No acabamos en otra aventurera carretera de montaña, sino que, de alguna manera, nos lleva directamente a Bollingen. Estamos a punto de dar la vuelta y regresar cuando se me ocurre que esto es en esencia una peregrinación. La forma perfecta de llegar es, como hicieron la mayoría de los invitados de Carl Jung, a pie desde el pueblo más cercano.

Aparcamos en el pueblo y caminamos por el camino del lago, con el iPhone en la mano. En el mapa del navegador por satélite alguien ha colocado un pequeño punto para marcar el lugar de la torre, pero solo vemos árboles. Seguimos adelante. Unos cien metros después, la torre no se ve por ningún lado. Debemos de habérnosla dejado atrás. Nos volvemos y entonces lo entiendo. Desde este nuevo ángulo, podemos ver la cima de la torre asomando por encima de las copas de los árboles. La exuberante vegetación de mediados de junio, además de las décadas de crecimiento, la han ocultado prácticamente desde el sendero.

Cruzamos hasta la muralla que rodea la torre para tomar algunas fotografías, aunque no hay mucho que ver. Estamos a punto de irnos cuando se acerca un cuatro por cuatro conducido por un hombre de mediana edad. De él se baja una anciana. Me da vergüenza estar fotografiando el exterior de una casa familiar y, en mi alemán más bien obsoleto, me disculpo por entrometerme en su intimidad. Le explico que soy psicóloga de la religión y que he enseñado la obra de Carl Jung como parte de un máster en la Universidad de Londres. La anciana mira de forma significativa al hombre y este hace una leve inclinación de cabeza. «Yo soy la nieta de Jung», dice en inglés. «¿Quiere pasar?».

Por supuesto que sí. Nos hace pasar por la puerta y cruzar el umbral. Dentro del patio, nos muestra la cocina exterior donde cocinaba su abuelo. Nos ofrece agua para beber del pozo, una innovación posterior. Al principio, Carl Jung utilizaba el agua del lago, pero al final llamó a un adivino para que le buscara un pozo. Nos enseña la pequeña escalera que lleva a su dormitorio y sus cuadros. Nos cuenta historias de cómo iba a visitarlo a la torre y cómo comían en familia al aire libre bajo las estrellas. Luego, nos invita a tocar la piedra cúbica.

Los visitantes de la lujosa residencia principal de la familia Jung, situada a orillas del lago de Zúrich, a menudo se asombraban al ver que no estaba en su biblioteca rodeado de tomos eruditos, sino abajo, en la orilla del lago, haciendo pasteles de barro. Sus habilidades pronto avanzaron a la albañilería y luego a la talla de piedra. Años más tarde, un cantero recordaba cómo el «viejo Jung» tenía atracción por la piedra. Sabía cómo trabajar con ella como pocos albañiles modernos podrían hacerlo[4]. Para él era un juego creativo, un antídoto liberador para su vida sedentaria como terapeuta y escritor.

A medida que la Torre de Bollingen evolucionaba, comenzó a construir un muro alto a su alrededor. Pidió una piedra angular triangular, pero la cantera se equivocó y le envió una gran piedra cúbica en su lugar. Decidió que así estaba destinado a ser y se quedó con ella. Se convirtió en una piedra sagrada, trabajada con cariño para que aparecieran las letras y las formas.

Mientras nuestros dedos trazan las tallas, oímos el metal sobre el metal, el cincel, el martilleo. Olemos el polvo y sentimos las pequeñas motas de piedra en la piel cuando salen volando del bloque. Las chispas también vuelan y a veces arden. En un lado de la piedra, Jung grabó un verso en latín que el alquimista medieval Arnau de Vilanova escribió sobre la puerta de su casa en Montpellier, al sur de Francia, junto con el uróboros, la serpiente que se come la cola, símbolo del ciclo siempre renovado de la vida, la muerte y el renacimiento. Una traducción dice:

> Esta piedra la tienen en poca consideración
> los hombres de escaso ingenio,
> sin embargo, los sabios y eruditos
> la tienen muy en cuenta[5].

La piedra es la piedra filosofal, la sustancia mágica que puede convertir el plomo en oro o que en la alquimia espiritual transforma nuestra psique interior desde su estado no evolucionado hasta la conciencia iluminada. Esta es la obra magna del alquimista, la gran obra a la que Carl Jung dedicó toda su vida y a la que yo dedico la mía. Una piedra es una cosa sencilla, un producto del mundo natural; estamos rodeados de piedras todos los días de nuestra vida. El verso transmite la idea de que el potencial de iluminación está a nuestro alrededor, en nuestras experiencias cotidianas, si tenemos ojos para verlo.

En el lado de la piedra que da al lago, Jung grabó una cita en latín sobre la piedra filosofal: «Se me encuentra en todas partes», nos dice la piedra, «no he conocido ni padre ni madre»[6]. En otras palabras, la sabiduría interior que trae la transformación siempre ha estado ahí, tan solo está esperando a que la encontremos. Podemos localizarla en la naturaleza y en las profundidades de nuestra propia psique, en nuestro ser más íntimo. En otro lado de la piedra, talló una inscripción griega con una imagen del enano Telesforo, hijo de Asclepio, el padre griego de la medicina deificado como dios de la curación, cuyo templo en la isla de Cos Chris y yo visitamos hace años. El nombre de Telesforo significa 'cumplidor' o 'portador de la culminación'. Simboliza la recuperación de la enfermedad, pero también la realización de la gran obra, la difícil tarea de la transformación espiritual.

Una traducción de la inscripción dice que Telesforo «brilla como una estrella procedente de las profundidades. Indica el camino hacia las puertas del sol y al país de los sueños»[7]. Lleva una linterna y su imagen se parece mucho a la carta del ermitaño del tarot. Al trazar los contornos de la talla con los dedos, siento que me fluye un mensaje a través de estos hacia el cerebro. Para lograr la magia interior, necesitamos nuestros tiempos de retiro, de silencio. Los momentos en los que nos sentimos solos llevando luz en la oscuridad. Sin embargo, no estamos solos, porque en un nivel más profundo compartimos y llevamos con otros la esperanza de que la luz interior aparezca en la oscuridad para toda la humanidad.

Volvemos a casa, a Bretaña, sintiendo una profunda gratitud hacia la familia Jung por haber compartido con nosotros su espacio. Solo cuando llegamos a Bretaña y pasamos el desvío hacia el bosque mágico de Brocéliande, donde en la leyenda bretona el mago Merlín entrega todos sus secretos a Viviane, la Dama del Lago, recuerdo lo que Carl Jung había querido grabar en la cuarta cara de su piedra cúbica, la que aún permanece en blanco. Era «Le cri de Merlin», el grito del mago Merlín apresado para siempre por Viviane. Un grito que, en las brumosas noches otoñales, sigue rondando los árboles del encantado bosque de Brocéliande.

En un determinado momento del viaje interior, descubrimos que ya no es el ego cotidiano el que conduce el carro de nuestra existencia, sino el yo más profundo y sabio. Podemos escuchar la voz del yo o rechazarla, pero si la escuchamos, podemos encontrar la fuerza para nadar en el gran océano del inconsciente colectivo, desafiando las olas y lo que nade por debajo de ellas, para ver a dónde nos llevan las corrientes. Si aprendemos a confiar en nuestros instintos e intuiciones, entonces podrán ocurrirnos conexiones mágicas. Nuestro encuentro con la nieta de Carl Jung y su invitación a la torre fue importante para mí. Sin embargo, si no nos hubiéramos pasado la salida, si no hubiéramos convertido el viaje en una peregrinación y hubiéramos caminado hasta nuestro destino, entonces habríamos llegado y nos habríamos ido antes de que la familia Jung regresara.

Estos eventos sincrónicos no siempre son importantes por sus factores externos (visitar o no visitar la torre de Carl Jung no era una cuestión de vida o muerte para mí), pero son significativos a nivel interno. Son la señal de que está ocurriendo algún cambio en nuestro mundo interior que tenemos que tener en cuenta. La visita de Chris y mía al castillo de Naggar hace treinta años, para ver el Himalaya tal y como lo pintó Nikolái Roerich, marcó una transición hacia nuestra enseñanza mágica pública. La cordillera del Himalaya, en su poderosa fortaleza de piedra, es impresionante, pero no son montañas que se puedan escalar con facilidad. En Suiza, rodeados por los Alpes, tocamos una piedra cúbica, algo cercano a la tierra, más próximo a la realidad cotidiana.

De vuelta en casa, en Bretaña, leo en mi cuaderno de tapas negras las notas que tomé en Eranos sobre el libro *Alquimia. Introducción al simbolismo* de Marie-Louise von Franz. Ella escribió sobre el uróboros, la serpiente que se come la cola, como símbolo de la reconciliación de los opuestos. Donde los opuestos se encuentran *en un flujo que nace*, de lo que los alquimistas llaman «agua mística» o «divina»[8]. Me parece que lo que fluyó en Eranos y Bollingen fueron las aguas de un amor cósmico, que llenó y desbordó el grial del corazón abierto. Durante todo el tiempo que pasamos en Italia y en Suiza, tuve una sensación de consolidación interior, de conexión con la tierra, como si se me hubiera formado un uróboros en el chakra del corazón, comiéndose el karma, haciendo un proceso de digestión y expulsión. Intuyo su significado como una entrada en mí misma, todo mi ser se concentra ahora en un lugar del devenir.

21
El poder mágico de la mujer

Mientras camino desde la estación de metro de South Kensington, pasando por el Museo de Historia Natural de Londres, en un día de verano, tengo la sensación de que está naciendo otra nueva corriente en la psique colectiva del arte mágico.

Me dirijo bajo el sol de junio hacia un evento en otro escenario insólito, la Casa Baden-Powell. Esta antigua sede de la Scouts Association, que en su día estuvo en el corazón de la Gran Bretaña establecida, fue inaugurada en 1961 por la reina Isabel II; su tío el príncipe Enrique, duque de Gloucester, y una guardia de honor de 142 *scouts* de la reina, un acontecimiento que fue retransmitido por la BBC. Mientras subo los escalones de la entrada, me pregunto qué habría pensado hoy el teniente general Baden-Powell, primer barón Baden-Powell, OM, GCMG, GCVO, KCB, KStJ, DL, veterano de la guerra de los bóeres y de la Primera Guerra Mundial, fundador del movimiento Scout y, para algunos, un controvertido criminal de guerra. La Casa Baden-Powell acogerá la primera Magical Women Conference.

Si el programa de nuestra conferencia hubiera escandalizado a lord Baden-Powell, también lo haría la audiencia. La conferencia es inclusiva y acoge a las mujeres, tanto a las que hayan sido asignadas como tal al nacer como a las que no. Todas son bienvenidas. La comunidad mágica contemporánea trasciende más allá del género. Aquellas personas que son creativas y conscientes del medio ambiente se sienten fortalecidas dentro de ella, como también lo hacen aquellas que pueden sentirse excluidas por la sociedad convencional: las personas *queer*, las de razas mixtas y las marginadas. La corriente mágica es un derrocamiento de la religión patriarcal y un retorno al *ethos* de las sociedades más antiguas, en las que como chamanes, sacerdotes, sacerdotisas, magos y brujas, las personas de todos los géneros encontraban un papel. El estar entre dos aguas, el ser un tercer o cuarto género, puede ser una fuente de poder mágico y espiritual.

Creía que llegaba con tiempo, pero la zona de exposición ya está abarrotada. Las entradas se agotaron hace semanas y ha venido gente de toda Europa y más allá. Algunas pasarían por visitantes del museo de South Kensington. Otras, con sus exóticos cabellos, ropas, tatuajes y *piercings*, parecen no salir a menudo a la luz del día. Algunas son brujas, otras se inclinan por la oscuridad académica. Algunas van vestidas como si fueran a una conferencia de negocios chic, mientras que otras rinden homenaje al renacimiento de la moda *hippie*. Somos blancas y negras. Somos jóvenes, mayores y de todas las décadas. Somos mujeres mágicas y brujas y otras de todas las generaciones, atraídas por el título del evento, el primero de este tipo. Nos atrae la visión de las coorganizadoras Sue Terry, lectora de tarot y doctoranda en la Universidad de Surrey, y Erzebet Barthold, autora, artista, encuadernadora, directora de *Hadean Press* y miembro del grupo mágico Ordo Templi Orientis.

El evento es nuevo, diferente: una fusión de lo feminista, lo mágico y lo artístico. Hace treinta años, yo era una de las pocas mujeres ponentes en las conferencias de magia. Ahora hay suficientes mujeres mágicas para llenar el programa de una conferencia. Las ponentes son hacedoras de magia, brujas, cuentacuentos, bailarinas, cantantes, libreras, escritoras, poetisas, artistas, alquimistas y académicas. La conferencia es una celebración de las mujeres y el ocultismo, una exploración de la participación a través del tiempo y las culturas, desde la antigua Mesopotamia hasta el Caribe y la Corea contemporánea, pasando por el Londres mágico victoriano, el fin del siglo XIX de París, el misticismo de la naturaleza de principios del siglo XX, las surrealistas y las escritoras y artistas contemporáneas. Es un brebaje embriagador. El aire zumba de expectación. Puedo oír a través de nuestra emocionada charla, ver el compromiso en las caras de la gente y sentir en el ambiente vibrante que hay un ansia real por este evento. Las organizadoras han llegado en el momento justo. A medida que nos acercamos a la tercera década del siglo XXI, se abren puertas mágicas. Al igual que se están redescubriendo las mujeres artistas, también las mujeres de las artes mágicas. Es, sin duda, mi tipo de evento.

Las puertas de la sala principal se abren y nos acomodamos en nuestros asientos para escuchar la charla inaugural de Dolores Ashcroft-Nowicki. Es una gran dama del mundo mágico: madre, abuela y directora de una orden de enseñanza mágica, la Servants of the Light ('Los siervos de la luz'), una de las muchas que surgieron de la inspiración original de la Orden Hermética de la Aurora Dorada. Dolores es una de esas increíbles personas creativas y llenas de energía que, a sus noventa años, es una autora prolífica y sigue inspirando a quienes buscan recorrer un camino mágico. Sube al escenario y enseguida nos engancha. Su discurso es apasionante y cautivador. Su mensaje es sobre la supervivencia, el poder de las mujeres para triunfar sobre la opresión y la represión de sus vidas espirituales y mágicas.

Hace décadas, cuando la magia era más clandestina, hacíamos rituales juntas en un bosque en verano bajo la luna y las estrellas, ella representaba el aspecto de madre y yo el de doncella de la triple diosa de la vida, la muerte y el renacimiento. Ahora la magia se ha generalizado, ya no está confinada a las sombras y a los márgenes, a los bosques y a las habitaciones secretas con cortinas. Lo que había sido relegado a un segundo plano como conocimiento rechazado ha salido a la luz del sol, pero no ha perdido sus raíces salvajes. La conferencia celebra la magia indómita de las mujeres, una magia del cuerpo, de sentir el flujo y reflujo de las mareas interiores, del flujo sanguíneo mensual y del impulso de crear, de bailar, de cantar y de glorificarse de estar viva. Es una espiritualidad que no teme al cuerpo humano, ni se avergüenza de él, ni tiene la necesidad de huir de la existencia humana hacia algún reino sobrenatural del más allá. En vez de eso, pretende abrir las puertas de la psique para que el reino del espíritu esté presente en todas las partes de la realidad cotidiana, para abrirnos al amor a la vida que hace cantar al corazón.

El discurso de Dolores finaliza con una gran ovación y salimos de la sala. La gente se va, hacia arriba y hacia abajo, hacia la derecha y hacia la izquierda, a las salas de los talleres, pero a mí me gusta caminar por los pasillos y disfrutar del ambiente, encontrarme con viejas amigas y estar en comunión con la energía creativa que se respira en el evento. Por todas partes hay obras de mujeres artistas de gran talento en todo tipo de medios. El tema de la relación de la humanidad con la naturaleza es fuerte. Me atrae la exposición de la galardonada fotógrafa Sara Hannant. Sus fotografías emanan la energía creativa de los elementos: la tierra, el aire, el fuego y el agua, los ciclos de la naturaleza que se transforman a nuestro alrededor[1].

La suya es una obra de compromiso, interacción y magia. Nos invita a hacer nuestra propia magia, a tomar, atar y añadir a la exposición un trozo de algodón orgánico que ella ha consagrado sumergiéndolo en el pozo sagrado de Sancreed, en Cornualles. En Sancreed, los visitantes acuden a hacer ofrendas atando a un árbol tiras de tela (*clouties*) de colores imbuidas de intenciones mágicas. En todo el mundo, los humanos hacemos este sencillo hechizo atando tiras de tela, lana, algodón o cuerda a un árbol vivo. Atamos nuestra ofrenda y enviamos un deseo al más allá con la esperanza de que se cumpla. Nuestra comprensión de lo que hay más allá puede ser confusa, pero no importa. Esta es la religión vivida instintivamente, la de las tradiciones populares que nos tranquilizan y nos dan fuerza en las luchas diarias de la vida, una sensación de carga compartida, de que alguien o algo está de nuestro lado. Aquí, en la conferencia, no hay ningún pozo o árbol sagrado, pero con un espíritu de reverencia podemos hacer el mismo gesto que hicieron nuestros antepasados antes que nosotros. Pienso en qué pedir y entonces lo sé. Mi petición mágica se me hace obvia. Pido que se aumente la creatividad, ya que ¿dónde se puede pedir mejor un regalo así que en una reunión tan creativa?

A mi alrededor hay una producción mágica y creativa de mujeres que celebran la reconexión con la naturaleza: con la tierra, el cielo, las estrellas, los árboles y con nuestros orígenes salvajes cuando surgió la conciencia humana. Me siento atraída por el trabajo de Victoria Musson[2]. Está muy conectada a la tierra, pues su familia se dedica a la agricultura. Trabaja con los materiales de la naturaleza: el trigo, los juncos silvestres, las bellotas, las plumas de faisán, todo lo que tiene a mano en la campiña de Derbyshire. Con una hoz, corta el grano y le da una forma escultórica. Su preciosa imagen de la diosa de la cosecha evoca los mensajes de la tradicional celebración de la cosecha de grano a principios de agosto: Lughnasadh en Irlanda, Lammas en Inglaterra. Es una fiesta que se celebra en el momento más culminante del calor del verano, pero cuando la estación ya ha pasado su punto álgido. Las hierbas y los cereales se secan, las flores alcanzan su floración final y el acortamiento de los días nos lleva de manera inexorable hacia el otoño. La fiesta es un recordatorio de la presencia de la muerte en el ciclo de la vida.

En una llamativa fotografía, la carta del tarot XIII, la carta de la muerte, se sitúa frente a un maíz maduro. Me recuerda el antiguo arquetipo del dios de los sacrificios, el rey del maíz sacrificado para renovar la fertilidad de la tierra. Recuerdo en mi infancia la visión de la sangre sobre las espigas maduras, una realidad que ocurría cuando la máquina trilladora atrapaba a las liebres y a los conejos, cuando el agricultor disparaba al zorro encerrado, escondido en los últimos tallos en el centro del campo. Me vienen a la mente las palabras de Carl Jung: «Vi cómo vivimos entrando en la muerte, cómo el grano dorado oscilante se desploma bajo la guadaña del segador como una lisa ola de mar en la playa»[3]. Veo en la obra de Victoria Musson el trigo cultivado que ha muerto para crear el pan para que otros puedan vivir. Un día, yo también volveré a la tierra, con mi espíritu liberado y mi cuerpo alimentando la tierra de la que saldrá un nuevo crecimiento.

Mientras paseo por el lugar de la conferencia, interactuando con las obras de arte, absorbiendo las energías, la conferencia me parece un crisol. El ambiente es eléctrico por el poder creativo de cientos de mujeres mágicas reunidas en este espacio. En la época de mi vida en la que trabajaba en la psicología de la innovación, leí el libro *Puntos calientes: espacios para el entusiasmo y la creatividad* de la profesora Lynda Gratton[4]. Los puntos calientes son crisoles: una mezcla alquímica de tiempo, lugar y personas que se reúnen en cooperación con un propósito incendiario, la voluntad de trabajar más allá de las fronteras disciplinarias y el tiempo y los recursos para experimentar e innovar. Esta conferencia es un punto caliente. Tiene energía, vitalidad, ideas, alegría y entusiasmo. Estoy asistiendo a presentaciones que me recuerdan mis valores y activan los conocimientos del pasado y las futuras vías de aprendizaje. Es el tipo de ambiente en el que las ideas y los conocimientos de otras personas crean sinergias con las nuestras.

Con todas las energías aéreas y ardientes a mi alrededor, necesito conectar una vez más con lo conocido, con lo familiar. Lo encuentro en una presentación de la guionista Scarlett Amaris sobre la artista Una Woodruff. Como muchos amantes de todo lo mágico, colecciono humor de brujas, así como grimorios eruditos. Uno de mis libros ilustrados favoritos es *Catwitch*, de Una Woodruff, una historia tierna y divertida de un gatito que se convierte en el familiar de la bruja Eva Eden[5]. Después de muchas peripecias, la ayuda a encontrar el cuerno mágico del unicornio, frustrando así los esfuerzos del malvado mago Alexander Wylie, que lo quiere para sus propios fines malignos. *Catwitch* es una historia que puede encantar a niños y adultos, una historia de una mujer que triunfa sobre el mal uso del poder masculino.

El libro *Witches* de Una Woodruff, con su texto del novelista, escritor y filósofo ocultista Colin Wilson, va más allá para revelar un lado más oscuro de la brujería[6]. Cuando vuelvo a mirar las ilustraciones ahora, las veo con nuevos ojos. Transmiten tanto el miedo a las brujas como el miedo de las brujas a las fuerzas de la persecución. Me recuerdan lo mucho que las mujeres con poder son temidas y vilipendiadas por los hombres. ¿Por qué resultan tan amenazantes, por qué el miedo está tan arraigado? Lo vemos en las amenazas de muerte que envían los hombres enfurecidos a las mujeres políticas: la denigración, los esfuerzos por hacer a otro ser humano menos que humano. Lo vimos cuando, durante su campaña presidencial de 2016, Hillary Clinton fue etiquetada como «la bruja mala de la izquierda» y una «bruja con B mayúscula». Una solución es abrazar la imagen de la bruja, como hicieron muchas de sus partidarias, que se defendieron llamándose a sí mismas con orgullo «las brujas por Hillary». Adoptaron a la bruja como un símbolo de empoderamiento que subvertía la retórica utilizada contra las mujeres que son percibidas como una amenaza para los privilegios masculinos[7].

Otros presentadores también evocan el miedo que los hombres tienen a las brujas. Durante mi adolescencia, rebusqué en los puestos de libros de segunda mano de los mercados londinenses muchos tesoros, y algunos fueron las novelas de principios del siglo XX de Mary Webb: *Gone to Earth*, *The Precious Bane* y *The Golden Arrow*[8]. Durante décadas pensé que todo el mundo la había olvidado, pero ahora la novelista, bruja y académica Rebecca Beattie[9] la está honrando. Descubrí los escritos de Mary Webb cuando acababa de mudarme a la jungla de cemento de Londres. Me sentí identificada con su anhelo rapsódico de volver a integrarse con la tierra, su suelo y sus costumbres. La suya era una sabiduría de la brujería de la Inglaterra rural profunda, de hombres astutos que actuaban como los únicos médicos que la gente podía permitirse, de comedores de pecados que en la Gran Bretaña protestante eran magos populares que aliviaban el miedo a la muerte quitando los pecados de la gente. Los críticos literarios comparan su escritura con la de Thomas Hardy, ya que, como él, evoca el lado más oscuro de la vida rural para las mujeres y lo fácil que puede ser para aquellas que son diferentes ser acusadas de brujería debido al odio y al miedo de sus vecinos.

Sin embargo, no todo es oscuridad para las mujeres de la magia. Uno de los capítulos de *Witches*, de Una Woodruff, trata sobre la organización que estuvo en el centro del renacimiento mágico de finales del siglo XIX y principios del XX, la Orden Hermética de la Aurora Dorada. Su estructurado programa de enseñanzas mágicas intentaba incorporar todos los conocimientos y técnicas conocidos de la tradición mágica occidental: astrología, adivinación, visualización, meditación y poderosos ritos para lograr cambios de conciencia que condujeran al crecimiento espiritual. Las primeras historias de la Aurora Dorada se centran en los tres hombres cofundadores masones, pero en el siglo XXI estamos redescubriendo la contribución de las mujeres. De manera inusual para la época, la Aurora Dorada admitió a mujeres y hombres en igualdad de condiciones tanto como miembros como en papeles de liderazgo, y las mujeres respondieron [10].

La Aurora Dorada se convirtió en un crisol, un punto de encuentro de personas con talento de las ciencias, las artes y la espiritualidad. La mayoría de los magos importantes de la época pertenecieron en algún momento a la Aurora Dorada o a alguna de sus ramificaciones posteriores [11]. Los doctores William Wynn Westcott y William Robert Woodman, Samuel Liddell MacGregor Mathers, Moina Bergson Mathers, Arthur Edward Waite, Florence Farr, Aleister Crowley y Dion Fortune pasaron por una parte o por todo su sistema de enseñanza. La artista Pixie Colman Smith y los novelistas Arthur Machen,

Algernon Blackwood, Arnold Bennett y Edith Nesbit acercaron la fantasía, la magia y el socialismo al público en general. Allan Bennett, que más tarde fue un monje budista, llevó el budismo a Occidente. Bajo el seudónimo de Fiona Macleod, el poeta, novelista y hablante de gaélico escocés William Sharp insufló su misticismo celta en la poesía y la prosa. La actriz, escritora, feminista, socialista, productora teatral y filántropa Annie Horniman colaboró con los miembros de la Aurora Dorada William Butler Yeats y la actriz, feminista y revolucionaria Maud Gonne en la creación del Abbey Theatre de Dublín, que más tarde se convertiría en el Teatro Nacional de Irlanda, una importante plataforma cultural para una Irlanda independiente.

En la conferencia celebramos a las mujeres de la Aurora Dorada y su enorme contribución al renacimiento mágico. Elaine Bailey presenta el trabajo de la Dra. Anna Bonus Kingsford, una de las primeras mujeres médicas de Inglaterra, una visionaria reformista social, antiviviseccionista, defensora del vegetarianismo y pionera de los derechos de la mujer. Llegó a ser presidenta del London Lodge de la Sociedad Teosófica de Madame Helena Blavatsky, pero se salió para encontrar su inspiración espiritual en Occidente. La Sociedad Hermética fue la precursora de la Aurora Dorada y aportó la visión de Anna Kingsford sobre la igualdad de mujeres y hombres. Su obra se inspiró en una visión animista del mundo, a través de la cual el cosmos que nos rodea es sensible, está vivo. En *Clothed with the Sun*, el libro de sus visiones, invierte el orden social de su época. El renacimiento de la mujer está a punto de dar lugar a un nuevo eón en el que las mujeres adquirirán su poder y crearán una nueva visión del mundo[12].

Las mujeres de la Aurora Dorada perseguían el trabajo de transformación humana no solo a través de la magia y los rituales, sino también a través del arte, la literatura, la música y la representación teatral. Florence Farr escribió obras para estimular la imaginación de su público y despertar su curiosidad por saber más. *The Mystery of Time*, representada en el Albert Hall Theatre en enero de 1905, trataba de una forma intensa de practicar la meditación. Esta iba mucho más allá de los objetivos de salud y curación de la atención plena secular de hoy en día. Florence Farr nos invita a fijar la mente en ese «punto imperceptible del tiempo llamado "el presente"» y a librarnos de todos los pensamientos errantes que nos llevan al pasado o al futuro. Si lo conseguimos, nos encontraremos «fundidos en el estado más allá de la mente, en el que el pasado y el futuro no tienen nada que ver»[13]. Se trata de un estado que va más allá de las palabras comunes y que solo se transmite a través de imágenes y sentimientos evocadores: «Me quedé desnuda en una eternidad sombría y oscura y la llené con mi exultación»[14]. Hace énfasis en encontrar lo divino en nuestro interior: encontrar nuestras propias fuentes internas de autoridad y autenticidad. «Liberaos de vuestro entorno», nos dice. No creáis nada sin sopesarlo y considerarlo vosotros mismos, porque algo que es cierto para una persona puede no serlo para otra[15].

A lo largo de más de un siglo, las palabras de Florence Farr siguen siendo válidas para todos, pero sobre todo para las mujeres, para los que están en medio, para los que no aceptan el *statu quo* y quieren que el mundo sea un lugar mejor. Su mensaje es ahora necesario. Mujeres, hombres y personas no binarias, muchos de nosotros vivimos en sociedades donde hemos podido elegir nuestra religión o creencia o no creer en absoluto. En muchas partes del mundo todavía tenemos el derecho a votar a los políticos que nos representan, la libertad de elegir si estudiar o no, qué ropa vestir, cómo llevar nuestra vida sexual, qué comer y con quién comerlo. Todo esto son elecciones que contribuyen a que la vida humana merezca la pena. Son las elecciones que hacen posible que seamos la persona que estamos destinados a ser. Pero son elecciones que se pueden arrebatar con facilidad.

Estos pensamientos me llevan al arquetipo de la mujer salvaje en *Mujeres que corren con los lobos* de Clarissa Pinkola Estés. Necesitamos su pasión, su rechazo a ser domesticada, porque hay fuerzas oscuras en el mundo a las que hay que oponerse. En algunos países, las imágenes aterradoras de *El cuento de la criada* de Margaret Atwood ya no parecen tan alejadas de la realidad. Hay tiranos que amenazan nuestra libertad, dictadores políticos que visten sus regímenes con el barniz de la legalidad. Hay imperios corporativos en los que individuos con más riqueza que los estados soberanos pueden ejercer un poder terrible sobre nuestras vidas y la de nuestro planeta. Hay redes de terroristas, con un funcionamiento similar al de las amebas, que pretenden imponer sus trastornadas ideologías a los demás pase lo que pase. Hay quienes ansían arrebatarnos todas nuestras libertades. Y debemos negarnos.

Nos negamos a ser como ellos. Nos aferraremos a los valores que hablan del valor de toda la humanidad; los valores que nos conectan con los demás y crean una unidad, no una separación, que implican responsabilidad colectiva, no una cesión de nuestro poder a los demás. Nos aferraremos a los valores que nos inspiran a bailar para nuestras diosas y dioses y a crear prácticas espirituales y enseñanzas de amor y compasión, de alegría y libertad. Elegimos no odiar ni consentir. Podemos escoger convertirnos en héroes y heroínas. Podemos elegir resistir.

La conferencia me aporta nuevas ideas creativas, nuevas visiones, nuevas fuerzas. Me recuerda que las mujeres que admiro en mi vida espiritual e intelectual no son mujeres que viven limitadas por los roles femeninos estereotipados, sino mujeres que se liberan para vivir la totalidad de su ser. La conferencia me llena de un enorme respeto por todas estas heroínas y héroes del pasado que abrieron los caminos ocultos. Sue Terry y Erzebet Barthold, las organizadoras de nuestra conferencia, se propusieron «rendir homenaje a las mujeres del pasado que desafiaron el *statu quo* abrazando el misticismo, el esoterismo y las enseñanzas ocultas»[16]. Para mí, lo han conseguido. Hemos honrado el pasado y lo hemos abrazado para dar forma al futuro. Hemos visto cómo las ideas y los ideales que han inspirado a las mujeres mágicas del pasado (el despertar los poderes latentes dentro de nosotras, el reclamar el derecho de todos los seres humanos a ser personas y a expresarse, el volver a conectar con la naturaleza, el encontrar nuestra naturaleza interior, el experimentar nuestros poderes mágicos, el convertirnos en brujas y sacerdotisas y el volver a despertar a la diosa y a los antiguos dioses), todos estos hilos y corrientes que me inspiraron a mí y a las mujeres que me precedieron y a las que me sucederán ahora están dando sus frutos.

La magia está alimentando la corriente principal, y las corrientes que hace cincuenta años me llevaron por mi camino mágico han pasado al primer plano de la conciencia humana. La magia está cambiando, evolucionando. El viaje hacia la brujería que inicié en mi adolescencia se ha convertido en un viaje de transformación personal, pero es un viaje que solo tiene sentido si volvemos a nuestro lugar de origen, si traemos de vuelta el tesoro que es tan difícil de encontrar para que otros puedan compartirlo. Siento que se avecina un cambio, que mi futuro se está remodelando. Estoy entrando en la espiral. Mientras me alejo de la conferencia, siento que una nueva fase está a punto de comenzar.

22
Despertar a los nuevos dioses

Con el tiempo, los muertos dejan de caminar por nuestra casa de Bretaña. Las manifestaciones se hacen menos frecuentes una vez que hormigonamos el suelo de tierra batida de la parte de la casa que data del siglo xviii. Antes de tenerla, pensaba que un suelo de tierra batida era tan solo tierra suelta, pero después de trescientos años de pisadas humanas la superficie es como un linóleo negro pulido. Pasaron meses hasta que nos dimos cuenta de que era tierra.

Con el tiempo, las nieblas también se disipan. No estamos seguros de por qué: ¿los cambios en los métodos de cultivo, el cambio climático, una modernización de la psique? Los espectros dejan de visitarnos, lo que me entristece. Parece que los viejos misterios de la tierra también se van. La carretera de doble carril llega a nuestra parte de Bretaña para que todos los países de Europa puedan comer nuestra carne y nuestro queso. Camiones con matrículas de Rusia y Bielorrusia se dirigen a las fábricas agroalimentarias. Delegaciones de empresas chinas llegan volando con contratos de exportación de leche bretona en polvo. Los mayores se quitan los zuecos de madera por última vez y las columnas fúnebres del periódico local superan cada vez más a los nacimientos. Con el fallecimiento de los mayores, se olvidan los viejos recuerdos y costumbres. Como la de esa peculiar capillita en la que, sobre el altar, en lugar de un crucifijo hay un pentagrama de madera colgado con herraduras, que el pueblo empezó a quitar durante la temporada de visitantes de verano y después de unos años no lo ha vuelto a colgar. Las preguntas de los turistas, que nadie quiere responder, hacen que la gente sea más tímida con las costumbres más antiguas. El día de San Juan, las hogueras de verano siguen encendiéndose y las sigue bendiciendo un sacerdote para que el cristiano santifique la práctica pagana, pero la mayoría de la gente se salta todos los aspectos espirituales y acude a la comida de cuatro platos y la música y el baile que le sigue.

En 2019, decidimos vender nuestra casa de Londres. Se avecina el Brexit, la economía de Reino Unido se tambalea y los precios de la vivienda están cayendo. Ponemos la casa en el mercado en principio sin estar seguros de si alguien la comprará y volvemos a nuestro hogar en Bretaña, donde tenemos nuestra conexión espiritual con la tierra. Conocemos la cultura y la historia locales. Hemos visitado, meditado y a veces llevado a cabo rituales en lugares especiales relacionados con el pasado celta y precelta de Bretaña. Hemos echado nuestras raíces. Ahora empezamos a poner los cimientos para dejar Inglaterra y establecernos en Bretaña a tiempo completo. Pagamos algunas renovaciones imprescindibles. Ponemos en marcha toda la burocracia necesaria para la transición. Encontramos un contable bilingüe para que nos saque del sistema fiscal y de la seguridad social británicos y nos haga la transición a los equivalentes franceses. Nos conectamos a las doce y dos minutos de la noche para entrar en el sistema y conseguir la difícil entrevista para ese documento francés esencial, una *carte de séjour*, un permiso de residencia que nos permita vivir en Francia de manera permanente. Todo está en marcha. Lo único que me queda por hacer es agarrar el teléfono y llamar a la sede de la Seguridad Social británica en Newcastle para conseguir el papel que necesitamos para inscribirnos en el sistema sanitario francés. Aplazo el llamar por teléfono el primer día y luego el siguiente, y después pasa otro día más. Vivir de manera permanente en Bretaña parece una idea muy sensata, pero algo dentro de mí no está convencido. Mientras nos quedamos indecisos, nos damos cuenta de que es una situación en la que tenemos que ver el panorama general.

De vez en cuando hago lecturas del I Ching, pero mi sistema de adivinación favorito es el tarot. Hoy en día hay cientos, quizás incluso miles, de diseños diferentes de barajas de tarot, desde copias de barajas italianas y francesas de los siglos XIV y XV hasta barajas que representan todas las distintas corrientes de pensamiento esotérico y mágico. Se han convertido en la inspiración de escritores, artistas y bailarines. Incluso en una película de James Bond apareció un tarot. Se diseñó una baraja especial para la película *Vive y deja morir*, en la que Roger Moore interpretaba a James Bond. El plan era que el artista surrealista Salvador Dalí fuera el diseñador, pero por desgracia los financiadores de la película se negaron a pagar su tarifa. El encargo recayó en un artista escocés, Fergus Hall, que creó el tarot de las brujas.

Mi tarot favorito para las lecturas sigue siendo el tarot Waite-Colman Smith, que tiene casi cincuenta años. Guardo las cartas en una caja de madera y todavía están en buen estado. Todos nosotros, cuando nos iniciamos en el camino de la magia, tendemos a leer mucho el tarot. Ahora, aunque tengo diez barajas de tarot diferentes y uso las cartas para meditar, rara vez leo el tarot para adivinar. Por absurdo que pueda parecer, porque no se me había ocurrido que podría querer consultar un oráculo para esta decisión que cambiaría mi vida, mi baraja Waite-Colman Smith está en Londres.

Chris y yo adoptamos la solución contemporánea a nuestro problema. Pedimos una nueva baraja Waite-Colman Smith en Amazon. Tal vez tener cartas nuevas e impolutas no sea una mala idea cuando sentimos que cualquier decisión que tomemos nos llevará a un rumbo nuevo por completo. Las cartas llegan al día siguiente. Incluso en la Bretaña rural, Amazon hace envíos rápidos. Esperamos dos días para hacer la lectura; la hacemos en el equinoccio de primavera. Los equinoccios son momentos en la vida física de nuestro planeta en los que las mareas y los vientos son fuertes. Hay una energía en el aire, una sensación de transformación cuando la luz y la oscuridad cambian su equilibrio. Espiritual y psicológicamente, parece un buen momento para tomar decisiones.

El tarot existe en Europa desde hace más de setecientos años, y los cuatro palos mayores (oros, copas, espadas y bastos) no han cambiado en gran medida. Los arcanos mayores eran más variables, pero se han reducido de forma gradual a veintidós cartas con nombres e imágenes evocadoras, como la suma sacerdotisa, el mago, el ahorcado, la muerte, el diablo, la luna, el sol y la estrella. El tarot puede ser una puerta de entrada a la intuición, la inspiración e incluso la iluminación. Sea cual sea la baraja que utilicemos, las imágenes son poderosas. Su significado nunca es evidente, pero estimulan la psique. Se convierten en una pregunta de la que casi conocemos la respuesta, y en esa interacción creativa entre lo conocido y lo desconocido, el inconsciente se estimula para producir respuestas a las que no podríamos haber llegado con el pensamiento consciente.

Comenzamos la lectura sobre las implicaciones de la mudanza a Bretaña. Aparece el loco, el diablo, el ahorcado y el ocho de espadas. Ni siquiera necesitamos llegar al final, pero lo hacemos. No mejora. Puedo decir que ha sido la lectura de tarot más negativa que he hecho nunca. Parece que si seguimos por este camino nos sentiremos atrapados de manera psicológica y será malo para nosotros económicamente. Para comprobarlo, hacemos una lectura para ser residentes en Inglaterra. Allí hay alegría, amistad y seguridad financiera. Nuestro rumbo parece fijado. Decidimos retirar nuestra casa del mercado. Hacia el final de la jornada del viernes, nuestro agente inmobiliario llama con la actualización semanal de la venta. Ponemos el teléfono en manos libres y estamos a punto de decirle, disculpándonos, que todos sus esfuerzos han sido en vano, pero él se adelanta: «Enhorabuena, tenemos una oferta por el precio total. Hemos hecho la debida diligencia sobre el comprador y todo cuadra. Es una venta al contado y quiere seguir adelante lo antes posible». Resulta que una corredora local había entrado en la agencia inmobiliaria por casualidad. Había corrido con asiduidad por nuestra pintoresca callejuela y pensó que le encantaría vivir allí si alguna vez salía una casa a la venta. La llevó a ver nuestra casa y enseguida hizo una oferta. Le dimos las gracias y colgamos el teléfono conmocionados. Todo ha encajado tan bien que tenemos la sensación de que debemos mudarnos, pero, si no es a Bretaña, ¿a dónde?

Una visualización guiada durante el siguiente taller de psicología espiritual que Chris y yo impartimos en Londres nos ofrece la respuesta. Es una visualización sobre el viaje de la vida. Chris la dirige, así que decido emprender el viaje yo misma. Me encuentro fuera de Londres con Chris viajando hacia una pequeña ciudad, dirigiéndome hacia el noroeste con la luz dorada de la tarde. El pueblo podría estar en cualquier lugar, desde las colinas de Chiltern hasta en Kinsale, en el condado de Cork, ya que otra opción es hacernos residentes en Irlanda. Después, Chris y yo hablamos de mi visualización y de la lectura del tarot que hicimos sobre quedarnos en Inglaterra. El tema de la amistad ocupaba un lugar destacado. Seguimos adelante con la venta de nuestra casa y nos vamos a buscar otra a los Cotswolds, donde tenemos muchos amigos con mentalidad mágica. Tras unos días de búsqueda, compramos una casa.

En Samhain, Halloween, tomamos posesión de nuestra nueva casa. Es nueva para nosotros en dos sentidos. Es casi trescientos años más nueva que la que tenemos en Bretaña y conocemos poco la zona. Comenzamos a explorar la energía de este paisaje inglés haciendo las rutas de senderismo, lo que complace en gran medida a nuestro perro, y leyendo sobre la historia y la arqueología. Sabíamos que Gloucester y Cirencester eran ciudades romanas, pero no me había dado cuenta de hasta qué punto los romanos se habían asentado aquí y se habían integrado en la tierra y la cultura locales. Los romanos también conquistaron Bretaña, pero allí las tribus celtas eran más feroces y salvajes. Fue en el territorio de Astérix el Galo donde los romanos se limitaban a las rutas comerciales y a las fortalezas y no se aventuraban mucho en los espesos bosques que cubrían el interior. En Inglaterra, a pesar del levantamiento de Boudica, era diferente.

Cuando en Inglaterra pensamos en los romanos, pensamos en los italianos, pero a medida que el Imperio romano creció se volvió multicultural. Alistarse en las legiones romanas cumplía una función muy parecida a la que tiene hoy en día alistarse en el ejército estadounidense para alguien de una pequeña ciudad de Estados Unidos. Ofrecía la posibilidad de viajar y conseguir dinero, siempre y cuando, por supuesto, se sobreviviera a los temibles lugareños. Muchos veteranos de las legiones romanas se retiraron a Gran Bretaña. Todos eran ciudadanos romanos, pero procedían de las islas británicas, de otros lugares de Europa y, a veces, de las legiones del norte de África. Tras cumplir su servicio, se instalaron para casarse, criar hijos y trabajar en el campo. Y trajeron consigo a sus dioses.

Los romanos estuvieron en Inglaterra solo unos cientos de años, pero cuando empezamos a abrirnos a las energías de la tierra, para nuestra sorpresa, las deidades romano-celtas se hacen notar. Empiezan a aparecer en mis sueños, al principio como contornos borrosos o voces débiles y luego con más nitidez. El revestimiento romano está ahí, pero percibo a las deidades más antiguas que hay detrás. Los periódicos sensacionalistas parecen creer que la tolerancia religiosa es una extraña moda de finales del siglo XX, pero hace dos mil años el Imperio romano era un imperio multiconfesional. Dejando de lado a los cristianos, en general era tolerante desde el punto de vista religioso. Siempre que se estuviera dispuesto a reconocer los poderes seculares participando en el culto estatal y venerando al emperador, se era libre de adorar a las divinidades locales y de hacer una fusión creativa. En un imperio en expansión expuesto a muchas deidades distintas, era natural pensar que tal vez tu diosa de la cosecha no era tan diferente de mi diosa de la cosecha. Mi diosa de la cosecha servía bien a mi pueblo donde vivíamos antes, pero la diosa local de aquí podría querer que la adorasen también, así que ¿por qué no adorar a las dos a la vez? En Aquae Sulis (la moderna Bath), la diosa celta Sulis, que presidía el manantial sagrado de las aguas termales, se fusionó con la diosa romana de la sabiduría para convertirse en Sulis Minerva. El dios celta Lug o Lugh, que tenía muchas competencias, se fusionó con Mercurio, el dios mensajero con múltiples talentos.

Nuestras deidades locales más populares eran las tres diosas madre, las Matres. Su imagen se encuentra en el museo romano de la cercana Cirencester. Son diosas de la prosperidad y la abundancia y aparecen con pan, pescado y otros alimentos. En muchos otros países europeos se las veneraba como Matres, pero aquí también se las conocía como Suleviae, nombre que las relaciona con la diosa Sulis de Bath.

Nuestra búsqueda de una deidad masculina revela al dios romano-celta Apolo Cunomaglus, señor de los sabuesos, cuya imagen fue desenterrada en 1875 en la finca del castillo de Sudeley. Se cree que su templo estaba en los bosques cercanos. Para los romanos, Apolo era el hermoso dios de la música, la danza, la poesía, la curación y el tiro con arco. Los lugareños adoraban a Cunomaglus como dios de la caza y aparecía con un ciervo y un sabueso. La razón y el modo en que Apolo y Cunomaglus llegaron a fusionarse es un misterio. Podría ser porque Apolo es hermano de la diosa de la caza Diana, cuyas estatuas la muestran a menudo con perros y ciervos. Podría ser que Apolo también fuera un patrón de la medicina y que en sus templos se guardaran perros sanadores. Muchas culturas han descubierto que la saliva de los perros es antibacteriana y que pueden detectar los cambios de olor corporal asociados a enfermedades como el cáncer. La investigación es tan prometedora que ahora hay una organización benéfica en Reino Unido que entrena a perros detectores de enfermedades[1]. Adoptamos a Apolo Cunomaglus como una de nuestras deidades locales y, puesto que también hemos adoptado un perro de caza mediterráneo abandonado, la protección de Apolo Cunomaglus puede extenderse a todas las especies de nuestra familia.

Se acerca el solsticio de invierno y comienzan los preparativos para las fiestas de Yule. Desenterramos un viejo árbol de Navidad que dejaron nuestros predecesores y lo llevamos al jardín interior. Es demasiado alto para la parte principal de la casa y el aire más fresco de aquí le ayudará a sobrevivir. La idea de introducir el verde en nuestras casas en esta época del año es antigua. Aunque nuestras celebraciones sean principalmente en el interior, queremos recordar nuestra conexión con el mundo natural del exterior. A diferencia de Bretaña, no hemos construido ningún círculo de piedra en el terreno, pero para nuestro primer rito en nuestra nueva casa queremos utilizar todo el espacio, tanto el interior como el exterior, para hacer una santificación de todo nuestro hogar. Planeamos salir al exterior desde el espacio intermedio del jardín interior, donde tenemos un brasero de fuego para mantenernos calientes. Aquí vivimos en el paisaje domesticado de Inglaterra, no en los espacios más salvajes de Bretaña. No vendrán animales del bosque a observar nuestro fuego, pero aun así podemos pasar un rato bajo la luna y las estrellas antes de retirarnos al interior, al calor de la sala de meditación.

Invitamos a unos amigos a unirse a nosotros y a crear un ritual de manera conjunta. Algunos nos encargamos de decorar la sala de meditación para el rito y otros de escribir invocaciones a las deidades del lugar (Apolo Cunomaglus y las Suleviae, las tres madres) y a un dios no local, sino de la estación. Las celebraciones del solsticio de invierno en el calendario romano eran una fiesta que honraba a Saturno, dios del tiempo, el envejecimiento y la agricultura. Saturno gobernaba una antigua Edad de Oro de prosperidad e inocencia. Su fiesta era un retorno a la Edad de Oro, un poco como una visión rosada de la infancia. Al igual que la Navidad moderna, Saturnalia creció. Empezó como una fiesta de un día y luego se amplió a antes y después del solsticio, del 17 al 23 de diciembre, una semana de fiesta, regalos, juegos y alegría, muy parecida a nuestras costumbres navideñas actuales.

El día del solsticio, decoramos el árbol en plata y blanco. Adornamos la sala de meditación con colgantes dorados para representar el renacimiento del Sol. Montamos un altar con velas doradas y una escultura de la diosa de Phillipa Bowers, artista de Glastonbury, para representar a la diosa madre que da a luz al niño del Sol en la noche del solsticio[2]. El altar crea un punto focal para el rito; sus velas, una luz suave y acogedora.

Elaboramos un incienso para incensar el espacio sagrado. Elegimos ingredientes asociados en la tradición mágica con la energía solar. El olíbano es una de las resinas arbóreas más caras, la que se utiliza para el incienso de los reyes. Su nombre proviene del francés antiguo, *franc encens*, 'incienso noble', una resina apropiada para la fiesta que celebra el renacimiento del Sol, el niño solar que se convertirá en el rey del verano. Con el mortero y la maja, machacamos la resina de incienso en pequeños fragmentos y añadimos gotas de aceite de naranja, cuyo dulce aroma cítrico nos recuerda a los días soleados. Añadimos canela machacada con sus ricos y cálidos tonos. Unas gotas más de aceite, un poco más de resina. Hacer incienso es como cocinar, pero alimentamos el sentido del olfato más que el del gusto. Los preparativos externos reflejan la preparación interior. Nos tomamos un tiempo para meditar, para crear un círculo claro dentro de nuestra propia conciencia, para soltar lo que nos preocupa y dejarnos llevar.

Cuando se acerca la noche, nos reunimos alrededor del árbol con velas encendidas y copias de los villancicos más paganos que podemos encontrar: canciones para festejar y versiones de

Norman Iles de los villancicos paganos recuperados[3]. Los villancicos no eran en su origen canciones de la Iglesia, sino canciones populares que se cantaban para celebrar los cambios de estación. No se cantaban en la iglesia, sino fuera de ella. Cantamos las canciones de Somerset y Gloucestershire que se cantaban de puerta en puerta mientras los más pobres recibían dinero de los más ricos. Las canciones bendicen el hogar para el año siguiente, siempre y cuando los que las cantan reciban su cerveza y sus donaciones. Cantamos villancicos en honor al solsticio y al regreso del Sol y nuestras voces resuenan en el jardín interior pavimentado con piedra. Las velas que sostenemos se reflejan en el techo de cristal y forman un círculo de luz parpadeante alrededor del árbol. Un amigo que dirige un coro canta un solo de gran belleza durante la noche invernal.

Procesionamos fuera con nuestras velas para encender el brasero. Chris ha hecho una hoguera con madera de abedul seca y curada. Arde con rapidez y las llamas iluminan la oscuridad. Pronunciamos una bendición con palabras adaptadas de los *Carmina Gadelica*, una colección de oraciones y encantamientos en gaélico escocés recopilados y traducidos al inglés por el folclorista Alexander Carmichael en el siglo XIX[4]. Una vez eliminado el barniz cristiano, el núcleo sigue siendo una hermosa visión celta de empatía con los elementos del cielo, el fuego, el mar, la tierra y el viento.

Encendemos el fuego en nombre de los Poderosos, nuestros antepasados y guías espirituales, y pedimos una bendición para la casa, la reunión, los amigos, los vecinos, los que nos han hecho daño y todos los que nos rodean. Nos colocamos alrededor del fuego meditando en silencio, observando las llamas. Enviamos pensamientos de paz, buena voluntad y amor. Estos sentimientos son similares a lo que en el budismo se llama *metta* ('bondad amorosa') y *karuṇa* ('compasión'). Celebrar el ciclo estacional con los demás nos ayuda a vernos a nosotros mismos como parte del conjunto de la humanidad, de la biosfera, del universo y de lo que hay más allá. Permitimos un movimiento interior de energía que llega al universo con un flujo de sentimientos. Esta calidez abierta, cariñosa y sin prejuicios abraza el mundo y nos da un sentido que trae alegría y esperanza en los momentos más oscuros, pues el amor es muy parecido a la alegría.

Siento que es hora de que esta parte del rito llegue a su fin. Uno de nosotros se adelanta para encender las velas y el incienso en la sala de meditación. Entramos en silencio en el espacio que brilla con suavidad, donde las llamas de las velas se reflejan en los adornos de las paredes con un brillo dorado. La tenue iluminación y el incienso nos alejan de la conciencia cotidiana hacia ese estado hipnagógico entre el sueño y la vigilia en el que el cerebro produce imágenes. Cruzamos un umbral espiritual y psicológico hacia el *temenos*, palabra griega que designa el recinto de un templo o un espacio sagrado. Hacemos un cambio de conciencia desde el *chronos*, 'el tiempo convencional', hasta el *kairos*, 'el momento oportuno y decisivo para la acción'. Se trata de un cambio que está a la vez más allá y más atrás: de vuelta a nuestros seres mamíferos que operan en los reinos sensoriales; más allá de los estados de conciencia más amplios, donde las fronteras se disuelven entre lo individual y lo colectivo, los reinos de los que proceden los sueños y las visiones.

Mientras santificamos la sala de meditación con los elementos, con agua salada y con nuestro incienso, tomo una vara de avellano y dibujo un círculo simbólico alrededor del perímetro de la habitación. Nos encontramos ahora en un microcosmos, un espacio entre los mundos, un lugar donde pueden nacer nuevas ideas, imágenes y energías. El círculo crea un espacio en la jungla de pensamientos, emociones, sensaciones, intuiciones y recuerdos que compiten entre sí y que desordenan nuestro cerebro; un sitio en el que podemos liberarnos de los clamores y las exigencias del día a día. Es el espacio espiritual más simple, un símbolo arquetípico de plenitud que se ha utilizado durante milenios como lugar sagrado de curación y refugio. No tiene la jerarquía implícita de una iglesia o templo rectangular. Nos situamos en la circunferencia como iguales y cada uno de nosotros puede ver a todos los demás.

Uno a uno, la gente da un paso al frente para pronunciar sus invocaciones. Invocamos a Apolo Cunomaglus como la luz del sol que calienta e impregna la tierra durante la primavera próxima. Su energía parece ser suave y poderosa al mismo tiempo. Invocamos a la triple diosa como la madre embarazada que dará a luz al Sol renacido y a las diosas doncella y abuela que están ahí para facilitar el parto. Hay un cambio en la calidad de la energía en la sala, llega una profunda paz que, a su vez, se siente como un nuevo comienzo. A veces puede ser difícil crear una atmósfera mágica en un lugar nuevo, pero aquí sentimos como si la casa hubiera estado esperando que su espacio se llenara de esta energía de amor y luz. El espíritu desconocido de este lugar está acogiendo lo que le traemos.

Por la mañana, consigo activar por primera vez la bomba de agua que mueve el agua entre los estanques de nuestro jardín para mantenerla fresca. El sonido del agua que fluye se hace eco de lo que siento: energía que fluye y una limpieza de la mente y el corazón. Entonces, descubro algo. A través de los arbustos que rodean el estanque veo dos piezas puntiagudas de piedra que se asoman. Me meto entre los arbustos y aparto la vegetación. Parece la cabeza de un perro, pero, al retirar más hojas muertas y arbustos, descubro una estatua de piedra reclinada de un ciervo. Tras casi dos mil años, parece que Apolo Cunomaglus, el cazador de ciervos y patrón de los cazadores, se ha despertado y ha bajado de su ruinoso santuario del bosque para reclamar este lugar como suyo.

Nuestra mudanza para consolidar nuestro hogar en Inglaterra llega justo a tiempo. Nuestra vida de enseñanza por todo el mundo vuelve a ser inviable, no porque yo esté enferma o por el cambio climático, sino porque el mundo está enfermo. Llega la COVID-19 y los viajes cesan. Ahora tengo tiempo para escribir el libro que planeé en Australia hace dieciocho años. He dado la vuelta a la espiral de una fase de la existencia. Ahora puede comenzar otra.

23
Alma de bruja una vez más

Muchos de nosotros pasamos toda nuestra existencia viviendo una vida que no es en realidad nuestra, una que no habríamos elegido. Es sorprendentemente fácil vivir según los planes de los demás. Incluso puede que prefiramos hacerlo. Puede ser mucho más fácil que asumir la responsabilidad de trazar el curso de nuestro propio destino. Algunos de nosotros podemos pensar que es imposible vivir la vida que queremos. Puede que sintamos que hemos ido demasiado lejos por un determinado camino relacionado con la carrera profesional, las relaciones o las responsabilidades con la pareja, la progenie, los padres y las mascotas. Es cierto que no podemos reescribir el pasado. Podemos determinar el futuro, pero primero tenemos que despertarnos para abrazar el presente, el aquí y el ahora, lo que somos y lo que nos rodea.

La pandemia de la COVID-19 nos dio dos regalos: una visión de cómo nuestro planeta podría volver a ser verde y limpio y un recordatorio, oportuno pero doloroso, de la fragilidad de la vida humana. Los seres humanos somos como mariposas en el gran esquema de las cosas, nuestras vidas son solo un microsegundo o dos en el tiempo cósmico. Cuando tenía diez años era muy consciente del paso del tiempo. No estoy segura de por qué. Tal vez fuera una sensación inconsciente de que la infancia estaba llegando a su fin. Mi cuerpo comenzaba a cambiar en la inalterable evolución hacia la pubertad. Escribí un poema que llamé «Sueños del tiempo». No era un poema muy bueno, pero aún lo recuerdo porque intentaba explicar una idea que me parecía importante. Se me ocurrió una noche de verano, mientras miraba al mar.

El tiempo, como un pájaro en el aire,
vuela sin cesar.
El tiempo, como el mar plateado,
fluye por la eternidad.
Nuestras vidas, aunque nos parezcan largas,
no son más que un grano de tiempo,
y, sin embargo, para mí, como una joya preciosa,
ese grano es mi vida.

Cuando la amenaza de muerte nos rodea todo el tiempo, nos volvemos muy conscientes del valor de la vida y de la importancia de vivirla como queremos en este momento. Es el ahora que siempre podemos cambiar y el tiempo siempre se acaba. La vida es corta y muy pronto no habrá otro ahora. Las circunstancias externas de nuestra vida no siempre son algo que podamos cambiar, pero sí que podemos hacerlo con la forma en la que nos relacionamos con el universo que nos rodea. Podemos vivir cada momento como si lo que hubiese dentro de nosotros fuera importante, porque somos las células del cuerpo de un todo mayor, el del inconsciente colectivo de toda la humanidad, una red entretejida de imaginación y memoria.

Podemos encontrar mucha sabiduría en los libros y en las enseñanzas, pero las fuentes definitivas de la verdad están ahí fuera, en los misterios del cosmos, y abajo y adentro, en las profundidades de nuestro ser. Mi propio viaje ha estado guiado por el sentimiento y la intuición. Nació de un sentimiento de conexión con la naturaleza que no parecía encajar con la visión del mundo que me rodeaba, pero, con el paso de las décadas, esas percepciones que tenía de pequeña han ido saliendo cada vez más a la luz de la sociedad en general. El viaje también ha estado marcado por la constatación de que mi conciencia, mi *yo*, no dependía de mi cuerpo, un fenómeno que ahora llaman «conciencia no local» los pioneros en el conocimiento de la interfaz entre la neurociencia y la física. Y también había otro impulso motivador: la idea de que cada uno de nosotros tiene un viaje espiritual individual único que hacer para llegar a su propia realización personal del yo más profundo que está vinculado a lo divino. Esta ha sido mi búsqueda personal del santo grial.

Hay un dicho en la wicca que dice que si no podemos encontrar lo que buscamos dentro de nosotros, nunca lo encontraremos fuera. Joseph Campbell, en su libro *El héroe de las mil caras*, lo expresa muy bien. La «peligrosa jornada», nuestra propia búsqueda espiritual, es, escribe, «una labor no de adquisición sino de readquisición, no de descubrimiento sino de redescubrimiento». Cuando llegamos al final del viaje, descubrimos que los poderes que buscamos han estado dentro de nosotros todo el tiempo, «esa divina imagen creadora y redentora que está escondida dentro de todos nosotros y solo espera ser reconocida y restituida a la vida»[1].

El verdadero santo grial de la búsqueda espiritual es lograr la unificación con el yo más profundo, la fuente de nuestra autenticidad. Al principio, el contacto es fugaz. Tenemos experiencias momentáneas de él, pero lo percibimos como algo externo a nosotros, tal vez como un dios, una diosa o un ángel, o quizás como un gurú interior, como hizo Carl Jung con Filemón o Carlos Castaneda con don Juan. Con el tiempo, el contacto se hace más frecuente y experimentamos momentos fugaces de unificación con esta voz interior de sabiduría. Al final, nos damos cuenta de que esta voz es parte de nosotros, de nuestro yo más profundo y sabio, un yo que está fuera del tiempo y que perdura quizás a través de las encarnaciones. A veces perdemos el contacto con el yo más profundo y la voz permanece en silencio durante un tiempo. Tal vez no nos guste lo que nos dice y nos rebelemos. Pero si perseguimos nuestra búsqueda y nuestro camino espiritual, llegamos a un punto en el que descubrimos que nos alineamos cada vez más con esta parte más profunda de nuestro ser. Descubrimos que podemos descentrarnos de las preocupaciones cotidianas del ego para alcanzar una nueva perspectiva de la vida más duradera, más amplia y más profunda.

Diferentes tradiciones espirituales pueden acelerar nuestra búsqueda, pero no necesitamos seguir un camino en concreto si ninguno nos atrae, puesto que lo importante en estas tradiciones son los valores y los procesos simples que nos conectan con el yo más profundo. La meditación, el trabajo con los sueños, los rituales, el tiempo que pasamos en la naturaleza, el tiempo en el que dejamos fluir nuestra creatividad (en el arte, la escritura creativa, las canciones, la música), los momentos de unión con el cuerpo, otro tipo de flujo que encontramos al correr, hacer yoga, navegar, nadar, bailar o tocar el tambor, en lo que sea que nos funcione. Estos son los procesos que nos permiten desprendernos de las preocupaciones cotidianas y orientarnos hacia lo que es importante y lo que nos da alegría. Estas experiencias nos dan una nueva visión y energía para llevar a cabo nuestros objetivos y alcanzar nuestros sueños.

Podemos empezar nuestra búsqueda espiritual a cualquier edad, pues es para toda la vida. No hay una revelación final, ya que en cada parte del viaje descubrimos que siempre hay mucho más que experimentar y aprender. Al entrar en la espiral de la última etapa de mi vida adulta, siento que empieza una nueva fase, pero este libro es un reflejo de mi búsqueda espiritual hasta ahora. Ha sido un viaje a través de la conciencia, los símbolos y las tradiciones esotéricas hasta que he encontrado en lo más profundo de nuestro ser una fuente de sabiduría y conocimiento, un pozo profundo del que podemos beber. La búsqueda me ha enseñado a ser tolerante, a aceptar y honrar la sabiduría y la verdad compartidas en todas las tradiciones espirituales y a estar dispuesta a verme a mí misma y a los demás como seres defectuosos, pero que luchan, y siguen luchando, por abrirse al amor y a la sabiduría, como los capullos que buscan florecer. Los seres humanos, aunque somos imperfectos, somos como una miríada de puntos de luz, como si cada uno de nosotros fuese una estrella. Dentro de cada uno hay una llama de vida y conciencia, y hay una gran belleza en todo ello. Pero cuando nos unimos para compartir con los demás, cuando creamos una comunidad y unos lazos de amor que nos vinculan y unen, entonces las estrellas se convierten en constelaciones y revelan una forma y un significado que crean una belleza mayor.

El viaje espiritual que iniciamos, tal vez sintiéndonos solos, a la deriva en aguas inexploradas, nos lleva con el tiempo a dejar de estar solos para estar en profunda comunión con el auténtico yo, lo que establece una conexión aún más profunda: con toda la psique colectiva de la humanidad. En lugar de percibirnos como egos aislados y autocontenidos, podemos experimentarnos como miembros de toda una familia humana, que está unida a las familias de todas las demás especies, juntas en la biosfera de Gaia. Esta conexión más profunda puede traer alegría pero también dolor, porque el auténtico yo es un yo ecológico y el mundo que hemos creado no alimenta nuestros anhelos más profundos. Nuestra inteligencia ha superado a nuestra sabiduría. Los avances tecnológicos que hemos creado se han cobrado un terrible precio, no solo para los seres humanos, sino para todo el planeta.

Todo lo que nos rodea es el cosmos, amplio en el espacio y en el tiempo, extenso más allá de nuestra imaginación más salvaje, extraordinariamente bello, complejo y misterioso. Muchos mitos antiguos sobre la creación hablan del universo que nos rodea como una red tejida por las diosas tejedoras. La ciencia también habla ahora del universo como una red cósmica, una compuesta por amplios filamentos interconectados de galaxias agrupadas y gases separados por vacíos gigantes. La materia que conocemos, las estrellas y galaxias que podemos detectar, solo representan el 5 % de su contenido. El 95 % es energía y materia oscura, que está más allá de lo que nuestros aparatos humanos pueden ver o medir en la actualidad[2]. Lo que la ciencia puede decirnos es que sabemos que hay mucho ahí fuera que no conocemos. Sin embargo, podemos maravillarnos, apreciar y alegrarnos de que el cosmos exista a nuestro alrededor y en nosotros. Es nosotros y nosotros formamos parte de él. Nuestra Tierra no es más que una pequeña mancha en la inmensidad, pero para nosotros tiene una importancia suprema. Es nuestro hogar, el único que tenemos ahora, y lo necesitamos para las generaciones futuras.

Deja que tu mente juegue durante un rato con la idea de que estamos hechos, como dice una vieja canción *hippie*, de polvo de estrellas. Es cierto que los elementos de nuestro cuerpo surgieron hace millones de años, en una galaxia muy lejana[3]. Pero, a pesar de todos nuestros defectos y fallos, los seres humanos somos una creación extraordinaria, una especie de esperanzas, sueños y visiones de conocimiento y poder, y cada uno de nosotros es un representante único de nuestra especie. Si observamos el mundo a través de las noticias, puede resultarnos difícil creer en el futuro de la humanidad. Es fácil desesperarse cuando vemos algunas de las cosas terribles que hacemos, pero también hay esperanza. Hemos sobrevivido hasta ahora. Nos hemos adaptado y recuperado de los desafíos de la naturaleza: hambrunas, inundaciones, incendios forestales y tormentas. Seguimos sobreviviendo a los desafíos creados por nosotros mismos: la guerra y la violencia. ¿Cómo lo hemos hecho? La respuesta está en nuestro mayor don: la imaginación humana, que nos da el poder de ver cómo podemos hacer del mundo un lugar mejor. Si nos acordamos de la creatividad humana, de nuestras notables visiones que convertimos en pintura, escultura, música, canto y danza, entonces podemos tener más fe en la capacidad de nuestra especie para cambiar. Porque es nuestra imaginación la que necesitaremos para que esta sobreviva en el futuro, y nuestro amor.

Aunque disfruto del mundo intelectual, sé que el intelecto por sí solo, sin la mediación de la inteligencia del corazón y del espíritu, es algo peligroso. Aquel genio mágico y errado, Aleister Crowley, enseñó que «amor es la ley, amor bajo voluntad»[4]. Pero si nos dirigimos, no al arquetipo heroico masculino, sino a la mujer salvaje que nos lleva al mundo de la naturaleza, lo que ella enseña no es el «amor bajo voluntad» sino la «voluntad bajo el amor». En nuestras relaciones amorosas con los demás es donde encontramos la fuerza de voluntad, la motivación para seguir adelante, el valor para cambiar lo que hay que cambiar.

La necesidad de transformación interior es algo que podemos sentir en nuestras vidas individuales, pero también es importante a una escala mucho más amplia. Necesitamos una transformación radical de la conciencia humana que no puede lograrse mediante esta ideología política o aquella religión mundial. Nada puede cambiar a menos que cambiemos nosotros mismos. Este es el momento, el *kairos*, de llevar a cabo un gran cambio, pues nos encontramos en el comienzo de un nuevo eón.

La precesión de los equinoccios hace referencia a la aparente rotación de los cielos alrededor de la Tierra que observó por primera vez el antiguo astrónomo griego Hiparco de Nicea. Esto significa que el signo zodiacal en el horizonte de primavera cambia de manera gradual. Nuestra astrología se basa en cálculos de hace cuatro mil años, cuando Aries, el carnero, era el signo zodiacal que se encontraba en el horizonte durante el amanecer del equinoccio de primavera. Piscis, los peces, se convirtió en el signo al comienzo de la era cristiana. El signo en el horizonte en el amanecer de primavera es ahora Acuario, la figura humana del portador del agua. Según el pensamiento esotérico, esta es la energía arquetípica que dominará la psique humana durante los próximos dos mil años. Con el cambio de un eón, las viejas formas de religión mueren y nace algo nuevo. Así como el monoteísmo fue el hijo de la Era de Piscis, Acuario traerá nuevas formas de espiritualidad basadas no en el monoteísmo patriarcal y los dioses externos, sino en encontrar lo divino dentro de las profundidades de nuestro propio ser.

En el siglo xx, el amanecer de la Era de Acuario fue acogido como una transición hacia todas las cualidades positivas de Acuario. Esperábamos un eón de humanismo y humanitarismo, un tiempo en el que honraríamos la excepcionalidad y la autonomía de cada uno de nosotros, pero también reconoceríamos nuestra profunda interconexión. Adoptamos la idea de Carl Jung sobre el inconsciente colectivo, la psique de grupo de la humanidad. Esperamos un nuevo amanecer de una conciencia más profunda y amplia que nos ayude a superar nuestro aislamiento individual y a experimentar cómo cada uno de nosotros es una célula en un todo mayor.

Los nuevos nacimientos vienen acompañados de dolores de parto. El comienzo de una nueva era es un momento peligroso y volátil. En estos poderosos momentos de transición, el cambio se vuelve intenso. Las esperanzas, las aspiraciones, las expectativas y los miedos se convierten en ingredientes de un caldero hirviente de ideas y emociones. Las llamas saltan, la olla hierve y se desborda y el pasado se desvanece. Es un momento de conflicto. En cualquier transición, hay fuerzas que nos impulsan hacia el futuro y fuerzas que se resisten con todas sus ganas a lo que está por venir. Las fuerzas opuestas estarán presentes en nuestra política, en el medio ambiente y en el cosmos más amplio. Con el proceso de sincronicidad, el mundo interior y el mundo exterior se reflejan entre sí. Estas fuerzas progresivas y regresivas también estarán presentes en nuestra propia psique, pues, por mucho que queramos el cambio, también le tenemos miedo.

Cada eón tiene un lado oculto, una sombra, al igual que cada uno de nosotros como individuos tiene una sombra. En los inicios de un ciclo de dos mil años, estamos experimentando no solo las esperanzas de Acuario, sino también su sombra. La sombra de cada uno de los signos del zodiaco conforma los peores rasgos de su signo opuesto en el mismo. La era que acaba de pasar ha sido la de Piscis, que pretendía enseñar el amor universal, pero su sombra era el lado negativo de Virgo. Los ideales inspirados de los maestros espirituales se convirtieron en textos codificados y reglas y se desarrolló un conflicto entre el espíritu y la materia, la espiritualidad y la sexualidad. En Acuario, nos liberamos de la sombra de Virgo, pero ahora estamos experimentando la sombra de Acuario, que es Leo, el león orgulloso y majestuoso, cuyos otros símbolos son el niño y el rey solar. La sombra de Leo es un niño coronado y conquistador, un tirano infantil, que amenaza con tirar sus juguetes del cochecito o apretar su botón nuclear si no se obedece su voluntad. En todo el mundo, vemos que la gente abandona la visión democrática de la libertad y nuestra responsabilidad de gobernarnos a nosotros mismos para entregar la autonomía y el poder a dictadores que han infundido el miedo y que buscan dividir y gobernar.

Por suerte, muchos predicen que el arquetipo masculino del rey-niño pronto dará paso al verdadero arquetipo del eón, el de la diosa de la justicia que, en la religión del antiguo Egipto, era la diosa Maat. En la religión egipcia, es ella quien preside el ritual del pesado del corazón en los salones del juicio cuando entramos en la otra vida. La estatua de la diosa de la justicia en el exterior de los tribunales sosteniendo en alto sus símbolos de la espada y la balanza es un recordatorio de este antiguo arquetipo. La de Maat es una justicia atemperada por la misericordia, el amor y la compasión. Es una justicia que no es tan impersonal como transpersonal, al servicio no de una u otra facción, sino de la humanidad y del bien común.

Hay indicios de que el arquetipo de la justicia transpersonal está adquiriendo mayor protagonismo en la psique humana. Poco a poco hemos extendido nuestro concepto de justicia a las leyes que protegen los derechos humanos: el derecho al voto, el derecho a la igualdad, el derecho a la no discriminación, los derechos de reproducción y el derecho a la libertad de expresión. El impulso de este tipo de justicia nace de la empatía: empatizamos con otros seres humanos y queremos que se les trate como queremos que nos traten a nosotros. Ahora nuestro sentido de la empatía se está extendiendo y abogamos también por los derechos de los animales y de la Tierra. A pesar de todos nuestros fallos humanos, estamos evolucionando.

Los movimientos de masas y los cambios de conciencia a menudo parecen surgir de la nada, pero en realidad no es así. Ocurren cuando un número suficiente de nosotros ha sentido las ondas de los que van por delante en la curva. Los cambios se producen en el inconsciente mucho antes de que penetren en la membrana que separa nuestra mente consciente de la inconsciente. No podemos hacer lo que no podemos imaginar, y por este motivo los que están a la vanguardia del arte, la ciencia ficción y la magia siempre van por delante de la humanidad. Imaginamos los viajes espaciales siglos antes de que fueran físicamente posibles. El sueño dio lugar al impulso de crear la ciencia y la tecnología para hacerlo realidad. Ahora necesitamos un nuevo sueño, un sueño de lo que los seres humanos podemos llegar a ser.

Se necesita de forma urgente una transformación de la conciencia humana y para ello necesitaremos una nueva espiritualidad que nos enraíce en nuestra profunda conexión con los demás y con toda la creación de nuestro planeta. Esto lo podemos encontrar si nos volvemos hacia el interior del inconsciente colectivo, el depósito de los sueños y las visiones del pasado, un tesoro oculto de imágenes e ideas, de mitos, pensamientos y visiones de nuestros antecedentes, de formas que sustentaron nuestra especie desde nuestra primera evolución hacia la conciencia y la autoconciencia.

Nuestras religiones mundiales no tienen más que un par de miles de años y se basan en las palabras de profetas masculinos nacidos en una época y una cultura concretas. Puede haber sabiduría, amor y poder en estas enseñanzas, pero también está todo el bagaje de las sociedades y culturas de las que nacen. También puede haber misoginia y miedo a la diferencia, intereses de poder creados, obsesión por la forma por encima de la inspiración original y ceguera ante la necesidad de que las enseñanzas evolucionen para adaptarse a las realidades planetarias en las que vivimos.

En la actualidad, buscamos nuevas narrativas, una nueva espiritualidad que sea inclusiva y honre a la Tierra. Buscamos reconectarnos con las narrativas que nos hicieron sentir nuestra relación con la naturaleza y con los reinos estelares de arriba.

Antes, observábamos lo que hacían nuestros mayores y copiábamos sus prácticas de generación en generación. Ahora, debemos buscar de nuevo la inspiración, mirar dentro de nosotros nuestra visión creativa y fuera, a los que aún viven con sus tradiciones ancestrales, para reconstruir las prácticas de observancia de las estaciones y honrar el ciclo vital. Estas son las sencillas ceremonias que honran los cambios de estación de la naturaleza y los cambios de estación de la vida humana: el nacimiento, la madurez sexual, el apareamiento, la paternidad, el ser abuelos y la muerte. Enseñan a tener una veneración por el don de la vida, por el don de la conciencia, por el increíble privilegio de nacer en este maravilloso universo nuestro. Crean una espiritualidad que puede encontrarse en el campo y en el bosque, así como en los edificios construidos por las manos humanas; una espiritualidad que puede compartirse entre las diversas culturas de nuestro planeta.

Para algunos de nosotros, nuestros sentimientos de reverencia por lo que está más allá se centran en torno a una única fuente que llamamos «diosa» o «dios» mientras que, para otros, no hay una divinidad, sino muchas. Para muchos de nosotros, y cada vez para más, esos sentimientos trascienden todo concepto humano de deidad. Sin embargo, no nos quedamos huérfanos de dioses. Su presencia sigue estando cerca de nosotros. Viven dentro de la psique colectiva y allí perdurarán, pues sus imágenes están incrustadas en lo más profundo. El dios astado y la gran diosa despertaron del sueño para reconectarnos con la naturaleza y para inspirarnos a dar a luz a una nueva visión espiritual. Ahora podemos estar con ellos, y con Maat, el arquetipo de la justicia transpersonal, para contemplar el cosmos y permitir que su belleza nos inspire con esperanza y con el valor que nuestra especie necesitará para enfrentarse a los retos que están por llegar.

Sea donde sea que te encuentres en tu viaje espiritual, espero que mis experiencias te ayuden a profundizar en la comprensión de tu propio mundo interior, que te inspiren a explorar, a enriquecerlo aún más y a reconectar cada vez con más fuerza con la fuente de sabiduría y poder que hay en ti: tu auténtico yo más salvaje.

Notas

Para más información detallada sobre las publicaciones, véase el apartado de bibliografía.

1. Liberarse de las cadenas

1. Vivianne Crowley, *La antigua religión en la nueva era. La brujería a examen*, 1991.

2. Charles Richard Foster Seymour, *The Forgotten Mage: The Magical Lectures of Colonel C. R. F. Seymour*, ed. Dolores Ashcroft-Nowicki, 1999, p. 24.

3. Joseph Campbell, *El héroe de las mil caras: psicoanálisis del mito*, 2015.

4. Clarissa Pinkola Estés, *Mujeres que corren con los lobos*, 2020.

2. Atraída por los árboles

1. William Henry Davies, *Songs of Joy and Others*, 1911, p. 15.

3. Descubrir la magia

1. Charles Williams, *Guerra en el cielo*, 2007.

2. Aloysius Mullins, *Witchcraft: A Warning*, 1970.

3. *Ibidem*, p. 11.

4. June Johns, *The King of the Witches*, 1969.

5. André Breton, *Manifiestos del Surrealismo*, 2002.

6. Mao Tse-Tung, *Libro rojo de Mao*, 1976.

7. Sigmund Freud, *On the Sexual Theories of Children*, p. 14.

8. M. Esther Harding, *The Way of All Women*, 1971; Harding, *Los misterios de la mujer: simbología de la luna*, 2005.

9. Charles Godfrey Leland, *Aradia, or The Gospel of the Witches*, 1974, p. 114.

10. *Ibidem*, p. 6.

4. Soñar con el dios astado

1. Margaret Alice Murray, *El culto de la brujería en Europa occidental*, 1978; Murray, *El dios de los brujos*, 2006.

2. Katherine Louise Oldmeadow, *Princess Charming*, 1923.

3. Philip Heselton, *In Search of the New Forest Coven*, 2020, pp. 197-208.

4. Thomas Moore, *En busca de una religión personal: una guía para crear una espiritualidad propia en un mundo secular*, 2014.

5. Carl Gustav Jung, *Los complejos y el inconsciente*, 2013.

6. Pausanias, *Descripción de Grecia. Libros VIII-X*, 1995.

7. Carl Gustav Jung, «El árbol filosófico», en *Obra completa de Carl Jung, Vol. 13: Estudios sobre representaciones alquímicas*, 2016.

8. Stefan G. Hofmann *et al.*, «Loving-kindness and compassion meditation: Potential for psychological interventions», 2011; Antonio Crego *et al.*, «The contribution of meaningfulness and mindfulness to psychological well-being and mental health: A structural equation model», 2019; José Ramón Yela *et al.*, «Self-compassion, meaning in life, and experiential avoidance explain the relationship between meditation and positive mental health outcomes», 2020.

9. Carl Gustav Jung, «Las relaciones entre el yo y lo inconsciente», en *Obra completa de Carl Jung, Vol. 7: Dos escritos sobre psicología analítica*, 2016.

5. Abrirnos al universo

1. Richard Wiseman, *Nadie nace con suerte: el primer estudio científico que enseña a atraer y aprovechar la buena fortuna*, 2003.

2. Joseph Campbell, *El poder del mito*, 1991.

3. Erwin Schrödinger, *Mi concepción del mundo*, 2017.

4. Richard Wiseman, *Nadie nace con suerte: el primer estudio científico que enseña a atraer y aprovechar la buena fortuna*, 2003.

6. Un espíritu sanador

1. Ivy Northage, *Mechanics of Mediumship*, 1973; Northage, *Mediumship Made Simple*, 1986.

2. Hilary Mantel, *Tras la sombra*, 2007.

3. Carl Gustav Jung, «Human Relationships in Relation to the Process of Individuation (Cornwall Seminar): Unauthorized Notes», 1923, p. 26.

4. Lewis Carroll, *A través del espejo y lo que Alicia encontró allí*, 2019, p. 74.

5. Marjorie Aarons, *The Tapestry of Life*, 1979.

6. Jeanne Achterberg *et al.*, «Evidence for correlations between distant intentionality and brain function in recipients: A functional magnetic resonance imaging analysis», 2006.

7. Rita Pizzi *et al.*, «Non-local correlation between separated human neural networks», 2004; Chiara Marletto *et al.*, «Entanglement between living bacteria and quantized light witnessed by rabi splitting», 2018.

8. Dean Radin *et al.*, «Distant healing intention therapies: An overview of the scientific evidence», 2015.

9. Chris A. Roe *et al.*, «Two meta-analyses of noncontact healing studies», 2015.

10. Dalai Lama, «Prayer is not enough», 2020.

7. La magia de la mente

1. Jamie Doward, «Buddhist, teacher, predator: Dark secrets of the Triratna guru», 2019.

2. Richard Wiseman, *Nadie nace con suerte: el primer estudio científico que enseña a atraer y aprovechar la buena fortuna*, 2003.

3. Roberto Assagioli, *Psicosíntesis: ser transpersonal: el nacimiento de nuestro ser real, el despertar espiritual, sus fases, procesos y crisis, cómo afrontarlos y superarlos*, 2010; Assagioli, *The Act of Will*, 1973.

4. Olivia Robertson, *Field of the Stranger*, 1948, p. 70.

5. Deborah Cracknell *et al.*, «Marine biota and psychological wellbeing: A preliminary examination of dose-response effects in an aquarium setting», 2015.

6. Ulrich *et al.*, «Effects of exposure to nature and abstract pictures on patients recovering from heart surgery», 1993.

8. Hablar con los oráculos

1. *I Ching, El libro de las mutaciones*, 1977.

2. Carl Gustav Jung, «Sincronicidad como principio de conexiones acausales», *Obra completa de Carl Jung, Vol. 8: La dinámica de lo inconsciente*, 2016.

3. Marie-Louise von Franz, *Sobre adivinación y sincronicidad: la psicología de las casualidades significativas*, 1999.

4. Carl Gustav Jung, «Sincronicidad como principio de conexiones acausales», 2016, p. 506, p. 957.

5. *I Ching*, 1977.

6. *Ibidem.*

7. https://www.streetwisdom.org/about/

9. Ejercer la magia

1. Terry Pratchett, *Brujas de viaje*, 2011, p. 7.

10. Conscientes de la naturaleza

1. Sam J. Cooley *et al.*, «"Into the Wild": A meta-synthesis of talking therapy in natural outdoor spaces», 2020.

2. Shunryu Suzuki, *Mente Zen, Mente de Principiante: conversaciones informales sobre meditación y práctica zen*, 1987.

3. Glenn Albrecht, «Creating a language for our psychoterratic emotions and feelings», 2011.

4. Gregory N. Bratman *et al.*, «Nature experience reduces rumination and subgenual prefrontal cortex activation», 2015.

5. Mary Carol Hunter, «Urban nature experiences reduce stress in the context of daily life based on salivary biomarkers», 2019.

6. Rita Berto, «The role of nature in coping with psycho-physiological stress: A literature review on restorativeness», 2014.

7. Gregory N. Bratman *et al.*, «The impacts of nature experience on human cognitive function and mental health», 2012.

8. Ruth Ann Atchley *et al.*, «Creativity in the wild: Improving creative reasoning through immersion in natural settings», 2012.

9. Roger S. Ulrich *et al.*, «Effects of exposure to nature and abstract pictures on patients recovering from heart surgery», 1993.

10. Kieran C. R. Fox *et al.*, «Is meditation associated with altered brain structure? A systematic review and meta-analysis of morphometric neuroimaging in meditation practitioners», 2014.

11. Alcanzar las cumbres

1. Helena Roerich, *Letters, Volume 2*, 1967, p. 255, carta 24 de agosto de 1936; p. 473, carta 5 de abril de 1938.

12. Sanación mágica

1. Ethan Basch *et al.*, «Boswellia: An evidence-based systematic review», 2004; Thomas Efferth y Franz Oesch, «Anti-inflammatory and

anti-cancer activities of frankincense: Targets, treatments and toxicities», 2020.

2. David L. Felten y Mary E. Maida, «Psychoneuroimmunology», en Vilayanur Subramanian Ramachandran, ed., *Encyclopedia of the Human Brain*, 2002.

3. Stanley C. Krippner y Allan Combs, «The neurophenomenology of shamanism: An essay review», 2002.

4. Helané Wahbeh *et al.*, «Shamanic healing for veterans with PTSD: A case series», 2017.

5. Elizabeth C. Roxburgh *et al.*, «Synchronicity in the therapeutic setting: A survey of practitioners», 2016.

13. Invocación a la luz de la luna

1. Ilanit Gordon *et al.*, «Physiological and behavioral synchrony predict group cohesion and performance», 2020; Alan R Harvey, «Links between the neurobiology of oxytocin and human musicality», 2020; Martin Lang *et al.*, «Sync to link: Endorphinmediated synchrony effects on cooperation», 2017.

2. Pierre Flor-Henry, «Brain changes during a shamanic trance: Altered modes of consciousness, hemispheric laterality, and systemic psychobiology», 2017; Michael J. Hove *et al.*, «Brain network reconfiguration and perceptual decoupling during an absorptive state of consciousness», 2016.

14. Despertar a la tierra y a la memoria

1. Fanch Guillemin, *Sorciers de Bretagne*, 1998, p. 20.

2. Françoise Le Roux y Christian-Joseph Guyonvarc'h, *Los druidas*, 2009; Gwenc'hlan Le Scouëzec, *Bretagne Terre Sacrée*, 1996.

3. M. Gustave Geffroy, «La Bretagne au Centre», *Le Tour du monde*, 1903, p. 507; Charles Chassé, «Le culte Breton de Sainte-Anne et la vénération des Vierges noires», 1945.

15. Cuando la magia realmente importa

1. Vivianne Crowley, *La antigua religión en la nueva era. La brujería a examen*, 1991.

2. Crowley, *The Natural Magician: Practical Techniques for Empowerment*, 2003.

16. Viajar al más allá

1. Mircea Eliade, *El chamanismo y las técnicas arcaicas del éxtasis*, 2001.

2. Carlos Castaneda, *Las enseñanzas de don Juan, una forma yaqui de conocimiento*, 2002.

3. Michael J. Hove *et al.*, «Brain network reconfiguration and perceptual decoupling during an absorptive state of consciousness», 2016.

4. Kim-Pong Tam *et al.*, «Saving Mr. Nature: Anthropomorphism enhances connectedness to and protectiveness toward nature», 2013.

5. Lacy Cooke, «Mother trees recognize kin and send them "messages of wisdom"», 2016; Suzanne Simard, *Finding the Mother Tree*, 2021.

17. Aliados sobrenaturales

1. Terry Pratchett, *Dioses menores*, 1993.

2. Dan Brown, *El código Da Vinci*, 2017.

3. Heinrich Cornelius Agrippa von Nettesheim, *Filosofía Oculta III: La magia ceremonial*, 2018.

4. *Ibidem.*

18. Volar con el fénix

1. Carl Gustav Jung, *Recuerdos, sueños, pensamientos*, 2002.

2. Edith Nesbit, *The Phoenix and the Carpet*, 1904.

3. Vivianne Crowley, *Phoenix from the Flame*, 1994.

4. https://www.youtube.com/watch?v=WA1bjPOrgZw; disponible para descargar en: https://www.amazon.de/Phoenix-Pagan-PiperProject/dp/B075LMDRXK/

5. Rafal T. Prinke y Kamila Follprecht, «John Dee and Edward Kelley in Cracow: Identifying the House of Enochian Revelations», 2015.

19. Bajo la pancarta verde

1. «The priest and the black mass», *News of the World*, 2 de febrero de 1969.

2. Melissa Davey *et al.*, «People's Climate March-as it happened», *The Guardian*, 2014.

3. https://www.masksofthegoddess.com/

4. Francesca Ciancimino Howell, *Making Magic with Gaia*, 2002.

5. Damian Carrington, «School climate strikes: 1.4 million people took part, say campaigners», *The Guardian*, 2019.

6. Matthew Smith, «International Poll: Most expect to feel impact of climate change, many think it will make us extinct», 2019.

7. Erich Fromm, *Anatomía de la destructividad humana*, 1987.

8. Will Steffen *et al.*, «The Anthropocene: Conceptual and historical perspectives», 2011.

9. *I Ching, El libro de las mutaciones*, 1977.

20. Tocar la piedra

1. Ronald Hayman, *A Life of Jung*, 2002, p. 316.

2. Stephen y Robin Larsen, *Joseph Campbell: A Fire in the Mind*, 2002, pp. 359-362.

3. Marie-Louise von Franz, *Alquimia*, 1992.

4. Marie-Louise von Franz, *C. G. Jung: His Myth in our Time*, 1998, p. 234, nota 65.

5. Arnaldus Villanovanus, *Rosarium Philosophorum*,1550/c.1750.

6. Carl Gustav Jung, *Recuerdos, sueños, pensamientos*, 2002, p. 190.

7. *Ibidem.*

8. Marie-Louise von Franz, *Alquimia*, 1992.

21. El poder mágico de la mujer

1. https://www.sarahannant.com/

2. https://www.victoriamusson.com/victoriamusson

3. Carl Gustav Jung, *The Red Book*, 2014, p. 268.

4. Lynda Gratton, *Puntos calientes: espacios para el entusiasmo y la creatividad*, 2008.

5. Una Woodruff y Lisa Tuttle, *Catwitch*, 1983.

6. Una Woodruff y Colin Wilson, *Witches*, 1981.

7. Chloe Berge, «Why are women turning to witchcraft?», 2018.

8. Mary Webb, *Gone to Earth*, 1917; Webb, *The Golden Arrow*, 1916; Webb, *The Precious Bane*, 1924.

9. https://www.rebeccabeattie.co.uk

10. Henrik Bogdan, «Women and the Hermetic Order of the Golden Dawn: Nineteenth Century Occultism Initiation from a Gender Perspective», en Alexandra Heidle y Joannes Augustinus Maria Snoek, eds., *Women's Agency and Rituals in Mixed and Female Masonic Orders*, 2008, p. 246.

11. Robert Andrew Gilbert, *The Golden Dawn: Twilight of the Magicians*, 1983.

12. Anna Bonus Kingsford, *Clothed with the Sun*, 1906, p. 7, Vision 2ii.

13. Florence Farr, «The Mystery of Time: A Masque», 1905.

14. *Ibidem.*

15. Florence Farr, «Flying Roll No. XIII: Secrecy and Hermetic Love, By S.S.D.D.», en Francis King, ed., *Astral Projection, Ritual Magic, and Alchemy*, 1987.

16. https://www.magickalwomenconference.com/

22. Despertar a los nuevos dioses

1. https://www.medicaldetectiondogs.org.uk/about-us/

2. https://phillipabowers.co.uk/index.php

3. Norman Iles, *Who Really Killed Cock Robin?*, 1986; Iles, *Restoration of Cock Robin*, 1989.

4. Alexander Carmichael, *Carmina Gadelica*, 1972.

23. Alma de bruja una vez más

1. Joseph Campbell, *El héroe de las mil caras*, 2015.

2. «Dark energy, dark matter», *NASA Science*, 2020.

3. Kerry Lotzof, «Are we really made of stardust?», 2018.

4. Aleister Crowley, *Magia en teoría y práctica*, 2010.

Bibliografía

Aarons, Marjorie, *The Tapestry of Life: Through the Mediumship of Lillian Bailey*, Psychic Press, Londres, 1979.

Achterberg, Jeanne, Karin Cooke, Todd Richards, Leanna J. Standish, Leila Kozak y James H. Lake, «Evidence for correlations between distant intentionality and brain function in recipients: A functional magnetic resonance imaging analysis», *The Journal of Alternative and Complementary Medicine*, 2006, vol. 11, n.º 6, pp. 965-971.

Agrippa, Enrique Cornelio, *Filosofía Oculta III: La magia ceremonial*, trad. Francisco Gijón, CreateSpace Independent Publishing Platform, 18 de abril de 2018.

Albrecht, Glenn, «Creating a language for our psychoterratic emotions and feelings», *Health Earth* [blog], 8 de septiembre de 2011, http://healthearth.blogspot.com/2011/09/creating-language-for-our.html (26 de mayo de 2022).

Assagioli, Roberto, *Psicosíntesis: ser transpersonal: el nacimiento de nuestro ser real, el despertar espiritual, sus fases, procesos y crisis, cómo afrontarlos y superarlos*, trad. Jorge Viñes Roig, Gaia Ediciones, abril de 2010.

—, *The Act of Will: A Guide to Self-Actualization and Self-Realization*, Penguin Books, Nueva York, 1973.

Atchley, Ruth Ann, David L. Strayer y Paul Atchley, «Creativity in the wild: Improving creative reasoning through immersion in natural settings», *PLoS ONE*, 2012, vol. 7, n.º 12, e51474, https://doi.org/10.1371/journal.pone.0051474

Basch, Ethan, Heather Boon, Theresa Davies-Heerema, Ivo Foppo, Sadaf Hashmi, Jens Hasskarl, David Sollars y Catherine Ulbricht, «Boswellia: An evidence-based systematic review», *Journal of Herbal Pharmacotherapy*, 2004, vol. 4, n.º 3, pp. 63-83, https://doi.org/10.1080/J157v04n03_06

Berge, Chloe, «Why are women turning to witchcraft?» *Fashion*, 29 de agosto de 2018, https://fashionmagazine.com/culture/witchcraft-2018/ (26 de mayo de 2022).

Berto, Rita, «The role of nature in coping with psycho-physiological stress: A literature review on restorativeness», *Behavioral Sciences*, 2014, vol. 4, n.º 4, pp. 394-409, https://doi.org/10.3390/bs4040394

Bogdan, Henrik, «Women and the Hermetic Order of the Golden Dawn: Nineteenth Century Occultism Initiation from a Gender Perspective», en Alexandra Heidle y Joannes Augustinus Maria Snoek, eds., *Women's Agency and Rituals in Mixed and Female Masonic Orders*, Brill Academic Publishers, Boston, Massachusetts, 2008, pp. 245-264.

Bratman, Gregory N., J. Paul Hamilton y Gretchen C. Daily, «The impacts of nature experience on human cognitive function and mental health», *Annals of the New York Academy of Sciences*, 2012, vol. 1249, n.º 1, pp. 118-136, https://doi.org/10.1111/j.1749-6632.2011.06400.x

Bratman, Gregory N., Paul Hamilton, Kevin S. Hahn, Gretchen C. Daily, y James J. Gross, «Nature experience reduces rumination and subgenual prefrontal cortex activation», *Proceedings of the National Academy of Sciences of the United States of America*, 2015, vol. 112, n.º 28, pp. 8567-8572, https://doi.org/10.1073/pnas.1510459112

Breton, André, *Manifiestos del Surrealismo*, Visor Libros, Madrid, noviembre de 2002.

Brown, Dan, *El código Da Vinci*, trad. Claudia Conde y María José Díez Pérez, Editorial Planeta, Barcelona, agosto de 2017.

Campbell, Joseph, *El héroe de las mil caras: psicoanálisis del mito,* trad. Luisa Josefina Hernández, adapt. Daniela Negrete Martínez, Fondo de Cultura Económica, Madrid, diciembre de 2015.

—, *El poder del mito,* trad. César Aira, Emecé Editores, Barcelona, octubre de 1991.

Carmichael, Alexander, *Carmina Gadelica: Hymns and Incantations*, vol. I, Scottish Academic Press, Edimburgo, 1928.

Carrington, Damian, «School climate strikes: 1.4 million people took part, say campaigners», *The Guardian*, 19 de marzo de 2019, https://www.theguardian.com/environment/2019/mar/19/school-climate-strikes-more-than-1-million-took-part-say-campaigners-greta-thunberg (26 de mayo de 2022).

Carroll, Lewis, *A través del espejo y lo que Alicia encontró allí,* trad. José A. Sánchez, Ediciones Brontes, Barcelona, 2019.

Castaneda, Carlos, *Las enseñanzas de don Juan, una forma yaqui de conocimiento*, trad. Juan Tovar, Fondo de Cultura Económica, Madrid, marzo de 2002.

Chassé, Charles, «Le culte Breton de Sainte-Anne et la vénération des Vierges noires», *Annales de Bretagne*, 1945, vol. 52, n.º 1, pp. 60-67, https://doi.org/10.3406/abpo.1945.1833

Ciancimino Howell, Francesca, *Making Magic with Gaia*, Red Wheel/Weiser, York Beach, Maine, 2002.

Cooke, Lacy, «Mother trees recognize kin and send them "messages of wisdom"», *Inhabitat* [página web], 9 de junio de

2016, https://inhabitat.com/mother-trees-recognize-kin-and-send-them-messages-of-wisdom (26 de mayo de 2022).

Cooley, Sam J., Ceri R. Jones, Arabella Kurtz y Noelle Robertson, «"Into the Wild": A meta-synthesis of talking therapy in natural outdoor spaces», *Clinical Psychology Review*, 2020, vol. 77, p. 101841, https://doi.org/10.1016/j.cpr.2020.101841

Cracknell, Deborah, Mathew P. White, Sabine Pahl, Wallace J. Nichols y Michael H. Depledge, «Marine biota and psychological well-being: A preliminary examination of dose-response effects in an aquarium setting», *Environment and Behavior*, 2015, vol. 48, n.º 10, pp. 1242-1269, https://doi.org/10.1177/0013916515597512

Crego, Antonio, José Ramón Yela, María Ángeles Gómez-Martínez y Ahmed A. Karim, «The contribution of meaningfulness and mindfulness to psychological well-being and mental health: A structural equation model», *Journal of Happiness Studies*, 2019, vol. 21, pp. 2827–2850, https://doi.org/10.1007/s10902-019-00201-y

Crowley, Aleister, *Magia en teoría y práctica*, Luis Cárcamo, Madrid, 2010.

Crowley, Vivianne, *A Woman's Kabbalah*, Thorsons, Londres, 2000.

—, *Jung: A Journey of Transformation: Exploring His Life and Experiencing His Ideas*, Quest Books, Wheaton, Illinois, 2000.

—, *Phoenix from the Flame: Living as a Pagan in the 21st Century*, Thorsons, Londres, 1994.

—, *Principles of Jungian Spirituality*, Thorsons, Londres, 1998.

—, *The Natural Magician: Practical Techniques for Empowerment*, Michael Joseph/Penguin, Londres y Nueva York, 2003.

—, *La antigua religión en la nueva era. La brujería a examen,* trad. Alejandro Pareja, Arias Montano Editores, Madrid, enero de 1991.

Dalai Lama, «"Prayer is not enough": The Dalai Lama on why we need to fight coronavirus with compassion», *Time*, 14 de abril de 2020, https://time.com/5820613/dalai-lama-coronavirus-compassion/

«Dark energy, dark matter», *NASA Science* [página web], https://science.nasa.gov/astrophysics/focus-areas/what-is-dark-energy (26 de mayo de 2022).

Davey, Melissa, Adam Vaughan y Amanda Holpuch, «People's Climate March: Thousands demand action around the world – as it happened», *The Guardian*, 22 de septiembre de 2014, https://www.theguardian.com/environment/live/2014/sep/21/peoples-climate-march-live

Davies, William Henry, *Songs of Joy and Others*, A. C. Fifield, Londres, 1911.

Doward, Jamie, «Buddhist, teacher, predator: Dark secrets of the Triratna guru», *Observer*, 21 de julio de 2019, https://www.theguardian.com/world/2019/jul/21/sangharakshita-guru-triratna-buddhist-dark-secrets (26 de mayo de 2022).

Efferth, Thomas, y Franz Oesch, «Anti-inflammatory and anti-cancer activities of frankincense: Targets, treatments and toxicities», *Seminars in Cancer Biology*, 2020, https://doi.org/10.1016/j.semcancer.2020.01.015

Eliade, Mircea, *El chamanismo y las técnicas arcaicas del éxtasis*, trad. Ernestina de Champourcin, Fondo de Cultura Económica, Madrid, noviembre de 2001.

Estés, Clarissa Pinkola, *Mujeres que corren con los lobos,* trad. María Antonia Menini, B de Bolsillo, Barcelona, 2020.

Farr, Florence, «Flying Roll n.º XIII: Secrecy and Hermetic Love, By S.S.D.D.», en Francis King, ed., *Astral Projection, Ritual Magic, and Alchemy: Golden Dawn Material by S. L. Mathers and Others*, Destiny Books, Rochester, Vermont, 1987, pp. 163-166.

—, «The Mystery of Time: A Masque», *Theosophical Review*, 1905, vol. 36, n.º 211, pp. 9-19.

Felten, David L. y Mary E. Maida, «Psychoneuroimmunology», en Vilayanur Subramanian Ramachandran, ed., *Encyclopedia of the Human Brain*, Academic Press, San Diego, California, 2002, pp. 103-127, https://doi.org/10.1016/B0-12-227210-2/00292-2

Flor-Henry, Pierre, Yakov Shapiro y Corine Sombrun, «Brain changes during a shamanic trance: Altered modes of consciousness, hemispheric laterality, and systemic psychobiology», *Cogent Psychology*, 2017, vol. 4, n.º 1, pp. 1-34.

Fortune, Dion, «The Rationale of Magic», *London Forum*, septiembre de 1934, vol. 60, pp. 175-181.

Fox, Kieran C. R., Savannah Nijeboer, Matthew L. Dixon, James L. Floman, Melissa Ellamil, Samuel P. Rumak, Peter Sedlmeier y Kalina Christoff, «Is meditation associated with altered brain structure? A systematic review and meta-analysis of morphometric neuroimaging in meditation practitioners», *Neuroscience and Biobehavioral Reviews*, 2014, vol. 43, pp. 48-73.

Freud, Sigmund, *On the Sexual Theories of Children*, Read Books, Londres, 2013.

Fromm, Erich, *Anatomía de la destructividad humana*, trad. Félix Blanco, Siglo xxi de España Editores, Madrid, 1987.

Geffroy, M. Gustave, «La Bretagne au Centre», *Le Tour du Monde: Nouveau Journal des Voyages*, 1903, vol. 11, n.º 40, pp. 461-541.

Gilbert, Robert Andrew, *The Golden Dawn: Twilight of the Magicians: The Rise and Fall of a Magical Order*, Aquarian Press, Wellingborough, 1983.

Gordon, Ilanit, Avi Gilboa, Shai Cohen, Nir Milstein, Nir Haimovich, Shay Pinhasi y Shahar Siegman, «Physiological and behavioral synchrony predict group cohesion and performance», *Scientific Reports*, 2020, vol. 10, n.º 1, p. 8484, https://doi.org/10.1038/s41598-020-65670-1

Gratton, Lynda, *Puntos calientes: espacios para el entusiasmo y la creatividad*, Granica, 2018.

Guillemin, Fanch, *Sorciers de Bretagne*, Skol Vreizh, Morlaix, 1998.

Harding, M. Esther, *Los misterios de la mujer: simbología de la luna,* Ediciones Obelisco, Barcelona, junio de 2005.

—, *The Way of All Women: A Psychological Interpretation*, Rider & Company, Londres, 1971.

Harvey, Alan R., «Links between the neurobiology of oxytocin and human musicality», *Frontiers in Human Neuroscience*, 2020, vol. 14, p. 350, https://doi.org/10.3389/fnhum.2020.00350

Hayman, Ronald, *A Life of Jung*, Bloomsbury, Londres, 2002.

Heselton, Philip, *In Search of the New Forest Coven,* Fenix Flames, Nottingham, 2020.

Hofmann, Stefan G., Paul Grossman y Devon E. Hinton, «Lovingkindness and compassion meditation: Potential for psychological interventions», *Clinical Psychology Review*, 2011, vol. 31, n.º 7, pp. 1126-1132, https://doi.org/10.1016/j.cpr.2011.07.003

Hove, Michael J., Johannes Stelzer, Till Nierhaus, Sabrina D. Thiel, Christopher Gundlach, Daniel S. Margulies, Koene R. A. Van Dijk, Robert Turner, Peter E. Keller y Björn Merker, «Brain network reconfiguration and perceptual decoupling during an absorptive state of consciousness», *Cerebral Cortex*, 2016, vol. 26, n.º 7, pp. 3116-3124, https://doi.org/10.1093/cercor/bhv137

Hunter, MaryCarol R., Brenda W. Gillespie y Sophie Yu-Pu Chen, «Urban nature experiences reduce stress in the context of daily life based on salivary biomarkers», *Frontiers in Psychology*, 2019, vol. 10, https://doi.org/10.3389/fpsyg.2019.00722

I Ching, El libro de las mutaciones, Edhasa, Barcelona, 1977.

Iles, Norman, *Restoration of Cock Robin: Nursery Rhymes and Carols Restored to Their Original Meanings*, Robert Hale, Londres, 1989.

—, *Who Really Killed Cock Robin?: Nursery Rhymes and Carols Restored*, Robert Hale, Londres, 1986.

Johns, June, *The King of the Witches: The World of Alex Sanders*, Peter Davies, Londres, 1969.

Jung, Carl Gustav, *Dream Analysis 1: Notes of the Seminar Given in 1928-1930*, ed. William McGuire, Routledge/Bollingen Series XCIX, Londres, 1984.

—, «El árbol filosófico», en *Obra completa de Carl Jung, Vol. 13: Estudios sobre representaciones alquímicas*, Editorial Trotta, Madrid, noviembre de 2016.

—, *El libro rojo*, trad. Romina Scheuschner, Valentín Romero y Laura Carugati, El hilo de Ariadna, 2012.

—, «Human Relationships in Relation to the Process of Individuation (Cornwall Seminar): Unauthorized Notes», ed. M. Esther Harding, notas de M. Esther Harding y Kristine Mann, julio de 1923, https://brbl-dl.library.yale.edu/vufind/Record/3684132 (26 de mayo de 2022).

—, «Las relaciones entre el yo y lo inconsciente», en *Obra completa de Carl Jung, Vol. 7: Dos escritos sobre psicología analítica*, Editorial Trotta, Madrid, noviembre de 2016.

—, *Los complejos y el inconsciente*, trad. Jesús López Pacheco, Alianza Editorial, Madrid, julio de 2013.

—, «On the Nature of the Psyche», en Carl Gustav Jung, *The Collected Works of C. G. Jung, Vol. 8: The Structure and Dynamics of the Psyche*, trad. R. F. C. Hull, Princeton University Press/Bollingen Series XX, Princeton, Nueva Jersey, 1970, pp. 161-66.

—, *Recuerdos, sueños, pensamientos*, trad. María Rosa Borrás, Editorial Seix Barral, Barcelona, junio de 2002.

—, «Sincronicidad como principio de conexiones acausales», *Obra completa de Carl Jung, Vol. 8: La dinámica de lo inconsciente*, Editorial Trotta, Madrid, noviembre de 2016.

Kingsford, Anna Bonus, *Clothed with the Sun: Being the Book of Illuminations of Anna (Bonus) Kingsford*, eds. Edward Maitland y Samuel Hopgood Hart, John M. Watkins, Londres, 1906.

Krippner, Stanley C. y Allan Combs, «The neurophenomenology of shamanism: An essay review», *Journal of Consciousness Studies*, 2002, vol. 9, n.º 3, pp. 77-82.

Lang, Martin, Vladimir Bahna, John H. Shaver, Paul Reddish y Dimitris Xygalatas, «Sync to link: Endorphin-mediated synchrony effects on cooperation», *Biological Psychology*, 2017, vol. 127, pp. 191-197, https://doi.org/10.1016/j.biopsycho.2017.06.001

Larsen, Stephen y Robin Larsen, *Joseph Campbell: A Fire in the Mind: The Authorized Biography*, Inner Traditions, Rochester, Vermont, 2002.

Le Roux, Françoise, y Christian-Joseph Guyonvarc'h, *Les Druides*, Éditions Ouest-France, Rennes, 1986.

Le Scouëzec, Gwenc'hlan, *Bretagne Terre Sacrée: Un Ésoterérisme Celtique*, Coop Breizh, Spézet, 1996.

Leland, Charles Godfrey, *Aradia: The Gospel of the Witches*, C. W. Daniel Company, Londres, 1974.

Lotzof, Kerry, «Are we really made of stardust?», *Natural History Museum* [página web], 2018, https://www.nhm.ac.uk/discover/are-we-really-made-of-stardust.html#:~:text=Planetary%20scientist%20and%20stardust%20expert, (26 de mayo de 2022).

Mantel, Hilary, *Tras la sombra*, trad. Damià Alou, Global Rhythm Press, Barcelona, 2007.

Mao Tse-Tung, *Libro rojo de Mao*, Bruguera, Barcelona, 1976.

Marletto, Chiara, David M. Coles, Tristran Farrow y Viarko Vedral, «Entanglement between living bacteria and quantized light witnessed by rabi splitting», *Journal of Physics Communications*, 2018, vol. 2, n.º 10, p. 101001, https://doi.org/10.1088/2399-6528/aae224

Moore, Thomas, *En busca de una religión personal: una guía para crear una espiritualidad propia en un mundo secular*, trad. Camila Batlles, Urano, Madrid, julio de 2014.

Mullins, Aloysius, *Witchcraft: A Warning*, Catholic Truth Society, Londres, 1970.

Murray, Margaret Alice, *El culto de la brujería en Europa occidental*, trad. Beatriz Constante, Editorial Labor, Barcelona, marzo de 1978.

——, *El dios de los brujos*, trad. Juan José Utrilla Trejo, Fondo de Cultura Económica, Madrid, 28 de febrero de 2006.

Nesbit, Edith, *The Phoenix and the Carpet*, George Newnes, Londres, 1904.

Northage, Ivy, *Mechanics of Mediumship*, College of Psychic Studies, Londres, 1973.

——, *Mediumship Made Simple*, College of Psychic Studies, Londres, 1986.

Oldmeadow, Katherine Louise, *Princess Charming*, Collins, Londres, 1923.

Pausanias, *Descripción de Grecia. Libros VIII-X*, Planeta DeAgostini, Barcelona, noviembre de 1995.

Pizzi, Rita, Andrea Fantasia, Fabrizio Gelain, Danilo Rossetti y Angelo Vescovi, «Non-local correlation between separated human neural networks», en Eric Donkor, Andrew R. Pirich y Howard Brandt, eds., *Quantum Information and Computation II: Proceedings of SPIE5436*, 2004, pp. 107-117.

Pratchett, Terry, *Brujas de viaje,* trad. Cristina Macía, Debolsillo, Barcelona, enero de 2011.

——, *Dioses menores*, trad. Albert Solé, Debolsillo, Barcelona, 2003.

«The priest and the black mass», *News of the World*, 2 de febrero de 1969, pp. 2-4.

Prinke, Rafal T., y Kamila Follprecht, «John Dee and Edward Kelley in Cracow: Identifying the House of Enochian Revelations», *The Polish Journal of the Arts and Culture*, 2015, vol. 13, n.º 1, pp. 120-137.

Radin, Dean, Marilyn Schlitz y Christopher Baur, «Distant healing intention therapies: An overview of the scientific evidence», *Global Advances in Health and Medicine*, 2015, vol. 4, n.º 1 (suplemento), pp. 67-71, https://doi.org/10.7453/gahmj.2015.012.suppl

Robertson, Olivia, *Field of the Stranger*, Peter Davies/The Book Society, Londres, 1948.

Roe, Chris A., Charmaine Sonnex, y Elizabeth C. Roxburgh, «Two meta-analyses of noncontact healing studies», *Explore*, 2015, vol. 11, n.º 1, pp. 11-23, https://doi.org/10.1016/j.explore.2014.10.001

Roerich, Helena, *Letters, Volume 2: 1935–1939*, Agni Yoga Society, Nueva York, 1967.

Roxburgh, Elizabeth C., Sophie Ridgway y Chris A. Roe, «Synchronicity in the therapeutic setting: A survey of practitioners», *Counselling and Psychotherapy Research*, 2016, vol. 16, n.º 1, pp. 44-53, https://doi.org/10.1002/capr.12057

Schrödinger, Erwin, *Mi concepción del mundo*, trad. Jaime Fingerhut, Tusquets Editores, Barcelona, 2017.

Simard, Suzanne, *Finding the Mother Tree: Discovering How the Forest Is Wired for Intelligence and Healing*, Knopf Doubleday, Nueva York, 2021.

Smith, Matthew, «International Poll: Most expect to feel impact of climate change, many think it will make us extinct», *YouGov* [página web], 15 de septiembre de 2019, https://yougov.co.uk/topics/politics/articles-reports/2019/09/15/international-poll-most-expect-feel-impact-climate (26 de mayo de 2022).

Steffen, Will, Jacques Grinevald, Paul Crutzen y John Mcneill, «The Anthropocene: Conceptual and historical perspectives», *Philosophical Transactions of the Royal Society A: Mathematical, Physical, and Engineering Sciences*, 2011, vol. 369, n.º 1938, pp. 842-867, https://doi.org/10.1098/rsta.2010.0327

Suzuki, Shunryu, *Mente Zen, Mente de Principiante: conversaciones informales sobre meditación y práctica zen*, Editorial Estaciones, Buenos Aires, enero de 1987.

Tam, Kim-Pong, Sau-Lai Lee y Melody Manchi Chao, «Saving Mr. Nature: Anthropomorphism enhances connectedness to and protectiveness toward nature», *Journal of Experimental Social Psychology*, 2013, vol. 49, n.º 3, pp. 514-521, https://doi.org/10.1016/j.jesp.2013.02.001

Ulrich, Roger S., O. Lundén y John L. Eltinge, «Effects of exposure to nature and abstract pictures on patients recovering from heart surgery» [abstract], *Psychophysiology*, 1993, vol. 30 (suplemento 1), p. 7.

Vilanova, Arnau de, «Rosarium Philosophorum», 1550/c.1750, *Alchemical Texts* [página web], https://www.alchemywebsite.com/rosary1.html (26 de mayo de 2022).

Von Franz, Marie-Louise, *Alquimia*, trad. Marta Isabel Guastavino Castro, Luciérnaga CAS, Barcelona, enero de 1992.

—, *C. G. Jung: His Myth in our Time: Studies in Jungian Psychology by Jungian Analysts*, trad. William H. Kennedy, Inner City Books, Toronto, 1998.

—, *Sobre adivinación y sincronicidad: la psicología de las casualidades significativas*, trad. Alicia Sánchez Millet, Ediciones Paidós Ibérica, Barcelona, marzo de 1999.

Wahbeh, Helané, Lauri Shainsky, Angela Weaver y Jan EngelsSmith, «Shamanic healing for veterans with PTSD: A case series», *Explore*, 2017, vol. 13, n.º 3, pp. 207-217, https://doi.org/10.1016/j.explore.2017.02.003

Webb, Mary, *Gone to Earth*, Constable & Company, Londres, 1917.

—, *The Golden Arrow*, Constable & Company, Londres, 1916.

—, *The Precious Bane*, Jonathan Cape, Londres, 1924.

Williams, Charles, *Guerra en el cielo*, trad. Adolfo Muñoz García y Delia Orio Borrego, Homo Legens, Madrid, marzo de 2007.

Winkelman, Michael James, «A cross-cultural study of the elementary forms of religious life: Shamanistic healers, priests, and witches», *Religion, Brain & Behavior*, 2020, https://doi.org/10.1080/2153599X.2020.1770845 (26 de mayo de 2022).

Wiseman, Richard, *Nadie nace con suerte: el primer estudio científico que enseña a atraer y aprovechar la buena fortuna*, trad. Rosa Cifuentes, Ediciones Temas de Hoy, Madrid, febrero de 2003.

Woodruff, Una y Colin Wilson, *Witches*, Paper Tiger/Dragon's World Ltd, Limpsfield, 1981.

Woodruff, Una y Lisa Tuttle, *Catwitch*, Doubleday, Nueva York, 1983.

Yela, José Ramón, Antonio Crego, María Ángeles Gómez-Martínez y Laura Jiménez, «Self-compassion, meaning in life, and experiential avoidance explain the relationship between meditation and positive mental health outcomes», *Journal of Clinical Psychology*, 2020, vol. 76, n.º 9, pp. 1631-1652, https://doi.org/10.1002/jclp.22932